本书列入中国科学技术信息研究所学术著作出版计划

2022 全球人工智能创新指数报告

中国科学技术信息研究所 著

·北京·

图书在版编目（CIP）数据

2022全球人工智能创新指数报告 / 中国科学技术信息研究所著 . -- 北京 : 科学技术文献出版社, 2024.10. -- ISBN 978-7-5235-1922-6

Ⅰ . F491 ; TP18

中国国家版本馆 CIP 数据核字第 2024P8R568 号

2022全球人工智能创新指数报告

| 策划编辑：崔　静 | 责任编辑：邱晓春 | 责任校对：张永霞 | 责任出版：张志平 |

出　版　者	科学技术文献出版社
地　　　址	北京市复兴路15号　邮编　100038
出　版　部	（010）58882943，58882087（传真）
发　行　部	（010）58882868，58882870（传真）
官方网址	www.stdp.com.cn
发　行　者	科学技术文献出版社发行　全国各地新华书店经销
印　刷　者	北京时尚印佳彩色印刷有限公司
版　　　次	2024 年 10 月第 1 版　2024 年 10 月第 1 次印刷
开　　　本	787×1092　1/16
字　　　数	303千
印　　　张	18.75
书　　　号	ISBN 978-7-5235-1922-6
审　图　号	GS京（2024）2219号
定　　　价	98.00元

版权所有　违法必究

购买本社图书，凡字迹不清、缺页、倒页、脱页者，本社发行部负责调换

《2022 全球人工智能创新指数报告》编写组

徐 峰　李修全　高 芳　李广建　罗立群
何 婷　陈 瑶　雷孝平　侯慧敏　刘鑫怡
张 昊　刘 乾　司伟攀　王艺颖　赵 丹
张 东　陈 沫　庞 娜　袁 钺　王楚涵
王宇轩　金 鼎　周珺坤　阿依江　刘桂林
丁安宁　萧又筑

前 言

当前全球人工智能正处于加速发展期，理论创新和技术突破层出不穷，应用场景加快涌现，各国推动人工智能发展的战略性举措不断更新完善，人工智能已成为大国博弈的核心阵地。加快发展人工智能事关我国发展全局和国家安全，是我们赢得全球科技竞争主动权的重要战略抓手，是推动我国科技跨越发展、产业优化升级、生产力整体跃升的重要战略资源。为客观评价全球主要国家的人工智能发展态势，明晰我国所处的位势，2019年中国科学技术信息研究所联合北京大学成立了全球人工智能创新指数研究组，开展全球人工智能创新指数研究工作，组织撰写《全球人工智能创新指数报告》，探索构建科学合理的指标体系，以对全球主要国家和地区的人工智能创新发展情况进行量化评估。

2022年，研究组继续推进该项研究工作，在前3年的研究基础上进一步丰富完善。一方面，基于新数据的出现及对人工智能创新的深入认识，对个别指标进行了调整。另一方面，围绕本报告关注的几个评价维度，通过对比近几年的指数评价结果，深入分析全球人工智能发展的主要趋势。整体来看，目前全球人工智能发展呈现中美两国引领、主要国家激烈竞争的总体格局。美国综合实力保持遥遥领先，人工智能创新指数已连续4年排全球第1位；中国保持较快发展势头，人工智能创新指数连续3年排全球第2位；英国、德国、新加坡、加拿大、日本、韩国等国家各具发展优势和特色，呈现你追我赶的竞争态势。中国人工智能的发展优势主要体现在创新产出层面，科研产出规模不断扩大，产业发展和行业应用情况居全球前列，但创新资源的投入规模和质量还有很大提升空间。

评价国家人工智能创新能力，及时研判我国人工智能发展态势并总结经验、分析问题不足，是一项需要持续研究的课题，特别是在全球人工智能竞争进入白热化阶段的背景下。《全球人工智能创新指数报告》仍有许多不足之处，欢迎社会各界批评指正，以帮助我们进一步修改完善。

《全球人工智能创新指数报告》编写组

2023 年 8 月

目 录

第一章 人工智能创新指数指标体系 1
  一、现有评价体系与共性指标 1
  二、全球人工智能创新指数体系设计 3
    （一）概念模型 3
    （二）设计特点 5
    （三）指标体系 6
    （四）参评国家 7

第二章 全球人工智能创新指数评价综合结果 9
  一、总体排名 9
  二、四大梯队 12
    （一）第一梯队：美中依旧领先，保持全球前二水平 12
    （二）第二梯队：综合能力相近，各具特色创新优势 17
    （三）第三梯队：创新基础良好，创新效率有待提高 25
    （四）第四梯队：整体水平落后，个别国家有所进步 30

第三章 人工智能基础支撑 36
  一、人工智能基础支撑总体情况 36
    （一）2022年整体情况 36
    （二）各地区组别概况 38
    （三）各经济发展水平组别概况 42

（四）参评国家 2019—2022 年变化情况 ... 43
二、人工智能计算基础 ... 47
（一）数据中心保有率 ... 48
（二）全球 TOP 500 超算中心占比 ... 52
（三）人均发电量 ... 56
（四）开放数据指数 ... 60
三、人工智能网络基础 ... 64
（一）移动蜂窝电话订阅率 ... 64
（二）互联网使用率 ... 67
（三）固定宽带订阅率 ... 70
（四）5G 建设水平 ... 73

第四章 人工智能创新资源与环境 ... 77
一、人工智能创新资源与环境总体情况 ... 77
（一）2022 年整体情况 ... 77
（二）各地区组别概况 ... 80
（三）各经济发展水平组别概况 ... 84
（四）2019—2022 年参评国家变化情况 ... 86
二、人工智能人才 ... 90
（一）人工智能顶级学者人口参与率 ... 90
（二）人工智能开源代码贡献量 ... 95
（三）人工智能高收藏量开源代码占比 ... 96
三、人工智能教育 ... 99
（一）高水平人工智能核心专业开设率 ... 99
（二）全日制科学和工程博士生占比 ... 103
（三）PISA 测试成绩 ... 106
四、国家研发投入 ... 108
五、人工智能创新制度 ... 110
（一）国家人工智能发展政策与规划 ... 111

（二）国家人工智能社会治理 114

第五章　人工智能科技研发 117

一、人工智能科技研发总体情况 117
（一）2022年整体情况 118
（二）各地区组别概况 120
（三）各经济发展水平组别概况 124
（四）2019—2022年参评国家变化情况 125

二、人工智能学术论文 128
（一）人均人工智能论文产出量 129
（二）人工智能顶级论文量 133
（三）人工智能全球TOP 100高被引论文占比 136

三、人工智能专利 138
（一）人均人工智能专利申请量 138
（二）人均人工智能专利授权量 141
（三）人均5G专利申请量 146
（四）人均5G专利授权量 146

第六章　人工智能产业与应用 152

一、人工智能产业与应用总体情况 152
（一）2022年整体情况 152
（二）各地区组别概况 154
（三）各经济发展水平组别概况 159
（四）参评国家2019—2022年变化情况 160

二、人工智能产业 163
（一）人工智能企业数量 164
（二）人工智能企业平均融资金额 168
（三）人工智能上市企业数量 171
（四）人工智能从业人员人口参与率 173

三、人工智能应用 175
 （一）集成电路盈利水平 176
 （二）物联网 TOP 100 企业占比 178

第七章 人工智能国际化 181
一、人工智能国际化总体情况 181
二、人工智能标准和学术研究国际化 183
 （一）人工智能国际标准组织参与度 183
 （二）人工智能国际联盟参与度 184
 （三）人工智能全球顶级会议参与度 187

第八章 全球人工智能发展主要趋势观察 190
一、政策制度环境日益完善 190
二、基础设施建设持续推进 191
三、人工智能产业进程加快 192
四、人工智能赋能科学研究 193

第九章 中国人工智能创新发展情况分析 194
一、总体位势 194
二、发展成效 197
三、创新挑战 198

附录 全球人工智能创新指数各国概况 199

第一章
人工智能创新指数指标体系

一、现有评价体系与共性指标

人工智能评价的量化研究是近年来人工智能科技发展研究的热点,其中指数研究可以通过量化的手段揭示当前人工智能领域研究的现状、趋势及各国在人工智能领域的国际竞争力。为建立人工智能创新指标体系概念模型,研究组在调研大量国内外文献的基础上,提炼出现有研究成果的共性点,如表1-1所示。

表1-1 现有评价体系与共性指标

报告名称	发布机构	所在国家	机构类型	评价维度				
				基础支撑		政府政策	市场应用	科技研发
				数字化程度	基础设施			
人工智能应用进展(AI Adoption Advances)	麦肯锡	美国	咨询公司	√	×	√	×	×
人工智能基准(AI Benchmark)	凯捷咨询	法国	咨询公司	×	√	√	√	√
人工智能指数(AI Index)	斯坦福大学	美国	高校	√	×	√	√	√
人工智能影响指数(AI Impact Index)	普华永道	美国	咨询公司	×	×	×	√	×

续表

报告名称	发布机构	所在国家	机构类型	评价维度				
				基础支撑		政府政策	市场应用	科技研发
				数字化程度	基础设施			
政府人工智能就绪度（Government AI Readiness Index）	牛津洞察（Oxford Insights）	英国	咨询公司	√	×	√	√	×
自动化就绪度指数（Automation Readiness Index）	经济学人	英国	媒体	×	√	√	√	×
全球人工智能指数（Global AI Index）	Tortoise	美国	媒体	√	×	√	√	√

通过文献调研，结合研究组多年的人工智能量化评价经验，从国家层面对人工智能的发展情况进行量化评价一般围绕5个维度：基础支撑、政府政策、科技研发、市场应用、国际化。

1. 基础支撑维度

一方面，基础设施是任何领域和行业发展的基础，对人工智能也不例外；另一方面，人工智能的应用需要依赖数字化的底层运行支撑框架，支撑框架数字化程度越高，人工智能应用的成本越低，效率越高。因此，基础设施及生产设施体系的数字化程度会对人工智能的落地效果产生较大影响。

2. 政府政策维度

人工智能的技术研发与应用是一项系统工程，需要依靠大量研究资金的投入和国家战略规划的指引。特别是人工智能与传统行业的融合，目前尚处在起步阶段。政府的资金支持、政策支持将为人工智能的技术研发和产业发展提供有利的制度环境。

3. 科技研发维度

理论创新和技术突破是每一项新技术生存与发展的生命线。人工智能领域的科技研发，不仅对人工智能的理论、技术和应用起支撑和引领作用，更是影响一个国家人工智能国际化的决定性因素。

4. 市场应用维度

历次工业革命的经验证明，新技术的创新发展总是与其自身的应用可行性和收益性密切相关。市场应用前景既是驱动人工智能创新的引擎，也是检验人工智能技术价值的标准。

5. 国际化维度

人工智能国际化通常主要表现为在有国际意义上的公共空间或非公开场合自由传播或表达与国家利益及其所承担的国际义务相关的具体立场和主张。掌握人工智能国际化的一方尽可能利用国际化优势，按自己的利益和标准及"话语"定义国际事务、事件，制定国际游戏规则，并对事务的是非曲直按自己的利益和逻辑作解释、评议和裁决，从而在国际上获得人工智能创新与发展的优势地位和主动权。

二、全球人工智能创新指数体系设计

（一）概念模型

人工智能是利用数字计算机或者数字计算机控制的机器模拟、延伸和扩展人的智能，感知环境、获取知识并使用知识获得最佳结果的理论、方法、技术及应用系统①。经过60多年的发展演进，特别是在移动互联网、大数据、超级计算、传感网、脑科学、5G等新理论、新技术及经济社会发展强烈需求的共同驱动下，当前人工智能正在进入加速发展的新阶段，呈现出深度学习、跨界融合、人机协同、群智开放、自主操控等新特征。人工智能技术正加速向生产、分配、交换、消费等经济活动各环节广泛渗透，催生新产品、新产业、新业态和新模式，在教育、医疗、城市治理等领域广泛应用，为提高公共服务智能化、精准化水平带来了重大契机。

创新是指将原始生产要素重新排列组合为新的生产方式，以求提高效率、降低成本的经济过程。国家创新体系理论认为创新一般包括2个重要组成部分：创新的投入和创新的产出。全球人工智能创新指数旨在通过量化与人工智能相关的创新投入与产出，从全球视野、国家层面理解人工智能创新活动及态势。

本报告结合人工智能的概念特征及创新的基础理论，提出人工智能创新树模

---

① 中国电子技术标准化研究院. 人工智能标准化白皮书（2018版）[R/OL].（2018-01-24）[2020-06-09]. http://www.cesi.cn/201801/3545.html.

型，2022年的全球人工智能创新指数概念模型在2021年的概念模型基础上做出了调整，新增加了一个重要的人工智能创新评价要素——人工智能国际化。人工智能创新指数概念模型将人工智能创新比喻成一棵根深叶茂、果实丰硕的果树（图1-1），主要由创新的投入和创新的产出两大部分构成。其中，创新的投入由创新的根基（人工智能基础支撑）和创新的土壤（人工智能创新资源与环境）组成，能够为人工智能的创新产出提供必需的养分；创新的产出由创新的躯干（人工智能科技研发）和创新的果实（人工智能产业与应用）组成。创新的躯干（研发）为果实（产业与应用）的产生输送养分和提供支撑，丰富的果实（产业与应用）又反过来促进躯干（研发）更加健壮。创新的气候（人工智能国际化）为创新树提供了外部的气候，对创新树的成长和结果会产生间接的影响。

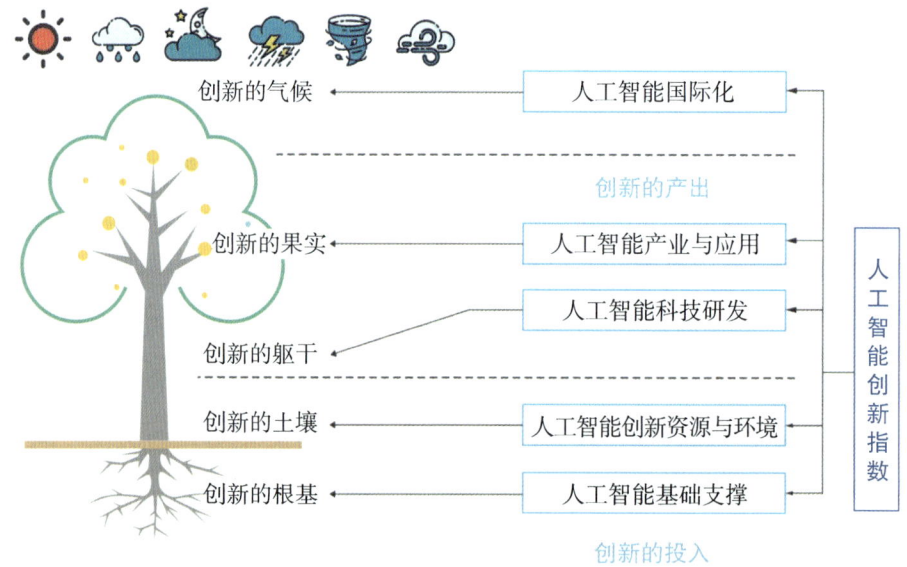

图1-1 人工智能创新树模型

人工智能基础支撑主要是指人工智能发展的计算基础和网络基础。现阶段，数据驱动的人工智能的发展对计算能力和网络传输能力的要求不断提高，网络、大数据和高能效计算等智能化基础设施是后续人工智能创新发展的必要根基。

人工智能创新资源与环境主要包括相关人才、教育、公共资金投入及创新制度。创新资源与环境是孕育人工智能创新树发展的土壤，只有高品质的创新资源与环境才能让人工智能创新树有持续的生长动力,源源不断增强自身研发实力,为理论和技术的应用转化创造可能。

人工智能科技研发主要体现在人工智能学术论文和专利的数量和质量等方面。人工智能细分领域众多,持续性的理论探索和技术突破是产业创新和民生应用的重要前提。

人工智能产业与应用是人工智能创新发展成果的具体体现。人工智能发展的基本目的就是通过产业发展和实际应用而造福人类社会。

人工智能国际化对人工智能创新具有间接的、隐形的影响,但这种影响不可被忽视,它会对一个国家的人工智能创新具有深远而持久的影响。人工智能国际化如同创新树生长的外部气候,当风调雨顺时,说明创新气候更加适宜创新树的生长和结出累累硕果。在国际舞台上一国掌握了更多的人工智能国际化优势,就更有利于该国人工智能的创新和发展。

(二)设计特点

充分借鉴已有评价体系。 当前已有一些知名的学术组织和智库通过设计指标的方式对人工智能领域的创新活动进行相关评价,具有一定借鉴作用,有助于构建设计科学、结构合理、客观全面的全球人工智能创新评价体系。

纳入多维度评价指标。 与已有相关研究相比,本报告创新性地引入了人工智能创新树的概念,从创新的根基、土壤、躯干、果实和气候5个维度出发,尽可能详尽地纳入反映人工智能创新水平的多种评价指标,评价角度更全面。

广泛采集事实型数据。 本报告在数据源的选择上坚持权威性、稳定性、公开透明性3个原则,全部选取国际权威组织和机构(如联合国、世界银行、世界经济合作与发展组织等)发布的数据,确保评价结果的公信力和说服力。

科学计算指标评价结果。 报告基于因素分析法,从一级指标入手,逐层分解形成二级指标,同时考虑数据的可获得性、可操作性及稳定性,构建三级指标。基于指标体系,综合使用德尔菲法和层次分析法确定各级指标权重。通过在上下限值之间进行线性化,对得分进行标准化处理。最终将标准化的分值加权汇总,计算出各国的指数得分。

（三）指标体系

全球人工智能创新指标体系确定了 5 个一级指标，分别为人工智能基础支撑、人工智能创新资源与环境、人工智能科技研发、人工智能产业与应用及人工智能国际化。一级指标下分为 11 个二级指标和 33 个三级指标（表 1-2）。

表 1-2　全球人工智能创新指数指标体系

一级指标	二级指标	三级指标
人工智能基础支撑	人工智能计算基础	数据中心保有率
		全球 TOP 500 超算中心占比
		人均发电量
	人工智能网络基础	开放数据指数
		移动蜂窝电话订阅率
		互联网使用率
		固定宽带订阅率
		5G 建设水平
人工智能创新资源与环境	人工智能人才	人工智能顶级学者人口参与率
		人工智能开源代码贡献量
		人工智能高收藏量开源代码占比
	人工智能教育	高水平人工智能核心专业开设率
		全日制科学和工程博士生占比
		PISA 测试成绩
	国家研发投入	国家研发投入强度
	人工智能创新制度	国家人工智能发展政策与规划
		国家人工智能社会治理

续表

一级指标	二级指标	三级指标
人工智能科技研发	人工智能学术论文	人均人工智能论文产出量
		人工智能顶级论文量
		人工智能全球TOP 100高被引论文占比
	人工智能专利	人均人工智能专利申请量
		人均人工智能专利授权量
		人均5G专利申请量
		人均5G专利授权量
人工智能产业与应用	人工智能产业	人工智能企业数量
		人工智能企业平均融资金额
		人工智能上市企业数量
		人工智能从业人员人口参与率
	人工智能应用	集成电路盈利水平
		物联网TOP 100企业占比
人工智能国际化	人工智能标准和学术研究国际化	人工智能国际标准组织参与度
		人工智能国际联盟参与度
		人工智能全球顶级会议参与度

（四）参评国家

2022年评价的46个国家包含G20成员国和欧盟成员国，考虑到以色列是全球重要的科技创新国家之一，也将其纳入评价对象。此外，为了助力"一带一路"沿线国家间在人工智能领域的创新合作，亦将越南、新加坡等"一带一路"沿线国家作为评价对象。具体参评国家如表1-3所示，共包括10个亚洲国家、29个欧洲国家、5个美洲国家、1个非洲国家及1个大洋洲国家。

表1-3 全球人工智能创新指数参评国家

序号	国家	序号	国家	序号	国家
1	阿根廷	17	希腊	33	葡萄牙
2	澳大利亚	18	越南	34	罗马尼亚
3	奥地利	19	匈牙利	35	俄罗斯
4	比利时	20	印度	36	沙特阿拉伯
5	巴西	21	印度尼西亚	37	新加坡
6	保加利亚	22	爱尔兰	38	斯洛伐克
7	加拿大	23	以色列	39	斯洛文尼亚
8	中国	24	意大利	40	南非
9	克罗地亚	25	日本	41	西班牙
10	塞浦路斯	26	韩国	42	瑞典
11	捷克	27	拉脱维亚	43	荷兰
12	丹麦	28	立陶宛	44	土耳其
13	爱沙尼亚	29	卢森堡	45	英国
14	芬兰	30	马耳他	46	美国
15	法国	31	墨西哥		
16	德国	32	波兰		

第二章
全球人工智能创新指数评价综合结果

一、总体排名

根据各国人工智能创新指数总得分排名（图2-1），美国、中国、英国分列前三甲。美国在人工智能领域占据绝对优势，领先第二名约17分；中国的人工智能创新指数总得分排第2位；英国落后中国约8分，排第3位。紧跟其后的德国、新加坡得分相近。排在前10位的还有加拿大、日本、韩国、以色列、瑞典。印度、葡萄牙、波兰等国家处在中等水平，保加利亚、俄罗斯、克罗地亚、阿根廷等国排名靠后。

从近3年人工智能创新指数TOP 15国家的名次变化看（图2-2），当前全球人工智能领域呈现中美两国引领、主要国家激烈竞争的总体格局。美国、中国近3年一直保持全球前2位；英国、日本、荷兰排名稳步上升，英国2022年跃居全球第3位，日本、荷兰每年均上升一名；加拿大、德国、新加坡等国家之间呈现激烈竞争态势。

人工智能创新指数TOP 10国家一级指标得分排名情况（表2-1），人工智能发展水平领先的国家具有均衡发展、研发能力较强的共同特征。具体而言，TOP 10国家的5个一级指标得分均处于中等以上水平，尤其是在人工智能科技研发方面，基本都排在前10位。

梯队	排名	国家	得分
第一梯队	1	美国	72.23
	2	中国	55.20
第二梯队	3	英国	46.59
	4	德国	44.45
	5	新加坡	44.00
	6	加拿大	43.82
	7	日本	43.03
	8	韩国	41.79
	9	以色列	39.30
	10	瑞典	39.19
	11	法国	38.01
	12	澳大利亚	37.98
	13	荷兰	35.52
第三梯队	14	丹麦	34.56
	15	芬兰	33.51
	16	比利时	32.40
	17	卢森堡	32.36
	18	爱尔兰	32.32
	19	意大利	28.23
	20	奥地利	25.88
	21	西班牙	24.36
	22	斯洛文尼亚	22.44
	23	印度	22.34
	24	葡萄牙	21.67
	25	波兰	21.18
第四梯队	26	马耳他	19.87
	27	捷克	19.79
	28	塞浦路斯	19.49
	29	希腊	18.44
	30	沙特阿拉伯	18.27
	31	爱沙尼亚	18.09
	32	巴西	17.64
	33	匈牙利	16.58
	34	罗马尼亚	15.92
	35	南非	15.90
	36	斯洛伐克	15.24
	37	墨西哥	14.75
	38	印度尼西亚	14.11
	39	土耳其	13.65
	40	立陶宛	13.56
	41	越南	13.50
	42	拉脱维亚	13.49
	43	保加利亚	13.43
	44	俄罗斯	13.40
	45	克罗地亚	13.20
	46	阿根廷	11.22

图 2-1 各国人工智能创新指数总得分排名

第二章 全球人工智能创新指数评价综合结果

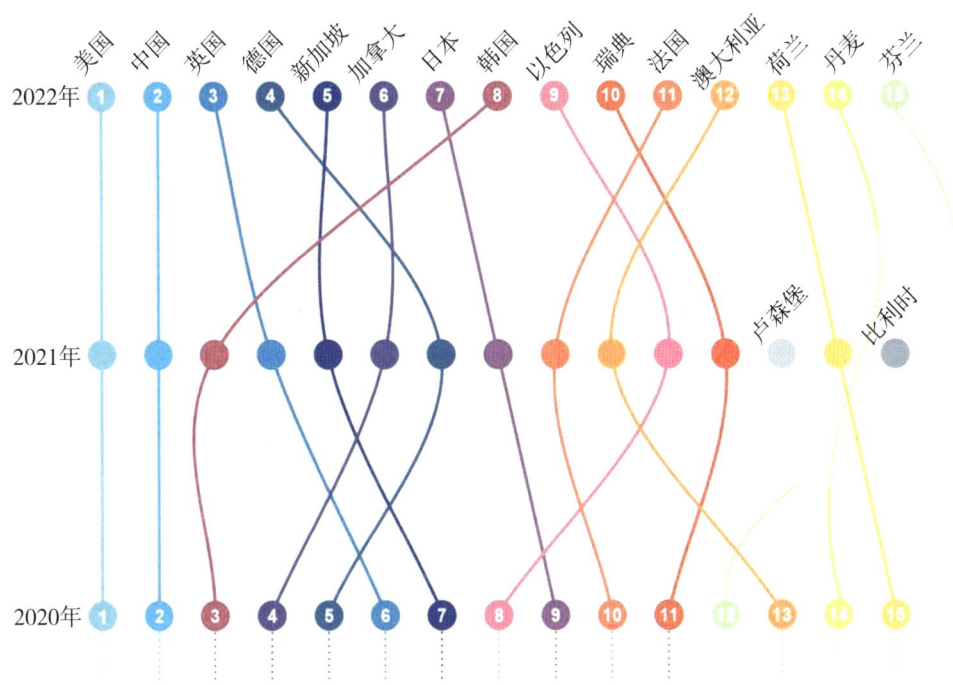

图 2-2 近 3 年人工智能创新指数 TOP 15 国家

表 2-1 人工智能创新指数 TOP 10 国家一级指标得分排名情况

国家	基础支撑	创新资源与环境	科技研发	产业与应用	国际化
美国	1	1	1	1	1
中国	14	4	2	2	8
英国	10	3	10	4	3
德国	4	15	9	3	9
新加坡	11	2	3	10	22
加拿大	2	12	8	8	2
日本	12	8	7	5	5
韩国	5	7	5	11	13
以色列	25	6	6	9	15
瑞典	3	11	12	16	4

二、四大梯队

根据人工智能创新指数得分，采用梯级极差的划分方式，可将 46 个参评国家划分为 4 个梯队：

第一梯队国家得分为 50 分以上，仅有美国和中国进入。

第二梯队国家得分 35～50 分，包含英国、德国、新加坡、加拿大、日本、韩国、以色列、瑞典、法国、澳大利亚、荷兰共 11 个国家。

第三梯队国家得分 20～35 分，包含丹麦、芬兰、比利时、卢森堡、爱尔兰、意大利、奥地利、西班牙、斯洛文尼亚、印度、葡萄牙、波兰共 12 个国家。

第四梯队国家得分为 20 分以下，包含马耳他、捷克、塞浦路斯、希腊、沙特阿拉伯、爱沙尼亚、巴西、匈牙利、罗马尼亚、南非、斯洛伐克、墨西哥、印度尼西亚、土耳其、立陶宛、越南、拉脱维亚、保加利亚、俄罗斯、克罗地亚和阿根廷共 21 个国家。

（一）第一梯队：美中依旧领先，保持全球前二水平

在 46 个参评国家中，仅有美国和中国的人工智能创新指数总得分高于 50 分，总分遥遥领先。美国的人工智能创新指数总得分已连续 4 年位居全球第一，中国连续 3 年保持全球第二水平（图 2-3）。

美国以 72.23 分的总分领先全球。具体来看，美国在基础支撑、创新资源与环境、科技研发、产业与应用和国际化 5 个方面均具有明显优势，5 个一级指标得分均位列第一。

中国再次进入第一梯队，与第 3 名拉开一定差距。中国在创新资源与环境、科技研发、产业与应用 3 个方面表现优异，3 个一级指标均排前 5 位，基础支撑和国际化得分分别排第 14 位和第 8 位（表 2-1）。

第二章 全球人工智能创新指数评价综合结果

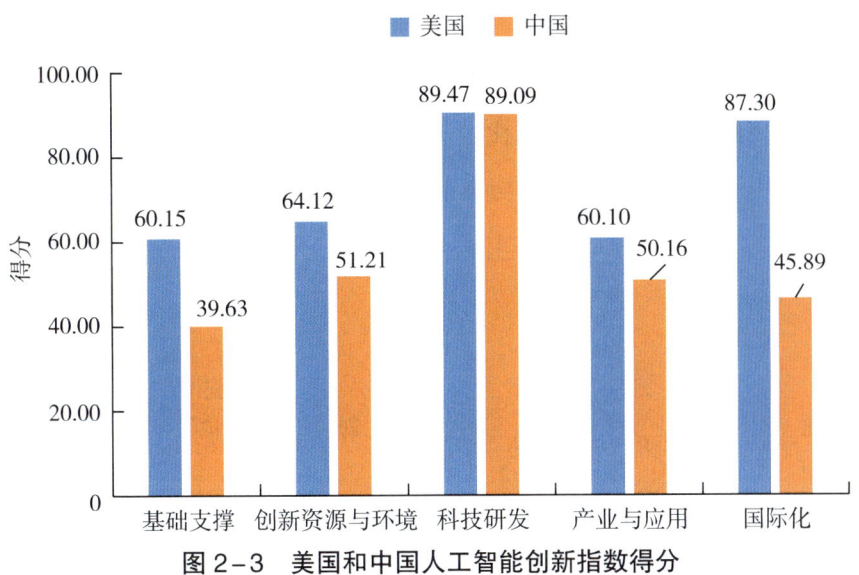

图 2-3 美国和中国人工智能创新指数得分

从优劣势指标项①看,第一梯队的两个国家指标优势十分明显,且没有明显的劣势指标。其中,美国的优势指标项最多,为 5 个,中国的优势指标项为 3 个。美国在各方面发展实力雄厚,各项指标均位列第一。中国的优势指标项分别为创新资源与环境、科技研发和产业与应用,在基础支撑方面稍有落后(表 2-2)。

表 2-2 第一梯队国家的优劣势指标

国家	基础支撑	创新资源与环境	科技研发	产业与应用	国际化
美国	1	1	1	1	1
中国	14	4	2	2	8

注:数值代表指标得分排名;绿色底纹为优势指标。

■ 第一梯队国家人工智能创新指数的国别情况

为更好地反映第一梯队国家的特点,以下对第一梯队国家的测评结果进行概述。

---

① 排前 5 位(包含第 5 位)的指标项为优势指标,排在 40 位及之后的指标项为劣势指标。

● 美国

美国以 77.23 分的总分遥遥领先于其他国家，其领先地位短期内难以被其他国家撼动。和所属组别的平均水平相比，美国在基础支撑、创新资源与环境、科技研发、产业与应用和国际化 5 个方面均具有明显优势（图 2-4）。

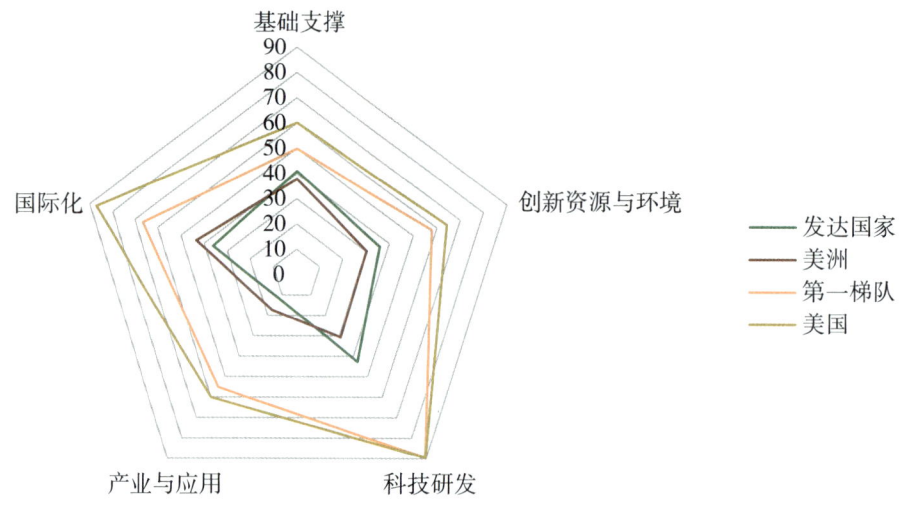

图 2-4　美国各一级指标得分情况

人工智能基础支撑方面，美国排第 1 位，其中计算基础优势尤为突出，网络基础处于中上水平。计算基础方面，美国排名第 1 位，各三级指标均排前 3 位。其中，截至 2022 年 7 月，美国拥有亚马逊数据中心、微软数据中心、IBM 数据中心、谷歌数据中心等 1833 个数据中心，数据中心保有率排第 1 位；全球 TOP 500 超算中心占比排第 2 位，仅次于中国；人均发电量处于参评国家的第 3 位。网络基础方面，美国优势不突出，移动蜂窝电话订阅率排第 38 位，其余三级指标得分排名处于第 10~15 位。

人工智能创新资源与环境上，美国排第 1 位，优势主要体现在人工智能人才和人工智能创新制度上。具体看，美国十分重视人工智能发展的相关规划和政策制定，创新制度二级指标和所属的 2 个三级指标均排第 1 位。美国联邦政府已相继发布《国家人工智能研发战略规划》（*The National Artificial Intelligence Research and Development Strategic Plan*）、《为未来人工智能做准备》（*Preparing for the Future of Artificial Intelligence*）、《美国人工智能倡议》（*American AI Initiative*）等多个国家战略规划，着力推动人工智能领域的投资、教育、应用及社会治理。在人才方面，美国优势突出，排第 2 位，处于领先水平。其中，人工智能顶级学者人口参与率和人工智能开源代码贡献量占比均表现良好，分别排第 3 位和第 1 位。

人工智能科技研发上，美国排第 1 位，论文和专利产出均处于领先水平。学术论文方面，美国排第 1 位。其中，人工智能顶级论文量和人工智能全球 TOP 100 高被引论文量均排第 1 位。专利方面，美国排第 1 位。其中，人均人工智能专利申请量和人均人工智能专利授权量分别为 305.37 项/百万劳动人口和 403.27 项/百万劳动人口，排名均为第 1 位；人均 5G 专利申请量和人均 5G 专利授权量分别为 126.10 项/百万劳动人口和 103.47 项/百万劳动人口，都排第 1 位。

人工智能产业与应用上，美国遥遥领先于其他国家。产业发展方面，二级指标得分排第 2 位，4 个三级指标中除人工智能从业人员人口参与率排第 4 位的企业之外，其余指标均排前 2 位。截至 2022 年 7 月，美国共有人工智能企业[①]5496 家，排第 1 位；人工智能企业平均融资金额排第 2 位。应用方面，二级指标得分排第 1 位，其中，物联网 TOP 100 企业占比、集成电路盈利水平均位居前列，分别排第 1 位、第 2 位。

人工智能国际化上，美国位居第一。人工智能国际标准组织参与度、人工智能国际联盟参与度、人工智能全球顶级会议参与度均排第 1 位，国际人工智能协会（The Association for the Advancement of Artificial Intelligence，AAAI）、IEEE 国际计算机视觉与模式识别会议（IEEE Conference on Computer Vision and Pattern Recognition，CVPR）、国际机器学习大会（International Conference on Machine Learning，ICML）等多项国际顶尖人工智能会议都在美国举行。

● 中国

中国在创新资源与环境、科技研发、产业与应用和国际化方面表现突出，得分均排前 10 位，特别是科技研发和产业与应用 2 个方面优势显著，和所属组别的平均水平相比，中国各项指标得分均高于发展中国家和亚洲国家的平均水平（图 2-5）。

---

① 本报告统计的人工智能企业为员工数大于 10 人的企业。

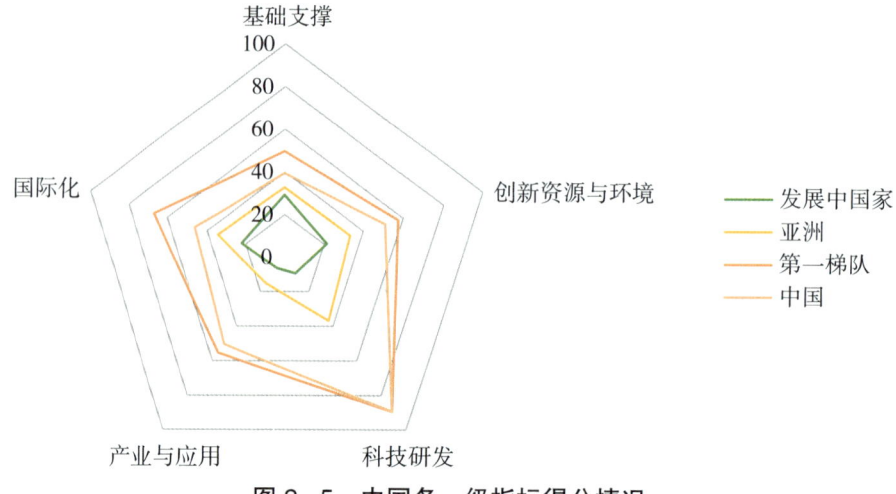

图 2-5 中国各一级指标得分情况

人工智能基础支撑上，中国排第 14 位。其中，计算基础实力较好，但网络基础处于中下游水平。计算基础方面，二级指标得分排第 6 位，其中超算中心建设表现最为突出。中国全球 TOP 500 超算中心占比达 34.6%，得分居参评国家第 1 位；数据中心保有率约为 1.77%，得分排参评国家第 9 位；开放数据指数较为落后，仅排第 46 位。网络基础方面，二级指标仅排在第 32 位，处于下游水平，其中除 5G 建设水平较高之外，其他三级指标得分排名均在 20 位以后。

人工智能创新资源与环境上，中国排第 4 位。其中，人工智能人才和人工智能教育指标优势明显。人工智能教育方面，二级指标得分排第 2 位；其中，PISA 测试成绩指标得分排第 1 位。人工智能人才方面，二级指标得分排第 3 位；其中，人工智能开源代码贡献量指标得分排第 2 位。虽然中国已经积聚起一批高水平的人工智能学者，但人工智能顶级学者人口参与率仅为 26.58 人/百万本科及以上入学人口，在参评国家中处于中等位置，排第 14 位。人工智能创新制度方面，各三级指标均处于上游水平。国家研发投入方面，中国的国家研发投入强度约为 2.40%，在参评国家中排第 11 位，处于中上游水平。

人工智能科技研发上，中国排第 2 位，处于人工智能科技研发先进国家行列。专利方面，二级指标得分排第 1 位，且人工智能专利和 5G 专利表现都很突出。2021 年，中国的人均人工智能专利申请量和人均人工智能专利授权量分别为 205.61 项/百万劳动人口和 82.11 项/百万劳动人口，指标得分均排参评国家中的第 1 位，国有企业、高校是人工智能专利的主要来源；人均5G专利申请量和人均5G专利授权量分别为100.97项/百万劳动人口和65.72项/百万劳动人口，指标得分都排在第1位，华为、国家电网等大型公司是5G专利申请的主要贡献者。学术论文方面，二级指标得分排第2位。2021年，中国的人工智能顶级论文量为4181篇，排第1位；人工智能全球TOP 100高被引论文为48篇，排第1位；但由于人口基数大，人均人工智能论文产出量仅排第29位。

人工智能产业与应用上，中国排第2位，产业发展与应用发展均表现突出。产业方面，二级指标得分排第1位；其中，人工智能企业平均融资金额、人工智能企业数量和人工智能上市企业数量分别排第1位、第3位和第1位，但是人工智能从业人员人口参与率仅排第33位。人工智能应用方面，二级指标得分排第4位，优势主要体现在物联网TOP 100企业占比上，排第4位，但集成电路盈利水平落后，仅排第45位。

人工智能国际化上，中国排第8位。其中，人工智能国际联盟参与度排第4位，和第1位的美国差33.33分；人工智能全球顶级会议参与度排第5位，和美国差79.49分；人工智能国际标准组织参与度排第6位。

（二）第二梯队：综合能力相近，各具特色创新优势

■ **第二梯队国家人工智能创新指数的总体情况**

第二梯队共包括11个国家，按指数得分排序分别为英国（46.59）、德国（44.45）、新加坡（44.00）、加拿大（43.82）、日本（43.03）、韩国（41.79）、以色列（39.30）、瑞典（39.19）、法国（38.01）、澳大利亚（37.98）、荷兰（35.52）。

整体来看，各国普遍在创新资源与环境、科技研发、国际化3个方面表现较好，3项指标的平均得分分别为44.44分、54.92分和44.61分，高于另外2个一级指标。第二梯队国家的主要差异集中在科技研发方面，最高分与最低分相差29.00分。第二梯队国家的各一级指标得分情况如图2-6所示。

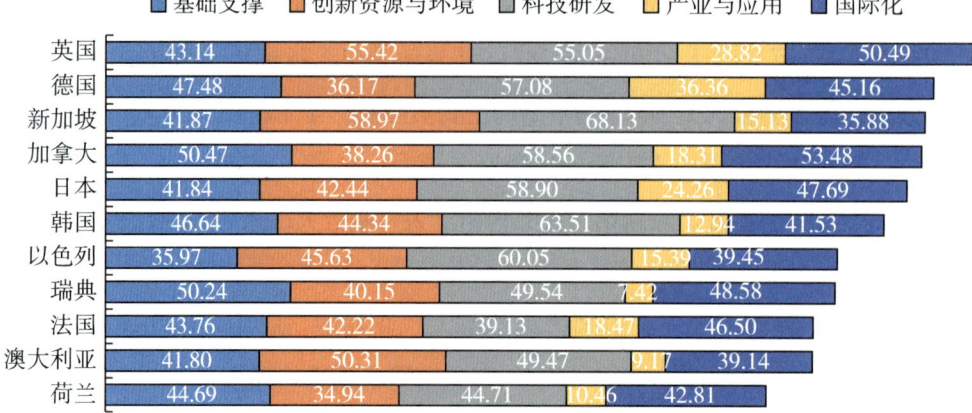

图 2-6 第二梯队国家的各一级指标得分情况

从优劣势指标项看（表 2-3），第二梯队国家具备各自的发展特色，基本都拥有优势指标项，且均没有明显的劣势指标项。例如，英国拥有丰富的人才和教育资源，顶级学者和高水平人工智能核心专业的数量均排第 3 位；德国算力基础设施建设较好，数据中心保有率排第 3 位，全球 TOP 500 超算中心占比排第 4 位；加拿大学术前沿影响力较大，顶级会议主席数量、最佳文章数量等指标得分均排前 3 位。

表 2-3 第二梯队国家的优劣势指标

国家	基础支撑	创新资源与环境	科技研发	产业与应用	国际化
英国	10	3	10	4	3
德国	4	15	9	3	9
新加坡	11	2	3	10	22
加拿大	2	12	4	8	2
日本	12	8	7	5	5
韩国	5	7	5	11	13
以色列	25	6	6	9	15
瑞典	3	11	12	16	4
法国	8	9	17	7	7

续表

国家	基础支撑	创新资源与环境	科技研发	产业与应用	国际化
澳大利亚	13	5	13	15	17
荷兰	6	16	16	12	10

注：数值代表指标得分排名；绿色底纹为优势指标。

■ **第二梯队国家人工智能创新指数的国别情况**

为更好地反映第二梯队国家的特点，以下选取英国、新加坡、韩国、以色列4个代表性国家进行概述。

● 英国

英国的全球人工智能创新指数排名从2021年的第4位上升至2022年的第3位。和所处组别的平均水平相比，英国在创新资源与环境、产业与应用、科技研发和国际化方面都保持了较高的均衡发展的水平，但在基础支撑上存在一定发展短板（图2-7）。

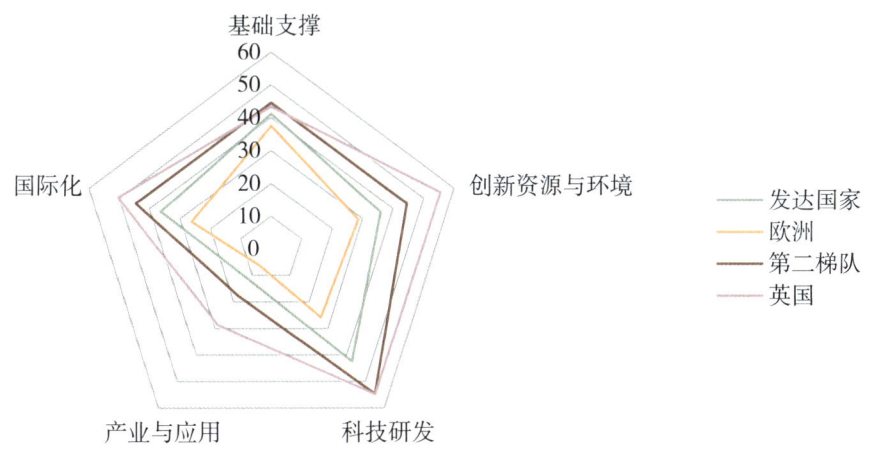

图2-7 英国各一级指标得分情况

人工智能基础支撑上，英国排第10位，人工智能网络基础优于计算基础发展。人工智能网络基础方面，英国排第8位；其中，互联网使用率和固定宽带订阅率得分较高，分别排第6位和第12位。5G建设水平比较靠后，排第18位；移动蜂窝电话订阅率更是排第30位，位于中下游位置，反映出英国在新一代通信技术和工具使用方面的不足。人工智能计算基础方面，英国排第11位；其中，数据中心保有率排参评国家的第 2 位,仅次于美国;全球 TOP 500 超算中心占比排参评国家的第 7 位,反映出英国在数据中心基础建设上面成效卓著,整体数量上走在了世界前列,但进入全球 TOP 500 超算中心行列的数量有待提升。人均发电量则排在第 31 位,处于参评国家中下游位置。

人工智能创新资源与环境上,英国排第 3 位,在人工智能创新制度上表现尤为突出。在人工智能人才方面,英国排第 4 位;其中,人工智能顶级学者人口参与率在参评国家中排第 4 位,人工智能开源代码贡献量排第 5 位,人工智能高收藏量开源代码占比排第 20 位。人工智能教育方面,英国排第 5 位;高水平人工智能核心专业开设率排第 3 位;PISA 测试成绩排第 9 位,但全日制科学和工程博士生占比只排在第 16 位。在人工智能创新制度上,英国高居第 2 位,其在国家人工智能发展政策与规划、国家人工智能社会治理上均排第 2 位,都仅次于美国。但英国在人工智能国家研发投入上还有待进一步提升,其国家研发投入强度只排在第 19 位。

人工智能科技研发上,英国排第 10 位。人工智能学术论文方面,英国排第 4 位,优势是论文质量较高,其人工智能顶级论文量排第 3 位,人工智能全球 TOP 100 高被引论文占比排第 4 位,但人均人工智能论文产出量只排第 17 位。人工智能专利方面,英国只排第 14 位,其人均人工智能专利申请量、人均人工智能专利授权量、人均 5G 专利申请量、人均 5G 专利授权量与排名靠前主要国家相比,尚有较大的差距。

人工智能产业与应用上,英国排第 4 位,产业发展强于应用。人工智能产业方面,英国在参评国家中排第 3 位,仅次于美国和中国。其中,人工智能企业数量为 972 家,排第 4 位;人工智能企业平均融资金额排第 11 位;人工智能上市企业数量排第 5 位;人工智能从业人员人口参与率排第 8 位。人工智能应用方面,英国则排第 5 位,英国物联网 TOP 100 企业占比比较靠前,排第 5 位,但集成电路盈利水平整体较弱,只能排到第 36 位。

人工智能国际化上,英国排第 3 位,和第 2 位加拿大仅相差 2.99 分,人工智能标准和学术研究国际化属于上游水平,位于第二梯队之首。其中,人工智能国际联盟参与度排第 1 位,有绝对优势。人工智能全球顶级会议参与度排第 8 位,人工智能国际标准组织参与度排第 18 位,处于中等偏上水平。

● 新加坡

2022年，新加坡全球人工智能创新指数得分在参评国家中排第5位，位次基本稳定。和所处组别的平均水平相比，新加坡在创新资源与环境、科技研发方面具有优势，在基础支撑、产业与应用和国际化方面还处于追赶水平（图2-8）。

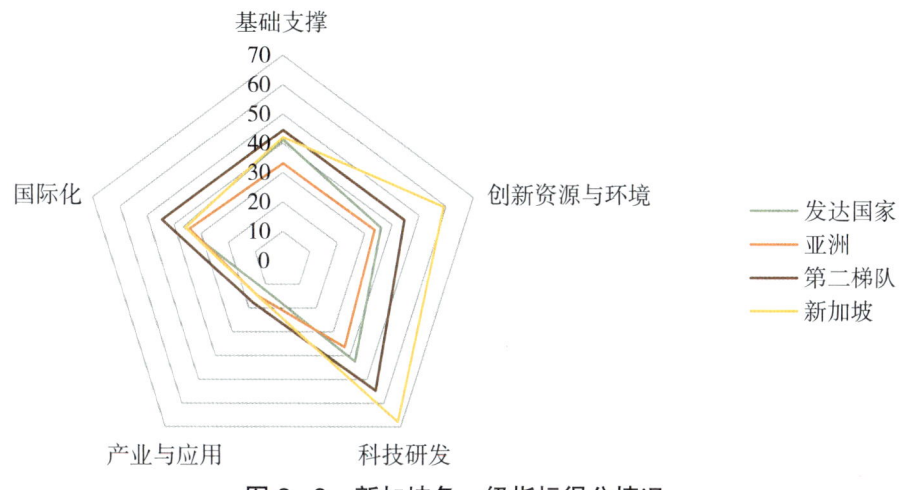

图2-8 新加坡各一级指标得分情况

人工智能基础支撑上，新加坡排第11位，发展基础需要进一步提高。人工智能计算基础方面，新加坡排第7位；其中，数据中心保有率和全球TOP 500超算中心占比分别排参评国家第21位和第18位，人均发电量则排在第8位，开放数据指数排第1位。人工智能网络基础方面较为薄弱，排在参评国家第21位；其中，移动蜂窝电话订阅率排第6位、互联网使用率排第10位、5G建设水平排第14位，而固定宽带订阅率排在第34位，人工智能网络基础在所有参评国家中处于中下游水平。

人工智能创新资源与环境上，新加坡排第2位，仅次于美国。在人工智能人才方面，新加坡排第1位，其中人工智能顶级学者人口参与率在参评国家中排第1位，但人工智能开源代码贡献量、人工智能高收藏量开源代码占比分别只排第18位、第8位；人工智能教育方面，新加坡排第4位，虽然其PISA测试成绩排第2位，但高水平人工智能核心专业开设率排第11位，全日制科学和工程博士生占比排第22位，反映出人工智能的高等教育还尚待努力；在人工智能创新制度上，新加坡排第 4 位，在国家人工智能发展政策与规划和国家人工智能社会治理上分别排在第 3 位和第 4 位。相比新加坡在人才、教育、创新制度上的名列前茅，其在国家研发投入上反差较大，其国家研发投入强度只排第 16 位，说明还需要进一步加大国家层面直接扶持力度。

人工智能科技研发上，新加坡排第 3 位。人工智能学术论文方面，新加坡排第 5 位，其人均人工智能论文产出量高居参评国家第 1 位，人工智能顶级论文量排第 9 位，人工智能全球 TOP 100 高被引论文占比排第 17 位。人工智能专利方面，新加坡排第 1 位，其在人均人工智能专利申请量、人均人工智能专利授权量、人均 5G 专利申请量、人均 5G 专利授权量都排参评国家的第 1 位，专利实力很强。

人工智能产业与应用上，新加坡排第 10 位，人工智能产业应用相对滞后于产业发展。人工智能产业方面，新加坡在参评国家中排第 7 位；其中，人工智能企业数量为 289 家，排第 9 位；人工智能企业平均融资金额排名比较靠前，排第 3 位，但人工智能上市企业暂时只有 1 家；新加坡人工智能从业人员人口参与率排第 1 位，这从一定层面体现出新加坡比较好的社会参与基础和行业发展渗透率。人工智能应用方面，新加坡排第 16 位，虽然其集成电路盈利水平排第 4 位，但物联网 TOP 100 企业占比却相对靠后，排第 16 位。人工智能产业与应用在排名上的较大反差，折射出新加坡在人工智能应用上还有很大的拓展空间。

人工智能国际化上，新加坡排第 22 位。其中，人工智能国际联盟参与度排第 4 位，表现较为突出。人工智能全球顶级会议参与度排第 14 位，人工智能国际标准组织参与度排第 24 位。

● 韩国

韩国在 2022 年评价中排第 8 位。和所处组别的平均水平相比，韩国在基础支撑和科技研发方面表现较好，产业与应用水平、国际化程度有待提高（图 2-9）。

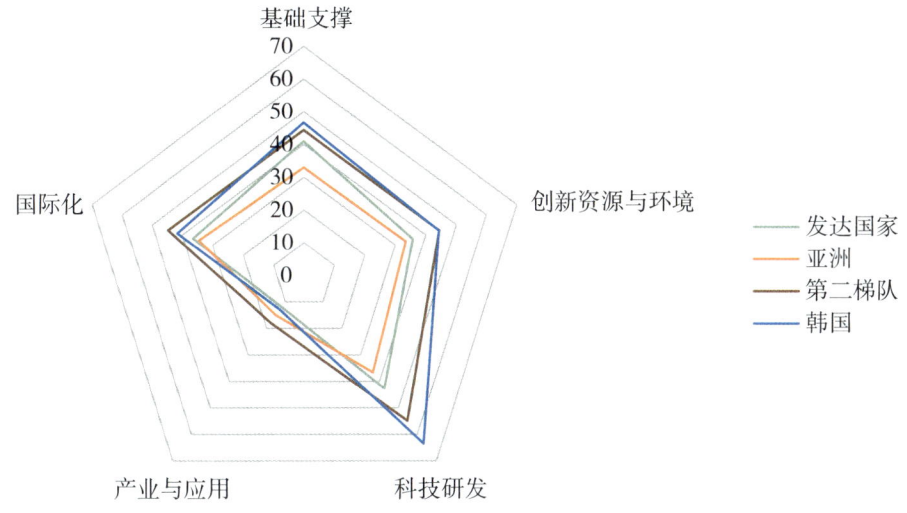

图 2-9 韩国各一级指标得分情况

人工智能基础支撑上，韩国排第 5 位，其中网络基础得分排首位。网络基础方面，除移动蜂窝电话订阅率排第 10 位之外，其余 3 个三级指标均排前 5 位，属于韩国的优势项。其中，5G 建设水平表现尤其突出，截至 2022 年 7 月，韩国的 5G 速率达到 234.16 Mbps，排参评国家中的第 1 位。计算基础方面，二级指标排第 12 位，其中，人均发电量排第 5 位，全球 TOP 500 超算中心占比排第 9 位，但数据中心建设较为落后，数据中心保有率指标得分仅排第 31 位。

人工智能创新资源与环境上，韩国排第 7 位，优势体现为较高的国家研发投入强度。国家研发投入方面，2021 年韩国的国家研发投入强度为 4.81%，排第 2 位，仅次于以色列，处于领先水平。教育方面，二级指标排第 15 位；其中，除 PISA 测试成绩排名靠前（第 3 位）之外，其余指标得分仅处于中等偏下水平。人才方面，二级指标排第 17 位，人工智能顶级学者人口参与率排第 12 位。创新制度方面，韩国排 27 位，处于中下游水平，国家人工智能发展政策与规划和国家人工智能社会治理分别排为 26 位和 28 位。

人工智能科技研发上，韩国排第 5 位，专利表现尤为突出。学术论文方面，韩国排第 10 位，人工智能顶级论文量和人工智能全球 TOP 100 高被引论文占比指标均排前 10 位。2021 年，韩国的人均人工智能论文产出量约为 2967.19 篇/百万本科及以上入学人口，排第 11 位，处于中上游水平；人工智能顶级论义量为 369 篇，占参评国家发文总量的 3.65%，排第 4 位。专利方面，排第 1 位；其中，人均人工智能专利申请量和授权量、人均 5G 专利申请量和授权量均排第 1 位。

人工智能产业与应用上，韩国排第 11 位，其中集成电路盈利水平较高。人工智能产业发展方面，二级指标排第 11 位，除了人工智能企业平均融资金额和人工智能上市企业数量排名较好（第 6 位和第 12 位）外，其他各三级指标排名均处在第 15 ~ 30 位，表现一般。应用方面，韩国排在第 8 位；其中，集成电路盈利水平优势明显，得分排第 1 位，物联网 TOP 100 企业占比处于上游水平，排第 10 位。

人工智能国际化上，韩国排第 13 位，低于第二梯队平均水平。其中，人工智能全球顶级会议参与度排第 15 位，人工智能国际联盟参与度排第 4 位，人工智能国际标准组织参与度排第 11 位。

● 以色列

以色列在 2022 年评价中排第 9 位。和所处组别的平均水平相比，以色列在人工智能创新资源与环境和科技研发方面表现良好，在基础支撑、产业与应用和国际化方面有所欠缺（图 2-10）。

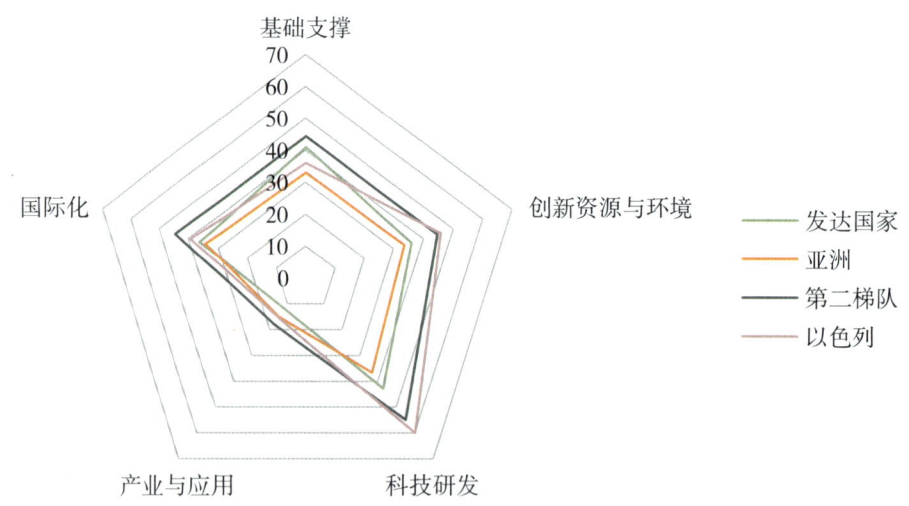

图 2-10 以色列各一级指标得分情况

人工智能基础支撑上，以色列排第 25 位；其中，计算基础和网络基础均处于中等水平。计算基础方面，以色列排第 26 位；其中，数据中心数量处于劣势。截至2022年7月，以色列共有11个数据中心，数据中心保有率仅排在第42位，是以色列所有三级指标中名次最低的一项。网络基础方面，以色列排第22位，除了移动蜂窝电话订阅率（第9位）外，各三级指标排名在第14～35位，处在中等偏下水平。

人工智能创新资源与环境上，以色列排第6位，优势主要体现在国家研发投入上。国家研发投入方面，2021年，以色列的国家研发投入强度达到5.44%，排第1位。人才方面，以色列排第28位。其中，人工智能顶级学者人口参与率达到141人/百万本科及以上入学人口，排第2位；人工智能开源代码贡献量和高收藏量开源代码占比排名靠后。教育方面，以色列排第12位。其中，全日制科学和工程博士生占比约为64.31%，在参评国家中排第9位。创新制度方面，仅排在第23位；其中，政策与规划和社会治理2项指标均处在中等水平，分别排在第23位和第21位。

人工智能科技研发上，以色列排第6位，专利水平较高，论文表现一般。在人工智能学术论文和人工智能专利2个二级指标上，以色列排在第18位和第1位。学术论文方面，各项指标均排在第12～20位，处在中等偏上水平。专利方面，人均人工智能专利申请量和授权量、人均5G专利申请量和授权量均排第1位。

人工智能产业与应用上，以色列排在第9位。产业方面，以色列排第6位。截至2022年7月，以色列共有11家人工智能上市企业，数量排第6位，企业平均融资额为22.79万美元/家，排第4位；人工智能从业人口参与率排第2位。应用方面，排第17位；其中，物联网TOP 100企业占比和集成电路盈利水平排名分别为第16位和第7位。

人工智能国际化上，以色列排第15位。其中，人工智能国际联盟参与度排第4位，人工智能全球顶级会议参与度排第7位，而人工智能国际标准组织参与度排第18位，属于中等水平，需要进一步提高。

（三）第三梯队：创新基础良好，创新效率有待提高

第三梯队国家人工智能创新指数的总体情况

第三梯队共包含12个国家，按指数得分排序分别为丹麦（34.56）、芬兰

（33.51）、比利时（32.40）、卢森堡（32.36）、爱尔兰（32.32）、意大利（28.23）、奥地利（25.88）、西班牙（24.36）、斯洛文尼亚（22.44）、印度（22.34）、葡萄牙（21.67）、波兰（21.18）。

第三梯队国家普遍存在的问题是拥有良好的创新基础，但尚未转化成技术创新和产业发展成果。与第二梯队国家相比，第三梯队国家人工智能产业与应用水平较为薄弱。第三梯队国家产业应用一级指标的平均得分仅有6.26分，约为第二梯队国家平均水平的1/3（图2-11）。

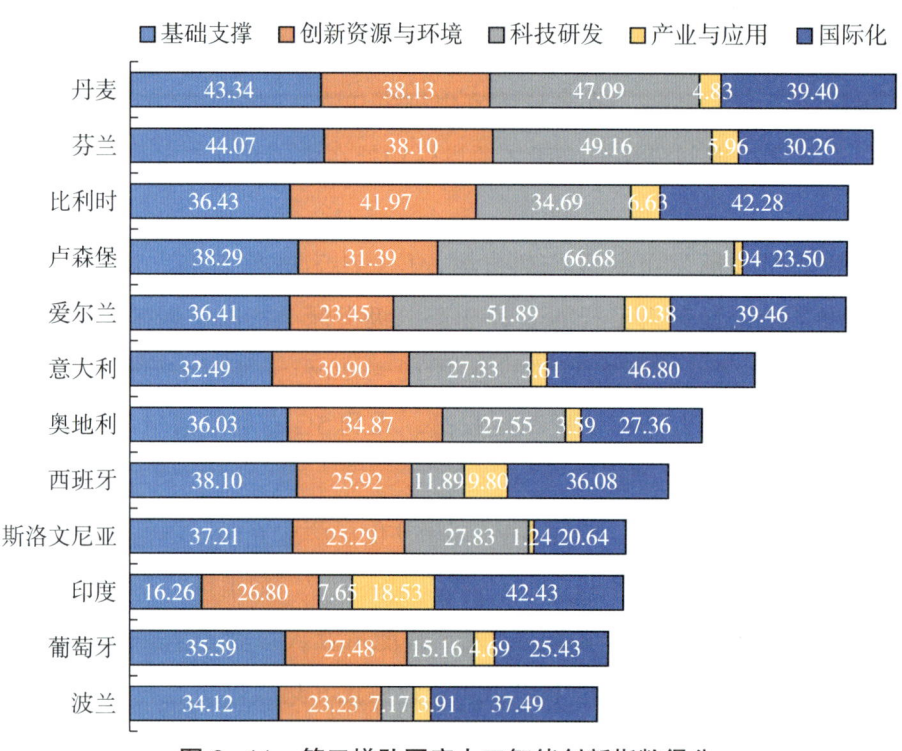

图 2-11　第三梯队国家人工智能创新指数得分

从优劣势指标项看，第三梯队大部分国家发展平平，仅有卢森堡拥有优势指标，斯洛文尼亚和印度两个国家有劣势指标，其他国家没有明显的优劣项（表2-4）。

第二章 全球人工智能创新指数评价综合结果

表2-4 第三梯队国家的优劣势指标

国家	基础支撑	创新资源与环境	科技研发	产业与应用	国际化
丹麦	9	13	15	23	16
芬兰	7	14	14	20	25
比利时	22	10	19	18	12
卢森堡	15	20	4	37	29
爱尔兰	23	28	11	13	14
意大利	33	21	23	26	6
奥地利	24	17	22	27	26
西班牙	16	25	26	14	21
斯洛文尼亚	17	26	21	44	32
印度	46	24	31	6	11
葡萄牙	27	22	24	24	27
波兰	31	29	32	25	19

注：绿色底纹为优势指标，橙色底纹为劣势指标。

■ **第三梯队国家人工智能创新指数的国别情况**

为更好地反映第三梯队国家的特点，以下选取印度、波兰等代表性国家进行概述。

● **印度**

印度总排名继续上升，从2021年的第25位上升到2022年的第23位，且首次跻身第三梯队国家。和所处组别的平均水平相比，印度在人工智能产业应用和国际化方面具有一定优势，在基础支撑和科技研发方面相对落后（图2-12）。

人工智能基础支撑上，印度排第46位；其中，网络基础尤为落后。网络基础方面，印度排名为最后一位，各分项指标均排在末位。计算基础方面，由于数据中心和超算中心建设较好，印度的计算基础整体处于中等水平，排参评国家中的第29位；其中，印度有160个数据中心，数据中心保有率排参评国家中的第6位；拥有3个全球TOP 500超算中心（印度电子和信息技术部所属国家超级计算中心PARAM Siddhi-AI、印度热带气象研究所的国家超级计算中心Pratyush和印度国家中期天气预报中心Mihir），全球TOP 500超算中心占比在参评国家中排第18位。

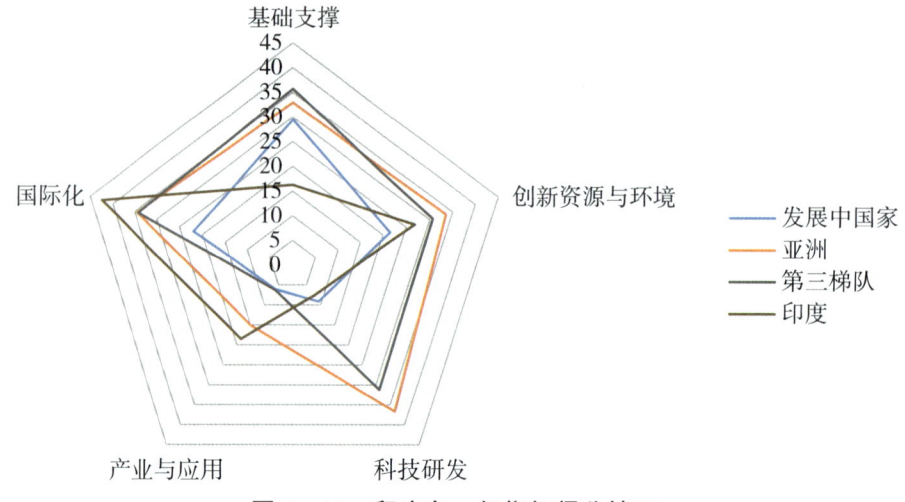

图 2-12 印度各一级指标得分情况

人工智能创新资源与环境上，印度排第 24 位；其中，人工智能开源代码贡献量、全日制科学和工程博士生占比指标表现较好。人才方面，印度排第 7 位。截至 2022 年 7 月，印度已有 58 名高水平的人工智能学者，贡献了 145 个人工智能开源代码，人工智能开源代码贡献量排第 3 位。教育方面，全日制科学和工程博士生占比排名中等偏上，其余指标表现一般。截至 2022 年 7 月，印度全日制科学和工程博士生数量达 15 967 名，占全国博士生总量的 63.63%，占比排第 13 位。国家研发投入方面，2021 年印度的国家研发投入强度约为 0.66%，排第 39 位，处于偏下水平。创新制度方面，印度处于中上游水平，排在第 17 位。

人工智能科技研发上，印度排第 31 位，人工智能学术论文和专利均处于中下游水平。在人工智能学术论文方面，印度排第 36 位，但是人工智能顶级论文量、人工智能全球 TOP 100 高被引论文占比 2 项指标均排前 10 位。印度的人工智能顶级论文量为 239 篇，排参评国家中的第 8 位；人工智能全球 TOP 100 高被引论文为 1 篇，排第 9 位。专利方面，印度排第 30 位，人均人工智能专利授权量为 4.11 项/百万劳动人口，排第 22 位，人均 5G 专利授权量为 0.58 项/百万劳动人口，排第 30 位。

人工智能产业与应用上，印度排第 6 位；其中，产业发展较好，应用发展水平位于中上游水平。产业方面，印度排第 4 位，人工智能企业数量有 1005 家，标准化处理后在参评国家中排第 1 位；人工智能上市企业数量 3 家，在参评国家中排第 10 位；人工智能从业人员人口参与率则表现相对较差，排第 35 位。应用方面，印度排在第 15 位。主要原因在于印度整体的集成电路盈利水平较低，排在第 44 位。

人工智能国际化上，印度排第 11 位。其中，人工智能国际联盟参与度排第 4 位，人工智能国际标准组织参与度排第 6 位，而人工智能全球顶级会议参与度排第 16 位，属于中等偏上水平。

● 波兰

波兰在本次全球人工智能创新指数评价中排第 25 位，居于第三梯队国家中的最后一位。和所处梯队的平均水平相比，波兰在人工智能国际化方面具有极小的优势，其他方面均表现一般（图 2-13）。

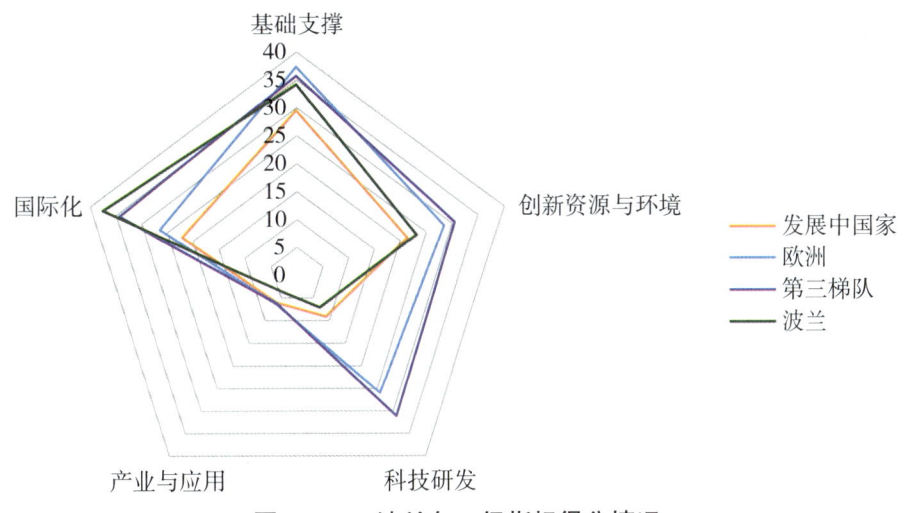

图 2-13 波兰各一级指标得分情况

人工智能基础支撑上，波兰排第 31 位，计算基础排名领先于网络基础。波兰的计算基础和网络基础二级指标分别排第 16 位和第 36 位。计算基础方面，表现最好的指标为开放数据指数，排第 2 位；数据中心保有率和全球 TOP 500 超算中心占比分别为 0.82% 和 1.00%，得分排名分别为第 19 位和第 14 位。网络基础方面移动蜂窝电话订阅量排第 13 位，其余三级指标的排名均在第 30～40 位，处于下游水平。

人工智能创新资源与环境上，波兰排第 29 位，各二级指标均属于中下游水平。

波兰在人工智能教育方面排第 24 位，其中，PISA 测试成绩优势大，排第 7 位，全日制科学和工程博士占比为 50.80%，得分位于参评国家中等偏下位置，排名仅为第 32 位。在人才方面，波兰均处在中下游位置，二级指标得分排第 34 位，其中，人工智能顶级学者人口参与率、人工智能高收藏量开源代码占比均排名中等偏下。创新制度方面，波兰在国家人工智能发展政策与规划和国家人工智能社会治理 2 个三级指标上排名均为第 30 位。

人工智能科技研发上，波兰排第 32 位，人工智能专利和人工智能学术论文均排名靠后。学术论文方面，波兰排第 32 位，其中人工智能全球 TOP 100 高被引论文占比排第 17 位，人工智能顶级论文量排第 26 位，属于中游水平。专利方面，波兰排第 33 位，其中，人均人工智能专利申请量和授权量均排名靠后，排第 33 位和第 27 位。人均 5G 专利申请量和授权量分别排第 32 位和第 28 位。

人工智能产业与应用上，波兰排第 25 位，其中，人工智能产业发展优势较大。产业方面，波兰的人工智能产业二级指标得分排第 24 位，人工智能上市企业数量排第 10 位，而人工智能企业平均融资金额表现较差，排第 29 位。应用方面，波兰排第 44 位，物联网 TOP 100 企业占比排名居参评国家第 16 位，集成电路盈利水平表现较差，排第 42 位。

人工智能国际化上，波兰排第 19 位。其中，人工智能国际联盟参与度排第 4 位，属于优势指标。人工智能国际标准组织参与度排第 17 位，人工智能全球顶级会议参与度排第 25 位，属于中等水平。

（四）第四梯队：整体水平落后，个别国家有所进步

■ **第四梯队国家人工智能创新指数的总体情况**

第四梯队共包含 21 个国家，按指数得分排序分别为马耳他（19.87）、捷克（19.79）、塞浦路斯（19.49）、希腊（18.44）、沙特阿拉伯（18.27）、爱沙尼亚（18.09）、巴西（17.64）、匈牙利（16.58）、罗马尼亚（15.92）、南非（15.90）、斯洛伐克（15.24）、墨西哥（14.75）、印度尼西亚（14.11）、土耳其（13.65）、立陶宛（13.56）、越南（13.50）、拉脱维亚（13.49）、保加利亚（13.43）、俄罗斯（13.40）、克罗地亚（13.20）、阿根廷（11.22）。

第四梯队国家人工智能发展普遍比较落后，一级指标的平均得分均明显低于

第三梯队。值得注意的是，个别国家虽然创新基础仍然较为薄弱，但在科技研发和产业发展等产出层面已有很大进展。例如，土耳其人工智能全球TOP 100高被引论文有2篇，和加拿大、德国等国家水平相当；南非人工智能企业发展势头较好，人工智能企业数量、企业平均融资金额、上市企业数量均排在第15名左右（图2-14）。

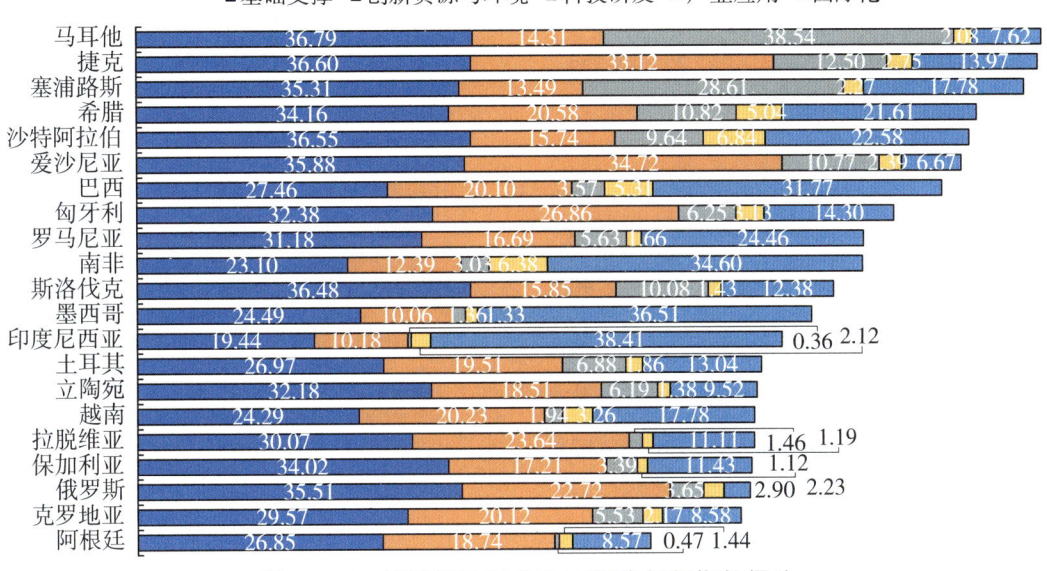

图2-14 第四梯队国家人工智能创新指数得分

从优劣势指标项看，第四梯队国家均无优势指标，仅捷克、希腊、巴西、匈牙利、罗马尼亚等5个国家没有劣势指标，墨西哥和阿根廷两国劣势指标数最多。第四梯队国家仅有少量指标表现较好，如马耳他的基础支撑以36.79分排参评国家中的第18位，科技研发以38.54分排参评国家中的第18位；爱沙尼亚的创新资源与环境以34.72分排参评国家中的第18位（表2-5）。

表2-5 第四梯队国家的优劣势指标

国家	基础支撑	创新资源与环境	科技研发	产业与应用	国际化
马耳他	18	42	18	36	44
捷克	19	19	25	30	36

续表

国家	基础支撑	创新资源与环境	科技研发	产业与应用	国际化
塞浦路斯	29	43	20	32	33
希腊	30	31	27	22	31
沙特阿拉伯	20	41	30	17	30
爱沙尼亚	26	18	28	31	45
巴西	39	34	39	21	24
匈牙利	34	23	34	29	35
罗马尼亚	36	39	36	39	28
南非	44	44	41	19	23
斯洛伐克	21	40	29	41	38
墨西哥	42	46	44	43	20
印度尼西亚	45	45	46	35	18
土耳其	40	35	33	38	37
立陶宛	35	37	35	42	41
越南	43	32	42	28	34
拉脱维亚	37	27	43	45	40
保加利亚	32	38	40	46	39
俄罗斯	28	30	38	33	46
克罗地亚	38	33	37	34	42
阿根廷	41	36	45	40	43

注：橙色底纹为劣势指标。

■ 第四梯队国家人工智能创新指数的国别情况

为更好地反映第四梯队国家的特点，下面选取马耳他和俄罗斯这2个代表性国家进行概述。

● 马耳他

马耳他在本次评价中排第26位，处于中等水平，主要得益于科技研发和基础支撑发展较好。和所处组别的平均水平相比，马耳他在人工智能基础支撑和科技研发方面均具有一定优势，在创新资源与环境、产业与应用和国际化方面，马耳他远远落后于第四梯队国家的平均水平（图2-15）。

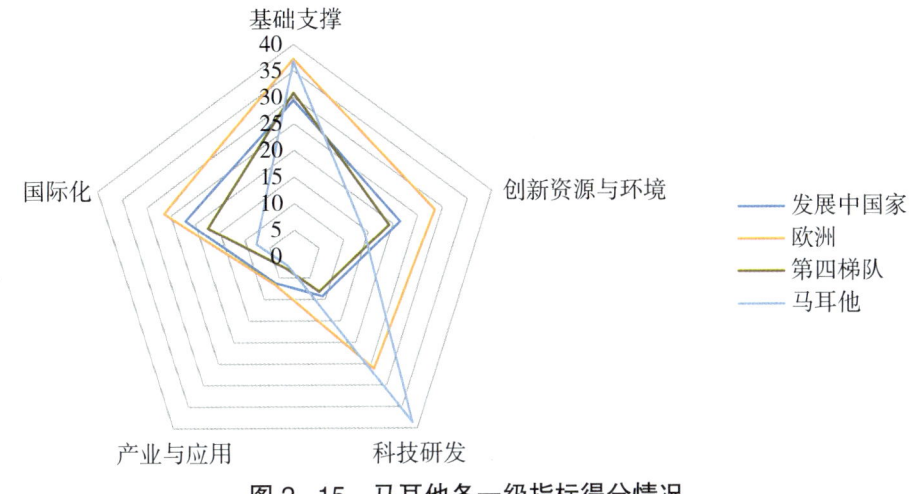

图2-15 马耳他各一级指标得分情况

人工智能基础支撑上，马耳他排第18位，网络基础优势明显。网络基础方面，马耳他排第3位，固定宽带订阅率和移动蜂窝电话订阅率排名靠前，分别是第1位和第5位。计算基础方面，马耳他排参评国家中的第44位。其中，马耳他现有8个数据中心，排参评国家中的第44位；暂未拥有全球TOP 500超算中心；开放数据指数排名靠后，排第43位。

人工智能创新资源与环境上，马耳他排第42位，其中，人工智能创新制度指标表现相对较好。人才方面，马耳他排第42位。截至2022年7月，马耳他的高水平人工智能学者和人工智能开源代码均为0。教育方面，除了PISA测试成绩排第29位，其余指标都在第30位之后。截至2022年，马耳他全日制科学和工程博士生数量仅有19名，占全国博士生总量的51.35%，占比排第31位。国家研发投入方面，2021年马耳他的国家研发投入强度约为0.68%，排第38位，处于偏下水平。创新制度方面，马耳他处于中等水平，排在第26位。

人工智能科技研发上，马耳他排在第18位，优势主要体现在专利方面。在人工智能学术论文方面，马耳他排在第25位；其中，人工智能全球TOP 100高被引论文为0篇，人工智能顶级论文量为0。专利方面，排第16位，人均人工智能专利申请量和人均 5G 专利授权量均排第 1 位，而人均人工智能专利授权量仅排第 39 位。

人工智能产业与应用上，马耳他排第 36 位；其中，应用发展较好，产业发展相对落后。应用方面，马耳他排在第 19 位，属于中等水平。马耳他整体的集成电路盈利水平排第 10 位，物联网 TOP 100 企业占比排第 16 位。产业方面，马耳他排第 36 位，与应用发展水平有一定差距。人工智能企业数量仅有 10 家，居参评国家第 41 位；人工智能企业从业人员人口参与率表现相对较好，排第 14 位。

人工智能国际化上，马耳他排第 44 位。其中，人工智能国际联盟参与度排第 38 位，人工智能国际标准组织参与度排第 39 位，人工智能全球顶级会议参与度排第 41 位。

● 俄罗斯

俄罗斯在本次全球人工智能创新指数评价中排第 44 位，人工智能创新发展整体水平处于下游位置。和所处组别的平均水平相比，俄罗斯在科技研发、产业与应用、国际化方面均存在一定短板（图 2-16）。

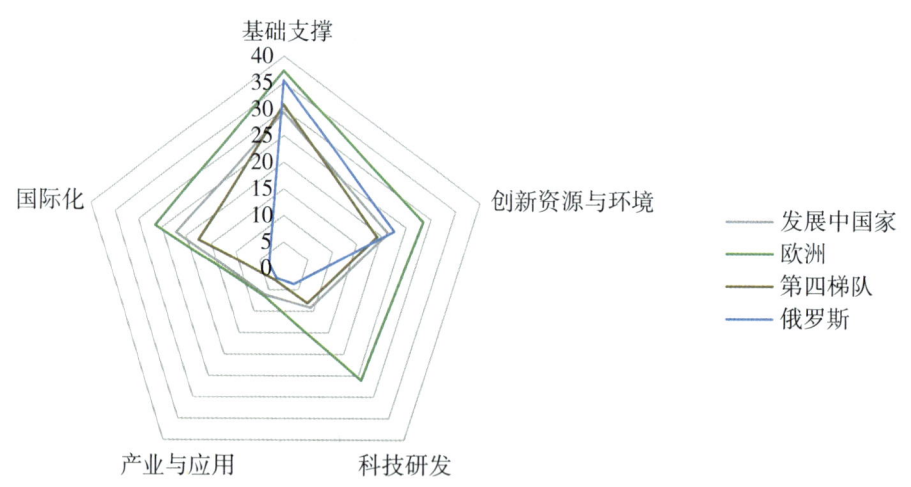

图 2-16 俄罗斯各一级指标得分情况

人工智能基础支撑上，俄罗斯排第 28 位，其中，计算基础相比网络基础发展好。计算基础方面，俄罗斯排在第 21 位；其中，数据中心保有率、全球 TOP 500

超算中心占比和人均发电量均排在前 15 位，处于中等偏上水平。网络基础方面，排第 31 位；其中，移动蜂窝电话订阅率较高，居参评国家中的第 1 位；但其余指标均表现不佳，尤其是 5G 建设水平，仅排在第 43 位。

人工智能创新资源与环境上，俄罗斯排第 30 位。其中，4 个二级指标中，仅教育和创新制度排 25 位左右，其余 2 个二级指标的排名均排在 30 位以后。在 9 个三级指标中，俄罗斯的全日制科学和工程博士生占比和人工智能开源代码贡献量排名最为靠前，分别排第 11 位和第 15 位，其余大部分指标都处于中等偏下水平。

人工智能科技研发上，俄罗斯排第 38 位，主要原因在于人均人工智能论文产出量较低。学术论文方面，俄罗斯排第 43 位。其中，人工智能顶级论文量和人工智能全球 TOP 100 高被引论文占比分别排在第 21 位和第 17 位。但人均人工智能论文产出量仅排第 43 位。专利方面，俄罗斯排第 31 位；其中，人均人工智能专利授权量表现较好，排在第 18 位，其余分项指标则处于下游水平。

人工智能产业与应用上，俄罗斯排第 33 位。产业方面，俄罗斯排第 33 位。其中，截至 2022 年 7 月，俄罗斯共有 87 家人工智能企业，数量排第 21 位，但企业平均融资规模较小，仅有 1.48 百万美元/家，人工智能企业平均融资金额仅排第 40 位。应用方面，俄罗斯排第 39 位，集成电路盈利水平排名最为靠后，仅排第 34 位，但是物联网 TOP 100 企业占比表现比较好，排第 16 位。

人工智能国际化上，俄罗斯排第 46 位。其中，人工智能国际标准组织参与度排第 43 位，人工智能国际联盟参与度排第 38 位，人工智能全球顶级会议参与度排第 21 位。

第三章
人工智能基础支撑

自 2006 年起，人工智能进入重视数据、自主学习的认知智能时代。计算能力和网络环境成为人工智能发展必不可少的基础支撑条件，由此本报告从人工智能计算基础和人工智能网络基础 2 个层面对各国人工智能的基础支撑条件进行评价分析。

一、人工智能基础支撑总体情况

人工智能基础支撑包含了人工智能计算基础和人工智能网络基础 2 个二级指标。其中，人工智能计算基础由数据中心保有率、全球 TOP 500 超算中心占比、人均发电量和开放数据指数 4 个三级指标构成；人工智能网络基础下设移动蜂窝电话订阅率、互联网使用率、固定宽带订阅率和 5G 建设水平 4 个三级指标。

（一）2022 年整体情况

参评国家人工智能基础支撑整体发展较好。在 5 个一级指标中，基础支撑的平均分最高。约有 74% 的国家（34 个）得分位于 30~50 分，美国、加拿大和瑞典 3 个国家的人工智能基础设施建设相对较好，得分超过 50 分（图 3-1）。

不少国家在计算基础和网络基础 2 个方面发展明显不均衡。46 个国家中，有 17 个国家（约 1/3）的计算基础和网络基础排名相差超过 10 名，有 4 个国家的排名差甚至超过 20 名。例如，中国的计算基础排第 6 位，但网络基础排名仅为第 32 位；马耳他的计算基础位列倒数第三名，排第 44 位，但网络基础却跻身前列，排第 3 位；卢森堡的计算基础排第 35 位，但网络基础却位于领先地位，排第 4 位。

第三章 人工智能基础支撑

托管型数据中心保有率和全球 TOP 500 超算中心占比是各国基础支撑差异的主要来源。在托管型数据中心保有率上，美国以满分的成绩遥遥领先；全球 TOP 500 超算中心占比上，中国竞争优势十分明显。

	人工智能基础支撑	人工智能计算基础					人工智能网络基础				
		计算基础	数据中心保有率	全球TOP 500超算中心占比	人均发电量	开放数据指数	网络基础	移动蜂窝电话订阅率	互联网使用率	固定宽带订阅率	5G建设水平
美国	60.15	71.50	100.00	51.20	64.40	70.40	48.81	22.23	87.00	73.22	12.78
加拿大	50.47	50.36	36.48	5.60	83.35	76.00	50.59	14.00	95.67	83.86	8.82
瑞典	50.24	45.17	12.02	2.00	82.75	83.90	55.31	30.36	92.20	82.76	15.90
德国	47.48	41.84	46.26	12.40	31.40	77.30	53.12	31.20	85.44	86.44	9.41
韩国	46.64	33.30	4.08	2.40	56.32	70.40	59.99	34.97	95.01	87.10	22.87
荷兰	44.69	35.09	24.45	2.40	32.01	81.50	54.29	29.89	87.61	87.84	11.80
芬兰	44.07	38.77	4.69	2.00	63.58	84.80	49.36	31.32	88.81	66.64	10.69
法国	43.76	35.59	32.81	8.80	38.75	62.00	51.93	24.48	78.29	93.84	11.10
丹麦	43.34	28.98	6.52	0.00	24.99	84.40	57.71	29.93	95.07	89.44	16.39
英国	43.14	34.02	54.82	4.80	18.65	57.80	52.27	26.33	92.60	80.52	9.61
新加坡	41.87	36.42	7.95	1.20	44.51	92.00	47.32	37.25	88.57	51.62	11.84
日本	41.84	32.43	11.00	13.20	37.31	68.20	51.26	41.90	86.03	69.58	7.53
澳大利亚	41.80	35.18	26.29	2.00	49.33	63.10	48.42	22.58	85.14	71.36	14.59
中国	39.63	36.97	17.73	69.20	25.84	35.10	42.30	27.59	57.71	67.20	16.69
卢森堡	38.29	20.83	3.06	1.20	13.95	65.10	55.75	36.51	98.31	75.14	13.05
西班牙	38.10	27.78	14.06	0.40	25.37	71.30	48.42	27.59	90.30	69.24	6.56
斯洛文尼亚	37.21	29.12	1.63	0.00	34.97	79.90	45.30	29.06	80.86	62.68	8.60
马耳他	36.79	17.77	1.63	0.00	22.25	47.20	55.81	37.56	81.23	96.66	7.81
捷克	36.60	27.98	4.89	0.80	36.42	69.80	45.22	28.51	73.34	71.82	7.21
沙特阿拉伯	36.55	25.66	4.48	2.40	47.84	47.90	47.45	28.91	96.94	45.32	18.62
斯洛伐克	36.48	26.10	2.85	0.00	23.37	78.20	46.86	33.40	85.60	62.74	5.71
比利时	36.43	23.43	8.15	0.00	40.08	45.50	49.43	19.66	87.90	81.70	8.45
爱尔兰	36.41	27.96	5.50	1.20	28.03	77.10	44.86	22.04	88.57	61.42	7.40
奥地利	36.03	28.07	5.09	0.80	37.70	68.70	43.99	27.42	82.19	57.86	8.49
以色列	35.97	24.81	2.24	0.00	38.81	58.20	47.13	35.84	85.90	60.12	6.65
爱沙尼亚	35.88	23.57	2.45	0.00	21.65	70.20	48.19	37.92	84.37	62.66	7.79
葡萄牙	35.59	23.27	6.11	0.00	20.46	66.50	47.90	26.63	68.94	81.62	14.42
俄罗斯	35.51	27.57	12.02	2.80	36.47	59.00	43.44	45.45	78.56	46.46	3.29
塞浦路斯	35.31	20.57	3.26	0.00	16.74	62.30	50.04	20.65	86.86	74.80	17.86
希腊	34.16	21.71	3.67	0.00	23.06	60.10	46.61	24.02	68.74	81.68	12.01
波兰	34.12	28.81	8.15	2.00	19.80	85.30	39.44	32.22	75.97	44.22	5.33
保加利亚	34.02	26.83	5.91	0.40	31.12	69.90	41.21	25.67	57.37	60.88	20.53
意大利	32.49	26.09	16.30	2.40	19.78	65.90	38.89	31.40	57.83	59.96	6.37
匈牙利	32.38	20.46	1.83	0.40	14.30	65.30	44.29	22.92	78.24	67.60	8.41
立陶宛	32.18	20.09	2.45	0.00	4.13	73.80	44.26	34.60	75.80	58.54	8.10
罗马尼亚	31.18	21.71	9.58	0.00	11.05	66.20	40.65	27.24	69.23	59.10	7.01
拉脱维亚	30.07	18.23	3.67	0.00	11.06	58.20	41.90	23.88	84.14	52.02	7.58
克罗地亚	29.57	19.94	1.63	0.00	14.34	63.80	39.19	22.90	69.03	50.22	14.61
巴西	27.46	22.50	14.47	2.40	10.83	62.30	32.41	18.48	73.34	34.20	3.62
土耳其	26.97	21.10	13.65	0.00	15.36	55.40	32.84	18.63	68.10	39.68	4.93
阿根廷	26.85	15.55	3.06	0.00	12.33	46.80	38.15	28.03	79.29	42.36	2.92
墨西哥	24.49	20.07	2.65	0.00	8.31	69.30	28.91	17.74	59.96	34.02	3.93
越南	24.29	15.23	3.87	0.00	7.86	49.20	33.35	36.67	57.57	34.32	4.58
南非	23.10	18.23	5.30	0.00	16.15	52.00	27.83	43.93	57.14	4.40	5.84
印度尼西亚	19.44	19.81	10.80	0.00	0.63	67.80	19.08	31.47	33.90	8.58	2.38
印度	16.26	23.28	32.61	1.20	1.21	58.10	9.25	13.12	18.57	3.32	1.98

图 3-1 各个参评国家的人工智能基础支撑各级指标得分情况

（注：圆形大小表示指数得分高低）

美国计算基础较强，网络基础相对薄弱。美国的人工智能计算基础二级指标排第 1 位，各细分指标表现突出。截至 2022 年 7 月，美国的数据中心数量达到 1833 个，保有率约为 37.35%，排第 1 位；全球 TOP 500 超算中心为 128 个，占比达到 25.60%，排第 2 位；2021 年全年人均发电量为 13.24 TWh/百万人，排第 3 位。但美国网络基础仅排在第 15 位，其中移动蜂窝电话订阅率表现最差，排第 38 位。

加拿大和瑞典人工智能基础支撑总体水平相近，且均拥有较高的人均发电量、互联网使用率和固定宽带使用率。2021 年，加拿大、瑞典的人均发电量分别为 16.84 TWh/百万人、16.72 TWh/百万人，排前 2 位；互联网使用率分别为 96.97%、94.54%，排第 3 位、第 7 位；固定宽带订阅率分别为 41.93% 和 41.38%，排第 7 位和第 8 位。

韩国拥有领先的人工智能网络基础，计算基础处于中上水平。韩国的人工智能网络基础水平居参评国家首位，主要指标表现良好。截至 2022 年 7 月，韩国的 5G 建设水平达到 234.16 Mbps，排第 1 位，且领先其余国家较多；互联网使用率和固定宽带订阅率分别为 96.51%、43.55%，均排第 5 位。相比发达的网络基础，韩国的计算基础略显欠缺，排在第 12 位，主要原因在于数据中心保有率低，仅排第 31 位。

印度、印度尼西亚基本处于全面落后的状态，但个别指标表现相对较好。印度的基础支撑总得分排名倒数第一位，但由于数据中心的突出表现，其计算基础在参评国家中处于中等水平，排第 29 位。截至 2022 年 7 月，印度共拥有 160 个数据中心，保有率排第 6 位。印度尼西亚基础支撑总得分排倒数第 2 位，但数据中心保有率、移动蜂窝电话订阅率和开放数据指数 3 个三级指标均处在中等水平，分别排在第 17 位、第 14 位和第 22 位。

（二）各地区组别概况

2022 年，全球人工智能创新指数的参评国家中包括了 10 个亚洲国家，已基本覆盖了亚洲地区经济发展水平和科技发展水平最高的国家。亚洲人工智能基础支撑排前 3 位的国家分别是韩国、新加坡、日本。值得关注的是在 10 个参评的亚洲国家中仅有 10% 的（1 个）国家，即韩国，其人工智能基础支撑排名居 46 个参评国家的前 10 位，但有 40% 的（4 个）国家人工智能基础支撑排名居 46 个参评国家的后 10 位，为印度、印度尼西亚、越南和土耳其，具体如表 3-1 所示。

表 3-1　亚洲国家人工智能基础支撑得分情况

国家	基础支撑得分	排名
韩国	46.64	5
新加坡	41.87	11
日本	41.84	12
中国	39.63	14
沙特阿拉伯	36.55	20
以色列	35.97	25
土耳其	26.97	40
越南	24.29	43
印度尼西亚	19.44	45
印度	16.26	46

2022年，全球人工智能创新指数的参评国家中包括了29个欧洲国家，占参评国家总数的约63%，参评国家已基本覆盖了欧洲地区经济发展水平和科技发展水平最高的国家。欧洲人工智能基础支撑排前3位的国家分别是瑞典、德国、荷兰。欧洲有7个国家居人工智能基础支撑排名的前10位，这一比例在5个大洲中排第1位，分别为瑞典、德国、荷兰、芬兰、法国、丹麦、英国，均来自西欧经济发达国家。欧洲国家人工智能基础支撑排名总体较为均衡，大部分国家集中分布在第15～35位，具体情况如表3-2所示。

表 3-2　欧洲国家人工智能基础支撑得分情况

国家	基础支撑得分	排名
瑞典	50.24	3
德国	47.48	4
荷兰	44.69	6
芬兰	44.07	7
法国	43.76	8
丹麦	43.34	9

续表

国家	基础支撑得分	排名
英国	43.14	10
卢森堡	38.29	15
西班牙	38.10	16
斯洛文尼亚	37.21	17
马耳他	36.79	18
捷克	36.60	19
斯洛伐克	36.48	21
比利时	36.43	22
爱尔兰	36.41	23
奥地利	36.03	24
爱沙尼亚	35.88	26
葡萄牙	35.59	27
俄罗斯	35.51	28
塞浦路斯	35.31	29
希腊	34.16	30
波兰	34.12	31
保加利亚	34.02	32
意大利	32.49	33
匈牙利	32.38	34
立陶宛	32.18	35
罗马尼亚	31.18	36
拉脱维亚	30.07	37
克罗地亚	29.57	38

2022年，全球人工智能创新指数的参评国家中包括了5个美洲国家，约占参评国家总数的10%，美洲国家总体发展水平差异较大，分别从南美、北美选取了代表性的国家进行评测。美洲人工智能基础支撑排前3位的国家分别是美国、加拿大、巴西，其中美国和加拿大分别位列46个参评国家的第1位和第2位。

南北美洲国家人工智能基础支撑水平差距较大，南美洲国家的排名均位于 46 个参评国家的后 10 位，排名分别为巴西第 39 位、阿根廷第 41 位、墨西哥第 42 位，具体如表 3-3 所示。

表 3-3　美洲国家人工智能基础支撑得分情况

国家	基础支撑得分	排名
美国	60.15	1
加拿大	50.47	2
巴西	27.46	39
阿根廷	26.85	41
墨西哥	24.49	42

2022 年，全球人工智能创新指数的测评分别选取了大洋洲和非洲代表性国家各 1 个，分别为澳大利亚和南非。它们的得分及排名情况分别为：澳大利亚（41.80）排第 13 位，南非（23.10）排第 44 位，具体如表 3-4 所示。

表 3-4　其他地区国家人工智能基础支撑得分情况

国家	基础支撑得分	排名
澳大利亚	41.80	13
南非	23.10	44

以下是分别从 2 个不同的二级指标维度对每个地区组别国家的人工智能基础支撑水平的对比，计算方法是取各地区组别国家的人工智能基础支撑二级指标的均值进行差距分析，其中大洋洲的均值为澳大利亚的各二级指标的得分，非洲国家的均值为南非的各二级指标的得分，具体差距情况如图 3-2 所示。

从计算基础维度分析，各地区组别国家的均值排序分别为美洲、大洋洲、欧洲、亚洲、非洲。美洲的计算基础要优于其他区域，而非洲是 5 个地区中人工智能计算基础最差的区域。参评地区的计算基础得分可大致分为 3 个层次，第一层次为美洲和大洋洲，平均分均高于 35 分；第二层次为欧洲和亚洲，平均分为 27 分左右；第三层次为非洲，仅有 18.36 分，并且每个层次差值均在 8 分左右。

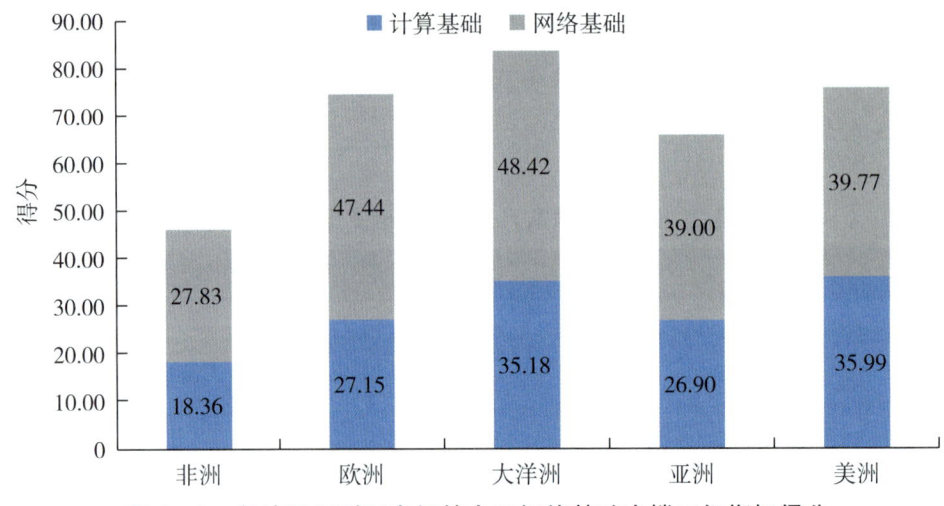

图 3-2 各地区组别国家间的人工智能基础支撑二级指标得分

从网络基础维度分析，各地区组别国家的均值排序分别为大洋洲、欧洲、美洲、亚洲和非洲。其中，大洋洲在该项指标上排第 1 位，第 2 位的欧洲与之差距较小，仅有 0.98 分。美洲和亚洲之间的差距也不明显，只相差 0.77 分，而非洲是 5 个区域中网络基础最差的区域，落后于其他参评地区较多。

（三）各经济发展水平组别概况

发展中国家与发达国家相比，在 2 个二级指标方面均存在一定的差距。其中，在网络基础方面，发展中国家在该项指标上的均值得分为发达国家的 73%，差距 13.34 分；在计算基础方面，发展中国家在该项指标上的均值得分为发达国家的 70%，差距 9.60 分（图 3-3）。

除了全球 TOP 500 超算中心占比，发展中国家与发达国家在其余 7 个三级指标方面均存在一定的差距。其中，在人均发电量方面，发展中国家与发达国家存在的差距最大，发展中国家在该项指标上的得分为发达国家的 43.73%；发展中国家与发达国家差距最小的指标为移动蜂窝电话订阅率，发展中国家在该项指标上的得分达到了发达国家的 98.38%。此外，在全球 TOP 500 超算中心占比方面，发展中国家与发达国家的得分几乎持平，甚至超过发达国家 0.02%（图 3-4）。[①]

---

① 数据比例为使用原始数据计算后四舍五入所得。

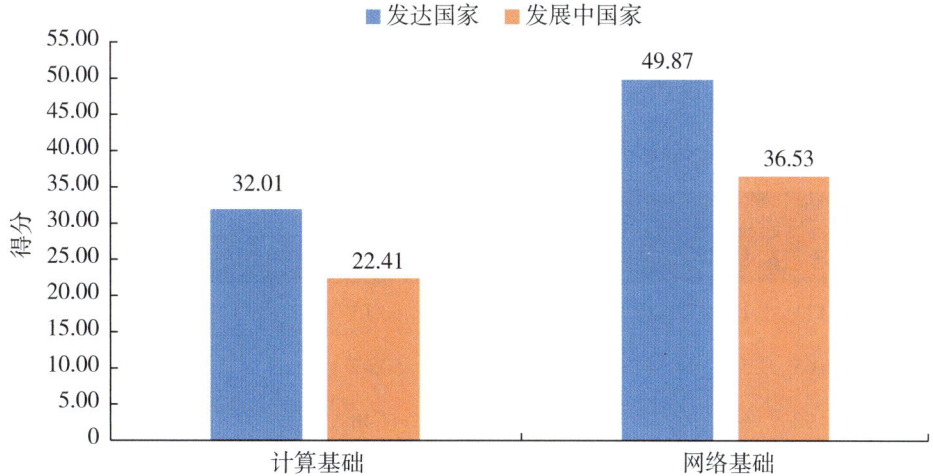

图3-3　各经济发展水平组别国家间的人工智能基础支撑二级指标得分

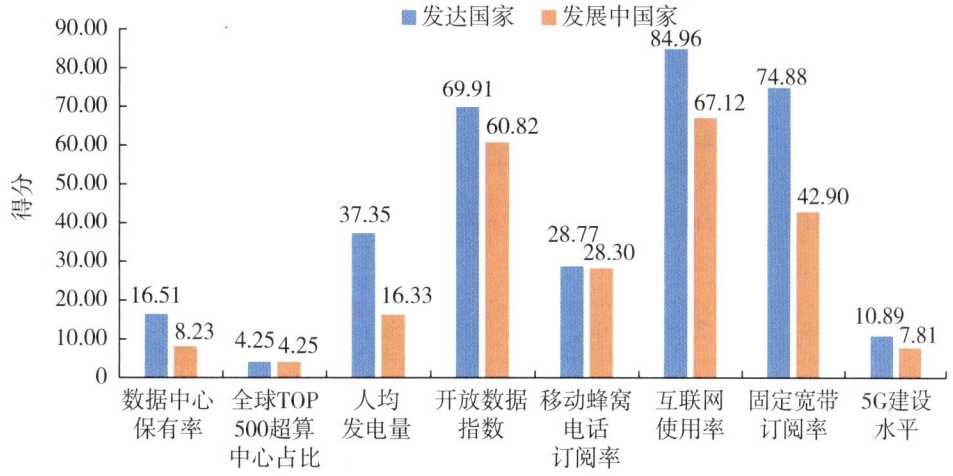

图3-4　各经济发展水平组别国家间的人工智能基础支撑三级指标得分

（四）参评国家2019—2022年变化情况

考虑到2019年全球人工智能创新指数参评国家为除欧盟外的G20成员国及以色列共20个国家，为便于2019年数据与2020—2022年进行平行对比，故对G20成员国及以色列共20个国家的2020—2022年人工智能创新指数得分进行排名，并与2019年数据进行对比。

2021—2022年全球人工智能基础支撑排名上升的国家有韩国、法国、日本、以色列、巴西，其中法国、日本和巴西排名均上升2位，韩国和以色列排名上升1

位；减幅最大的国家为中国，排名下降 5 位。俄罗斯、土耳其和阿根廷排名均下降 1 位。具体如表 3-5 和图 3-5 所示。

表 3-5　2019—2022 年参评国家人工智能基础支撑的对比

国家	2019 得分	2019 排名	2020 得分	2020 排名	2021 得分	2021 排名	2022 得分	2022 排名	2021—2022 排名对比	2019—2022 排名对比
美国	60.11	1	57.78	1	60.25	1	60.15	1	—	—
加拿大	46.65	5	44.74	2	45.81	2	50.47	2	—	↑3
德国	44.90	6	38.57	5	40.81	3	47.48	3	—	↑3
韩国	48.51	3	38.38	6	39.59	5	46.64	4	↑1	↓1
法国	38.65	10	36.89	7	37.54	7	43.76	5	↑2	↓5
英国	40.22	9	38.85	4	39.39	6	43.14	6	—	↑3
日本	44.27	7	32.18	9	34.34	9	41.84	7	↑2	—
澳大利亚	42.24	8	34.68	8	36.19	8	41.80	8	—	—
中国	48.14	4	38.87	3	40.48	4	39.63	9	↓5	↓5
沙特阿拉伯	36.81	12	26.99	12	32.40	10	36.55	10	—	↑2
以色列	31.75	14	27.17	11	28.51	12	35.97	11	↑1	↑3
俄罗斯	53.59	2	27.54	10	29.54	11	35.51	12	↓1	↓10
意大利	31.19	15	23.76	13	24.17	13	32.49	13	—	↑2
巴西	21.68	16	17.20	16	18.03	16	27.46	14	↑2	↑2
土耳其	17.31	17	17.31	15	20.98	14	26.97	15	↓1	↑2
阿根廷	32.58	13	19.23	14	19.52	15	26.85	16	↓1	↓3
墨西哥	16.54	18	14.04	18	15.92	17	24.49	17	—	↑1
南非	38.06	11	14.64	17	15.02	18	23.10	18	—	↓7
印度尼西亚	11.71	19	6.90	20	11.27	19	19.44	19	—	—
印度	6.23	20	8.46	19	9.24	20	16.26	20	—	—

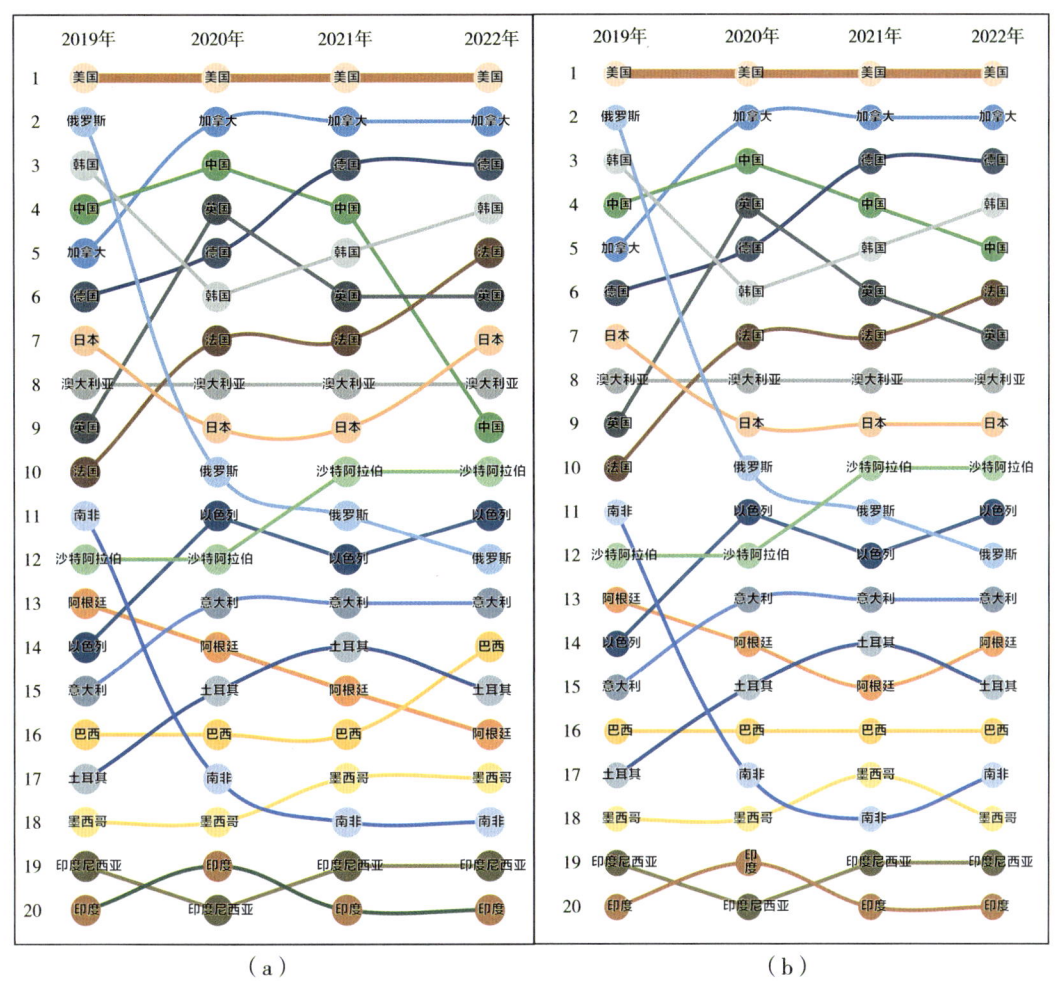

图3-5 2019—2022年20个国家人工智能基础支撑排名的变化

[图3-5（b）为不包含数据开放程度后的排名变化]

美国连续4年保持第一的领先地位。美国人工智能基础支撑优势显著，远超其他参评国家，2019—2022年连续4年基础支撑排名均为第一位。

各国人工智能基础支撑的发展状况总体趋于稳定。2020—2022年的3年间，各个国家人工智能基础支撑的得分排名变动较小，且层次较为难以跨越。美国、加拿大连续3年保持第一名、第二名的位置；德国、韩国、英国和法国四国之间内部排名稍有变动，整体相差较小；澳大利亚和日本位于同一层次，澳大利亚连续4年排名未发生变动；沙特阿拉伯、以色列、俄罗斯和意大利3年内排名有小幅度变化，总体趋于稳定；土耳其、阿根廷和巴西三国在3年间排名互相变换；墨西哥、南非、印度尼西亚和印度连续 2 年保持相同位次。

2019—2021 年中国人工智能基础支撑得分排名较为稳定（第 3 位 / 第 4 位），2022 年降至第 9 位。在整体排名均变化幅度较小的情况下，中国 2021—2022 年人工智能基础支撑的排名下降幅度达到了 5 位。2022 年，中国网络基础的排名有所提升，从 2019 年排第 15 位逐渐上升至第 12 位（图 3-6）。中国人工智能基础支撑一级指标排名大幅下降的原因来自于计算基础指标排名的下降，并且中国计算基础排名下降源于 2022 年新指标"开放数据指数"的加入。其中，中国开放数据指数的排名位居 46 个国家末位。如果去掉开放数据指数指标，中国基础支撑排名下降幅度明显减弱，仅由 2021 年的第 4 位下降到 2022 年的第 5 位。

加拿大自从 2020 年人工智能基础支撑得分排名升至第 2 位后，连续 3 年排第 2 位。2021—2022 年，加拿大从得分 45.81 分增加到 50.47 分，与第 1 位美国的差距由 14.44 分减少到 9.68 分。

俄罗斯人工智能基础支撑得分排名连年降低。俄罗斯从 2019 年第 2 位，降至 2022 年第 12 位，为 2019—2020 年 20 个国家中降幅最大的国家。2020—2022 年的 3 年间，俄罗斯每年排名降低一位。

德国、法国人工智能基础支撑得分排名逐年攀升。2022 年，德国和法国基础支撑得分均排前 5 位，其中德国排第 3 位，法国排第 5 位。德国和法国作为西欧经济发达国家，不断建设与完善本国人工智能的基础支撑。

印度、印度尼西亚人工智能基础支撑得分位居末两位。印度和印度尼西亚排名靠后，基础支撑与其余参评国家差距较大，存在巨大发展空间。

第三章 人工智能基础支撑

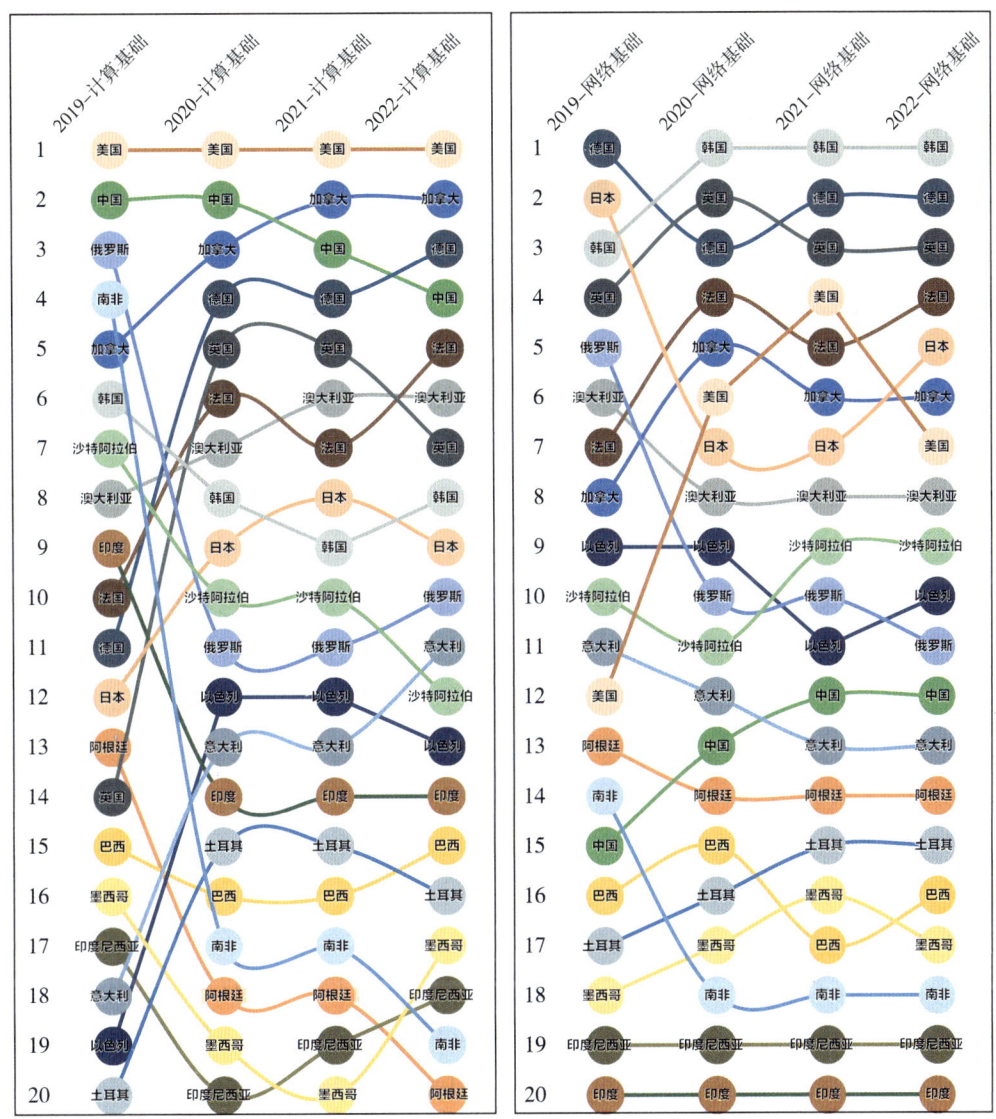

图 3-6 2019—2022 年 20 个国家计算基础和网络基础排名变化

二、人工智能计算基础

人工智能计算基础主要从数据中心、超算中心、发电量和开放数据指数 4 个方面进行考查。计算基础二级指标排前 10 位的国家分别是美国、加拿大、瑞典、德国、芬兰、中国、新加坡、法国、澳大利亚和荷兰。美国（71.50 分）领先优势较为明显，得分比排第 2 位的加拿大（50.36 分）高出约 20 分（图 3-7）。

47

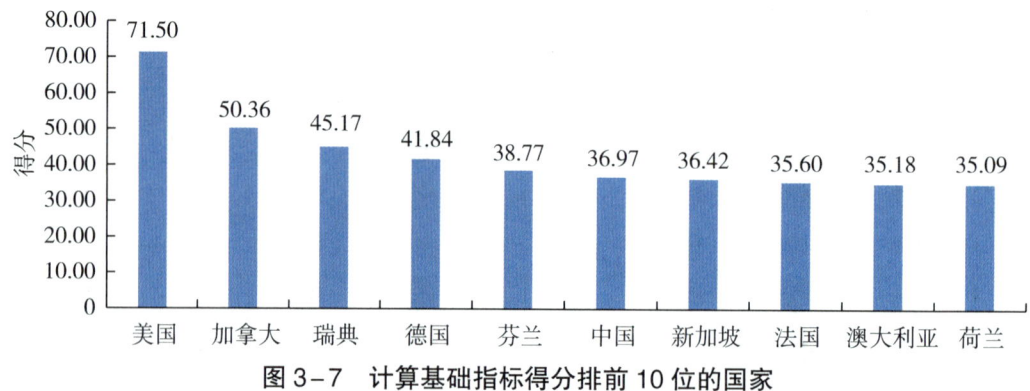

图 3-7　计算基础指标得分排前 10 位的国家

（一）数据中心保有率

数据中心保有率是指一个国家拥有的托管数据中心数量占全球数据中心总量的比例。数据作为人工智能的信息提供者，是人工智能发展的重要基础。海量数据的产生使得信息数据的存储、处理和交互都发生了重大转变，互联网数据中心（Internet Data Center，IDC）应运而生，被认为是当前的新型基础设施之一，成为人工智能的重要计算基础。46 个参评国家的数据中心数量和保有率如图 3-8 所示。

美国的数据中心保有率远超其他国家。截至 2022 年 7 月，美国共拥有 1833 个托管数据中心，保有率高达 37.35%。而排第 2 位的英国仅有 269 个数据中心，保有率约为 5.48%，约为美国的 1/7。德国、加拿大、法国和印度的数据中心数量分别排第 3～6 位。数据中心保有率居参评国家末位的克罗地亚、马耳他和斯洛文尼亚仅拥有 8 个数据中心，不足美国的 1/200。美国的数据中心数量相比 2021 年增加了 17 个，是所有参评国家中增加最多的，然而美国数据中心保有率反而下降了，说明美国的增速没有跟上全球的增速比例。

中国的数据中心数量未增加，数据中心保有率有待发展。中国的托管数据中心数量为 87 个，保有率约为 1.77%，位于参评国家中的第 9 位。同时，中国数据中心的布局存在一定的供需失衡问题，东部地区应用需求大，但能耗指标紧张、电力成本高，大规模发展数据中心难度和局限性大；一些西部地区可再生能源丰富，气候适宜，但存在网络带宽小、跨省数据传输费用高等问题。为进一步强化全国一体化大数据中心统筹布局，加快推进国家算力网络基础设施建设，2021 年 5 月 26 日，

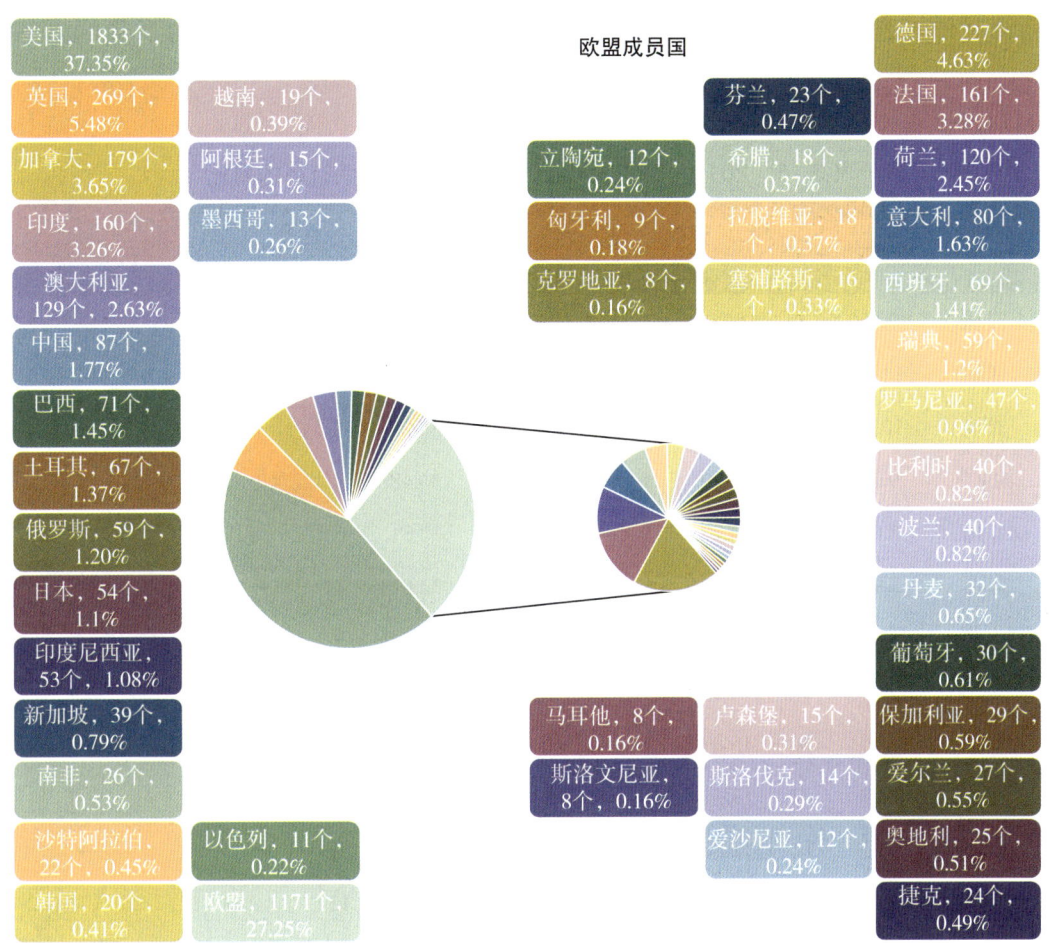

图3-8 截至2022年7月数据中心数量和保有率

国家发展改革委、中央网信办、工业和信息化部、国家能源局联合印发《全国一体化大数据中心协同创新体系算力枢纽实施方案》，明确提出布局建设全国一体化算力网络国家枢纽节点，支持开展"东数西算"示范工程，构建国家算力网络体系。

中国数据中心发展遇瓶颈期。如表3-6所示，中国2022年数据中心排名与2021年排名相比并未发生变化，但仍和美国、英国、德国、加拿大、法国等存在较大差距。美国2021—2022年数据中心数量增加17个，2020—2022年3年内增加48个，成为参评国家中数据中心净增加量最多的国家。与此相比，中国数据中心数量停滞不前，且数据中心保有率得分逐年下降。对比2019年排名第 8 位，2022 年中国排名下降一位，成为 20 个国家中唯二排名下降的国家之一。

表 3-6 2019—2022 年参评国家数据中心保有率的对比

国家	2019得分	2019排名	2020得分	2020排名	2021得分	2021排名	2022得分	2022排名	2021—2022排名对比	2019—2022排名对比
美国	100.00	1	100.00	1	100.00	1	100.00	1	—	—
英国	14.77	2	58.62	2	56.39	2	54.82	2	—	—
德国	10.56	3	45.09	3	46.68	3	46.26	3	—	—
加拿大	9.23	4	37.79	4	36.36	4	36.48	4	—	—
法国	8.08	5	33.28	5	32.43	6	32.81	5	↑1	—
印度	7.96	6	31.99	6	34.91	5	32.61	6	↓1	—
澳大利亚	5.65	8	25.34	7	25.82	7	26.29	7	—	↑1
中国	7.62	7	18.25	8	17.97	8	17.73	8	—	↓1
意大利	3.75	9	15.89	9	15.91	9	16.30	9	—	—
巴西	2.08	12	13.31	10	13.22	10	14.47	10	—	↑2
土耳其	2.37	11	12.88	11	13.22	11	13.65	11	—	—
俄罗斯	2.60	10	11.81	12	12.19	12	12.02	12	—	↓2
日本	2.02	13	10.09	14	10.12	14	11.00	13	↑1	—
印度尼西亚	1.67	14	10.31	13	10.54	13	10.80	14	↓1	—
南非	0.69	15	4.51	15	5.16	15	5.30	15	—	—
沙特阿拉伯	0.58	16	4.29	16	4.54	16	4.48	16	—	—
韩国	0.40	17	4.29	17	4.13	17	4.08	17	—	—
阿根廷	0.23	18	3.01	18	2.89	18	3.06	18	—	—
墨西哥	0.06	19	2.15	19	2.69	19	2.65	19	—	—
以色列	0.00	20	1.93	20	2.07	20	2.24	20	—	—

美国连续 4 年排第 1 位，保持数据中心保有率的绝对优势。美国 2019—2022 年 4 年间数据中心保有率均保持排第 1 位，拥有的数据中心数量占全球数据中心总量的比例仍然保持世界领先水平。

巴西的数据中心保有率有明显增加。截至 2022 年 7 月，巴西的数据中心数量为 71 家，保有率约为 1.45%，相比于 2021 年，增加了 7 个数据中心，保有率提高了约 0.12%，保有率得分提高了 1.25 分。2022 年，巴西排 20 国中第 10 位，相比 2019 年排名上升 2 位，是 20 国中排名上升幅度最大的国家。

※ 数据中心的区域集中度

经济活动的地理集中是一种普遍存在的空间现象，有竞争力的企业往往聚集在某些特定的地区，主宰着地区国家产业发展的格局，数据中心也是如此。为衡量一个国家数据中心的地理集中程度，使用赫希曼·赫芬达尔指数（H 指数），即各个地区数据中心数量占国内数据中心总量比值的平方和，计算得出各个参评国家数据中心的区域集中情况，如图 3-9 所示。

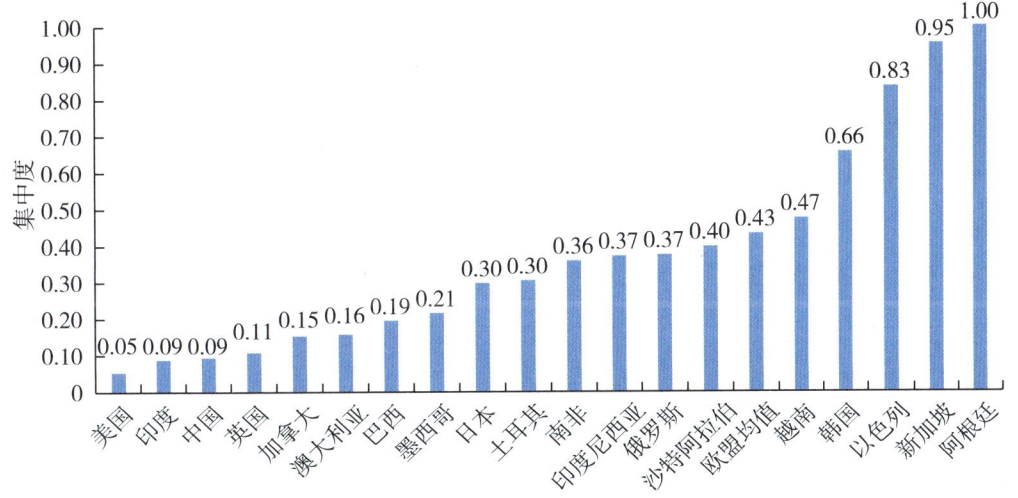

图 3-9 数据中心的区域集中度

美国、印度、中国、英国和加拿大等数据中心保有率较高的国家，其数据中心的区域集中度普遍较低，说明这些国家的数据中心分散程度较高，发展较为均衡。新加坡的区域集中度较高，原因是其国土面积较小，本身难以达到较高的地区分散程度，韩国和以色列等国家也是如此。而阿根廷的区域集中度达到 1.00，其中该国 15 个数据中心都位于同一地区。

较高的数据中心的区域集中度可能反映发展不均衡，但也可能带来数据中心产业的规模效应，从而获得规模经济效益，更快捷地获取技术和市场信息，提高交易效率，减少交易成本，促进分工和专业化发展。

（二）全球 TOP 500 超算中心占比

全球 TOP 500 超算中心占比具体指一个国家进入全球超级计算机 500 强榜单的超算中心数量在该榜单中的占比，500 强榜单由"国际 TOP 500 组织"（www.top500.org）发布，统计了全球最强大的商用超级计算机系统。人工智能在实现过程中对数据量和运算速度都有非常高的要求，超算中心可以提供强大的计算能力，支持海量数据的处理和复杂的运算，被视为人工智能计算基础的重要组成部分。参评国家全球 TOP 500 超算中心数量和占比如图 3-10 所示。

中国和美国的全球 TOP 500 超算中心占有量处于领先水平。中国共有 173 个超算中心进入全球 500 强行列，占总量的 34.60%，位居全球首位。美国进入全球 TOP 500 超算中心数量为 128 个，占比约为 25.60%。

中国全球 TOP 500 超算中心占比逐年下降。2020 年，中国进入全球 TOP 500 超算中心数量为 226 个，占比达到 45.20%。2021 年，数量减少为 188 个，占比 37.60%。2022 年，数量减少至现在的 173 个，是 2021—2022 年全球 TOP 500 超算中心被挤出最多的国家，近 3 年有 53 个超算中心被挤出全球超算中心 TOP 500 排行榜。而近 3 年全球 TOP 500 超算中心增加量最多的是美国和德国，近 3 年各有额外 15 个超算中心排名进入全球 TOP 500。

德国、法国、英国、意大利和荷兰等欧洲国家的超算中心指标得分均处于参评国家中的前 10 位，共享合作优势大。德国、法国在欧盟成员国的超算中心占比远高于其他国家，发展较为突出。尽管其他欧盟成员国各国进入全球 TOP 500 超算中心数量都不多于 6 个，单个国家的占有量较少，但由于都是欧盟成员国（英国 2020 年 1 月 31 日正式脱离欧盟），有较深的国家渊源和良好的资源共享传统，在超算中心发展方面存在较大的合作空间。

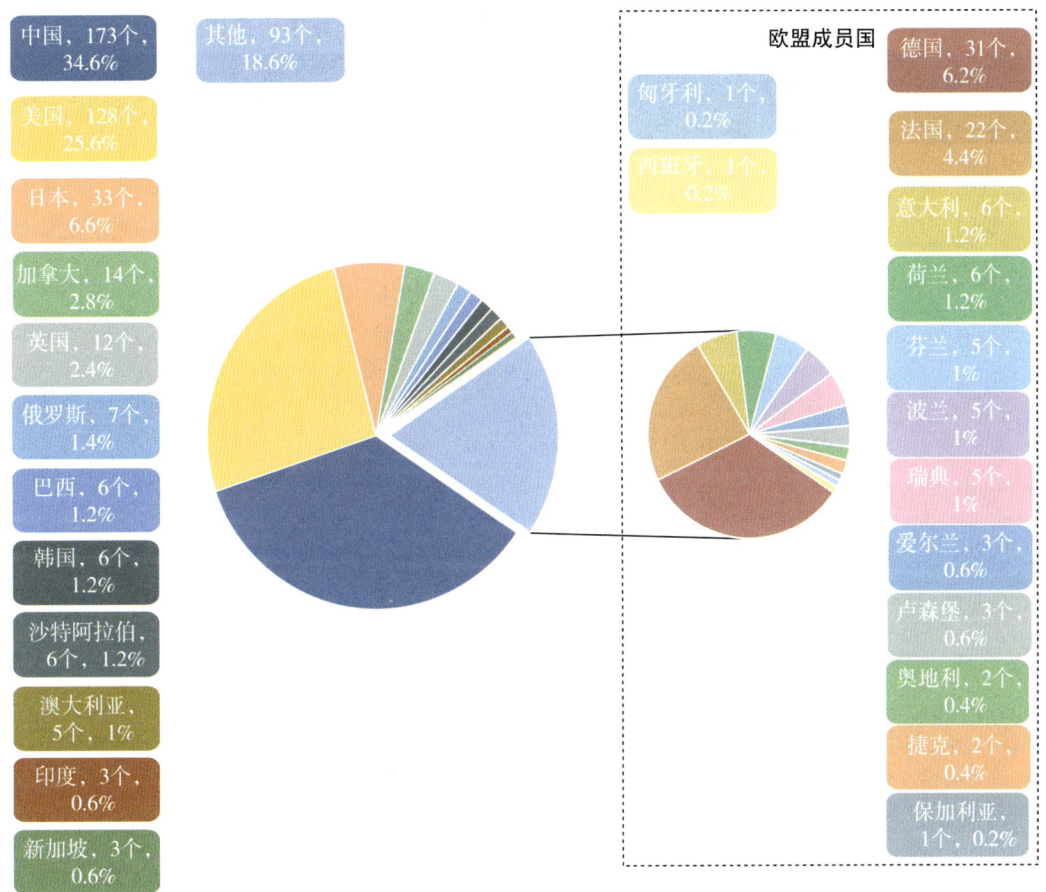

图 3-10 截至 2022 年 7 月全球 TOP 500 超算中心数量和占比

中国全球 TOP 500 超算中心占比指标得分下降幅度较大。如表 3-7 所示，中国 2019—2022 年全球 TOP 500 超算中心占比均排第 1 位，但指标得分 4 年下降了 30.80 分，与第 2 位美国的差距由 2019 年的 51.98 分缩减到 2022 年的 18.00 分。美国近 3 年全球 TOP 500 超算中心占比指标得分稳步上升，4 年内逐步从 48.02 分上升到 51.20 分。

表 3-7 2019—2022 年参评国家全球 TOP 500 超算中心占比的对比

国家	2019得分	2019排名	2020得分	2020排名	2021得分	2021排名	2022得分	2022排名	2021—2022排名对比	2019—2022排名对比
中国	100.00	1	90.40	1	75.20	1	69.20	1	—	—
美国	48.02	2	45.20	2	48.80	2	51.20	2	—	—
日本	13.66	3	11.60	3	13.60	3	13.20	3	—	—
德国	7.49	6	6.40	5	9.20	4	12.40	4	—	↑2
法国	7.93	5	7.60	4	6.40	5	8.80	5	—	—
加拿大	3.96	7	5.20	6	4.40	6	5.60	6	—	↑1
英国	8.81	4	4.00	7	4.40	6	4.80	7	↓1	↓3
俄罗斯	1.32	12	0.80	12	1.20	12	2.80	8	↑4	↑4
意大利	2.64	8	2.80	8	2.40	8	2.40	9	↓1	↓1
巴西	0.44	15	1.60	9	2.40	8	2.40	9	↓1	↑6
沙特阿拉伯	1.32	12	1.20	10	2.40	8	2.40	9	↓1	↑3
韩国	2.64	8	1.20	10	2.00	11	2.40	9	↑2	↓1
澳大利亚	2.20	10	0.80	12	0.80	14	2.00	13	↑1	↓3
印度	1.76	11	0.80	12	1.20	12	1.20	14	↓2	↓3
南非	0.88	14	0.00	15	0.00	15	0.00	15	—	↓1
阿根廷	0.00	16	0.00	15	0.00	15	0.00	15	—	↑1
印度尼西亚	0.00	16	0.00	15	0.00	15	0.00	15	—	↑1
以色列	0.00	16	0.00	15	0.00	15	0.00	15	—	↑1
墨西哥	0.00	16	0.00	15	0.00	15	0.00	15	—	↑1
土耳其	0.00	16	0.00	15	0.00	15	0.00	15	—	↑1

进入全球 TOP 500 超算中心的国家比较固定，变动幅度小。20 个参评国家中，阿根廷、印度尼西亚、以色列、墨西哥和土耳其 2019—2022 年 4 年内均未有超算中心进入过全球 TOP 500，南非 2019 年有超算中心进入之后，2020 年被挤出全球 TOP 500，截至 2022 年，未再次进入全球 TOP 500 超算中心排名。

※ 超算中心的运行效率

计算机系统的主要性能指标有峰值速度、实测速度和运行效率。计算速度一般以计算机系统每秒执行的浮点运算次数（Floating Point Operations Per Second, Flops）为单位。峰值速度是CPU的主频、每个时钟周期执行浮点运算的次数及CPU的数量三者的乘积，能在一定程度上能够反映处理器的性能，但并不能代表计算机的实际运算能力，故也称理论峰值速度。实测速度是指用评测软件对计算机系统计算速度的实际测试值，能更客观地反映系统的实际计算性能，对用户而言，实测速度比峰值速度更有意义。运行效率一般是指计算机实测速度与峰值速度的比率。运行效率越高，表明计算机系统的各个组件经过合理的设计和组合，性能得到了更有效的发挥。相对于由处理器数量和性能决定的理论峰值速度而言，运行效率是一个能够更全面、科学地反映超级计算机性能和技术先进性的指标。图3-11展示了各国超算中心的运行效率。

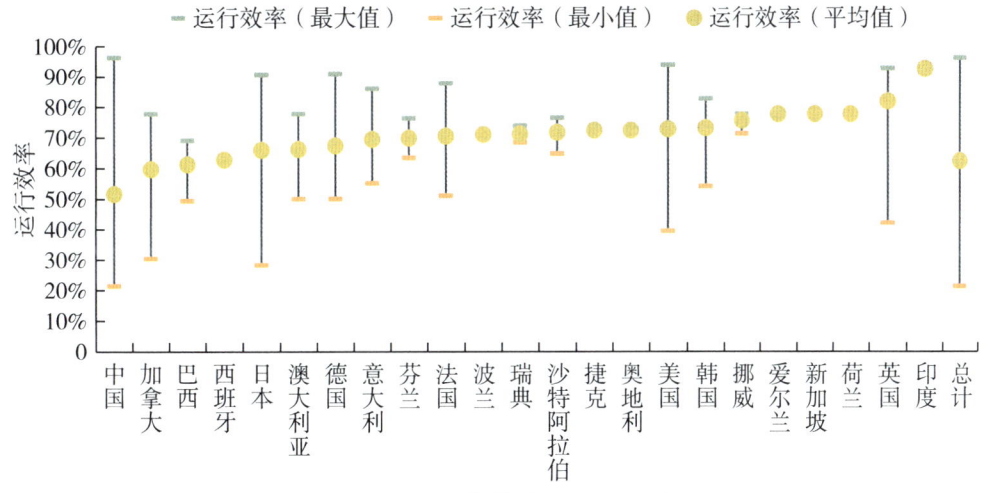

图 3-11　各国超算中心的运行效率

中国的超算中心运行效率差异较大，需提高超级计算机的整体性能。虽然中国进入全球500强榜单的超算中心数量最多，但水平参差不齐，运行效率最高（96%）和最低（21%）的超算中心均来自于中国。入榜的超算中心平均运行效率仅有52%，低于其他国家。此外，美国和日本也存在超算中心数量多但性能差异大的问题。

印度和英国的超算中心平均运行效率分别排第 1 位和第 2 位。印度虽然仅有 3 个超算中心进入 500 强榜单，总量在参评国家中排第 18 位，但入榜的超算中心性能都较高，名次分别为第 66 名和第 119 名，平均运行效率达到 93%，显著高于其他国家。英国进入全球 500 强榜单的超算中心数量在参评国家中排第 7 位，入榜的 10 个超算中心平均运行效率为 82%，仅次于印度。

（三）人均发电量

人均发电量是指一国发电总量与人口的比值，单位为千瓦时/百万人。人工智能的发展依赖于大量基础设施来进行数据存储、数据计算、数据传输等工作，这些基础设施的日常运转需要消耗大量的电力。人均发电量能在一定程度上反映一个国家的电力供给能力，因此本报告将其作为评价人工智能计算基础的指标之一。图 3-12 展示了各国的人均发电量和发电总量。

中国的发电总量遥遥领先于其他参评国家，但人均发电量尚未达到平均水平。2021 年，中国的发电总量达到 8534.3 千瓦时，远远超过其他参评国家，是总量排第 2 位的美国的约 1.9 倍。但由于中国人口基数大，人均发电量仅有 5.91 千瓦时/百万人，位于参评国家中的第 21 位，低于参评国家的平均水平（6.45 千瓦时/百万人）。

美国的人均发电量和发电总量排名均居前 3 位。美国 2021 年度发电总量为 4406.4 千瓦时，仅次于中国，居参评国家第 2 位；人均发电量达到了 13.24 千瓦时/百万人，居参评国家第 3 位。美国拥有丰富的风能、太阳能、水资源和化石能源，还是世界上电力净进口排名首位的国家，其强大的电力供给能力为人工智能发展提供了坚实的基础保障。

加拿大和瑞典的人均发电量领先于其他参评国家。加拿大和瑞典的国家年度人均发电量都超过了 16 千瓦时/百万人，发电设施主要是国内的水电站和核电站，自给能力强。

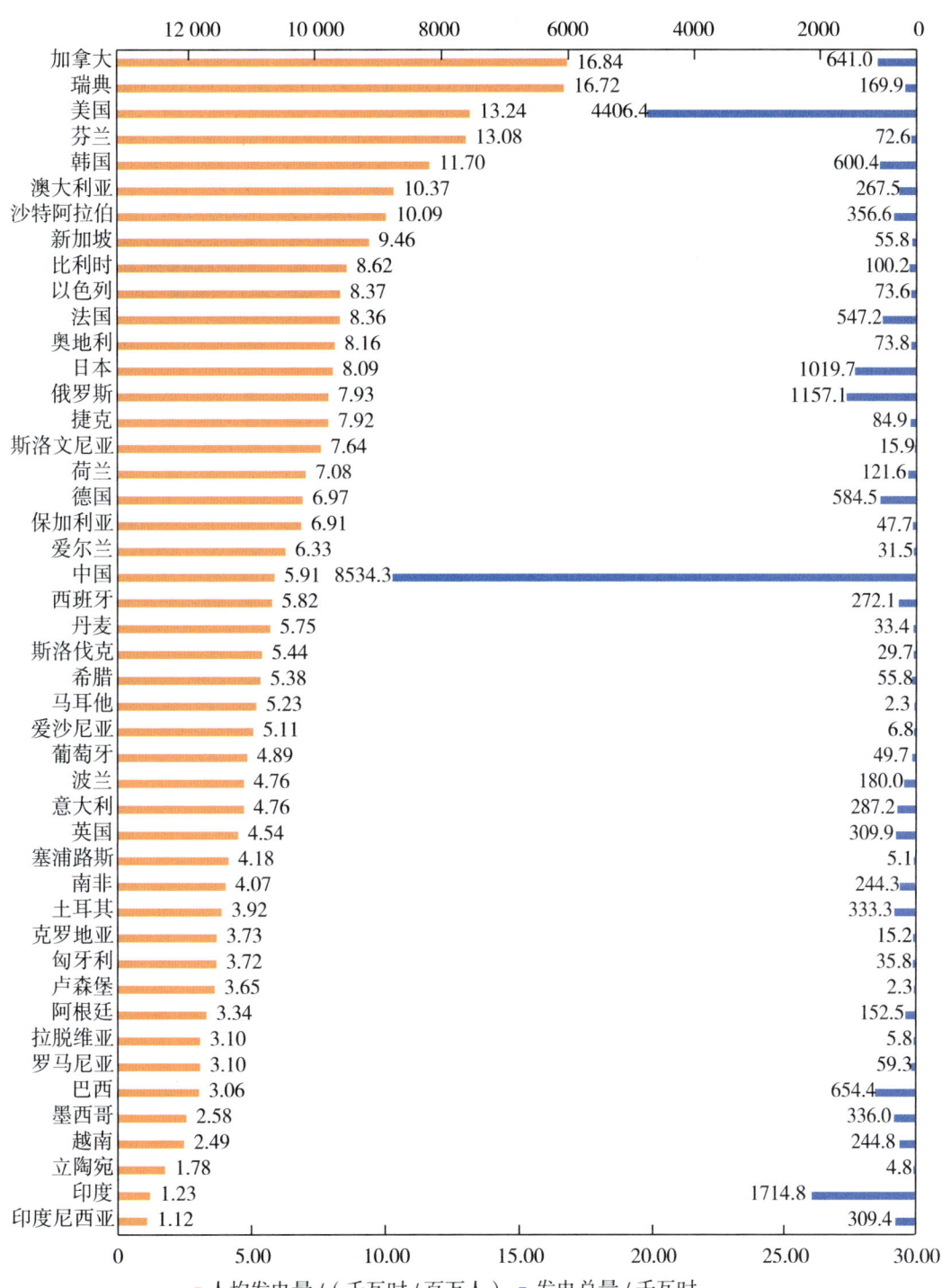

图 3-12 2021 年各国的人均发电量和发电总量

各国人均发电量基本稳定，得分层次没有改变。如表 3-8 所示，3 年内仅有 2020—2021 年度以色列和法国、意大利和英国排名分别交换，其余国家均 3 年内保持同一位次。发电量是特定时期内、特定区域内所有电力生产部门（包括火电、

表 3-8　2020—2022 年参评国家人均发电量得分排名的对比

国家	2020得分	2020排名	2021得分	2021排名	2022得分	2022排名	2021—2022排名对比	2020—2022排名对比
加拿大	87.65	1	85.32	1	83.35	1	—	—
美国	65.13	2	63.30	2	64.40	2	—	—
韩国	54.81	3	53.71	3	56.32	3	—	—
澳大利亚	50.10	4	50.13	4	49.33	4	—	—
沙特阿拉伯	49.63	5	47.10	5	47.84	5	—	—
以色列	39.12	7	40.62	6	38.81	6	—	↑1
法国	39.62	6	37.15	7	38.75	7	—	↓1
日本	37.73	8	36.43	8	37.31	8	—	—
俄罗斯	35.08	9	33.90	9	36.47	9	—	—
德国	33.33	10	30.78	10	31.40	10	—	—
中国	22.28	11	23.29	11	25.84	11	—	—
意大利	19.41	13	19.31	12	19.78	12	—	↑1
英国	19.97	12	19.11	13	18.65	13	—	↓1
南非	17.44	14	16.26	14	16.15	14	—	—
土耳其	14.20	15	14.00	15	15.36	15	—	—
阿根廷	11.18	16	11.49	16	12.33	16	—	—
巴西	10.34	17	10.20	17	10.83	17	—	—
墨西哥	9.75	18	7.66	18	8.31	18	—	—
印度	0.74	19	0.75	19	1.21	19	—	—
印度尼西亚	0.17	20	0.09	20	0.63	20	—	—

注：因 2019 年指标体系与 2020—2022 年不同，缺少人均发电量数据得分，故比较 2020—2022 年。

水电、核电、太阳能发电、风电、潮汐发电等)生产出的所有电量总和,反映一个国家的电力供给能力,是基础设施建设中必要的一环,各国人均发电量的年际变化幅度均较小。

※ 电力结构

电力来自一次能源。一次能源按照可否再生,可以分为两大类:

(1)非再生能源,指不能重复产生的天然能源,它随人类的利用而越来越少,如化石能源(煤、石油、天然气)和核燃料(铀、钍等)。

(2)可再生能源,指能够重复产生的天然能源,即不会随它本身的转化或人类的利用而日益减少,如太阳能、水能、风能、地热能、海洋能、生物质能、潮汐能等,这些能源也被称为绿色能源。

电力结构是指来自一次能源的电力比例。各国由于所处地理位置、资源丰裕程度等各不同,因此电力结构存在较大差异。电力结构的合理调整关乎一个国家的能源安全,绿色能源发电占比(电力结构的绿色程度)也在一定程度上反映了一个国家在发展经济和科技时是否环境友好。人工智能乃至任何科技的发展都不应以牺牲环境为代价。表3-9展示了2020年部分参评国家/组织的电力结构。

表3-9　2020年参评国家的电力结构　　　　　　　　　单位:%

国家/组织	原油	天然气	原煤	核能	水力发电	再生能源	其他	绿色程度
巴西	1.3	9.4	4.1	2.6	63.8	18.8	0.0	82.6
加拿大	0.6	10.5	8.3	15.2	57.8	7.5	0.1	65.4
欧盟	1.0	10.0	6.2	8.9	60.8	13.2	0.1	74.0
英国	0.3	40.9	2.1	17.4	1.9	35.0	2.4	39.3
阿根廷	2.0	58.8	0.5	6.0	26.5	5.9	0.4	32.8
越南	0.6	19.0	49.5	0.0	28.8	2.1	0.0	30.9
中国	0.1	3.2	64.7	4.6	16.9	9.8	0.8	27.5
美国	0.5	38.6	23.9	19.4	6.1	11.1	0.5	23.8
日本	4.3	35.0	31.5	6.3	7.1	11.7	4.1	22.9

续表

国家/组织	原油	天然气	原煤	核能	水力发电	再生能源	其他	绿色程度
墨西哥	10.4	56.5	7.2	3.1	6.5	10.4	5.9	22.8
澳大利亚	2.2	20.5	56.3	0.0	5.4	15.5	0.4	21.3
印度	0.5	4.6	72.9	2.9	10.4	8.7	0.0	19.1
俄罗斯	0.6	46.5	16.3	18.7	17.4	0.2	0.4	18.0
印度尼西亚	6.2	18.5	63.3	0.0	6.1	6.0	0.1	12.2
韩国	13	25.8	40.8	25.0	0.5	5.0	1.7	7.2
南非	0.5	0.8	86.0	5.6	0.3	5.0	1.8	7.1
沙特阿拉伯	41.8	57.6	0.0	0.0	0.0	0.0	0.0	0.5

注：数据来自中国电力网。

巴西、加拿大、越南、欧盟、英国、阿根廷和中国的电力结构绿色程度超过世界平均水平（26.9%），其他国家较世界平均水平仍有较大差距。例如，美国和俄罗斯大量依靠天然气和原煤等化石能源及核能发电，对可再生能源的开发不足。中国同样大量依靠燃煤发电，小火电的占比仍然较大，但原煤的可采储量远低于美国和俄罗斯。中国的水电占比虽排第2位，但为了满足国内基数巨大且增长迅速的电力需求，水电的发展仍有很大提升空间。

（四）开放数据指数

开放数据指数是一个国家官方统计数据的覆盖面和开放性。为官方统计数据的公共可用性及其对开放数据标准的遵守提供一个客观和可复制的衡量标准。评估国家官方统计数据的覆盖范围和公开性，这些统计数据发布在国家统计局（NSO）的官方网站上，以及从国家统计局网站可访问的任何政府官方网站上。覆盖率是指22类社会、经济和环境统计数据的重要统计指标的可得性。开放指的是遵守开放定义，各国的开放数据指数如图3-13所示。

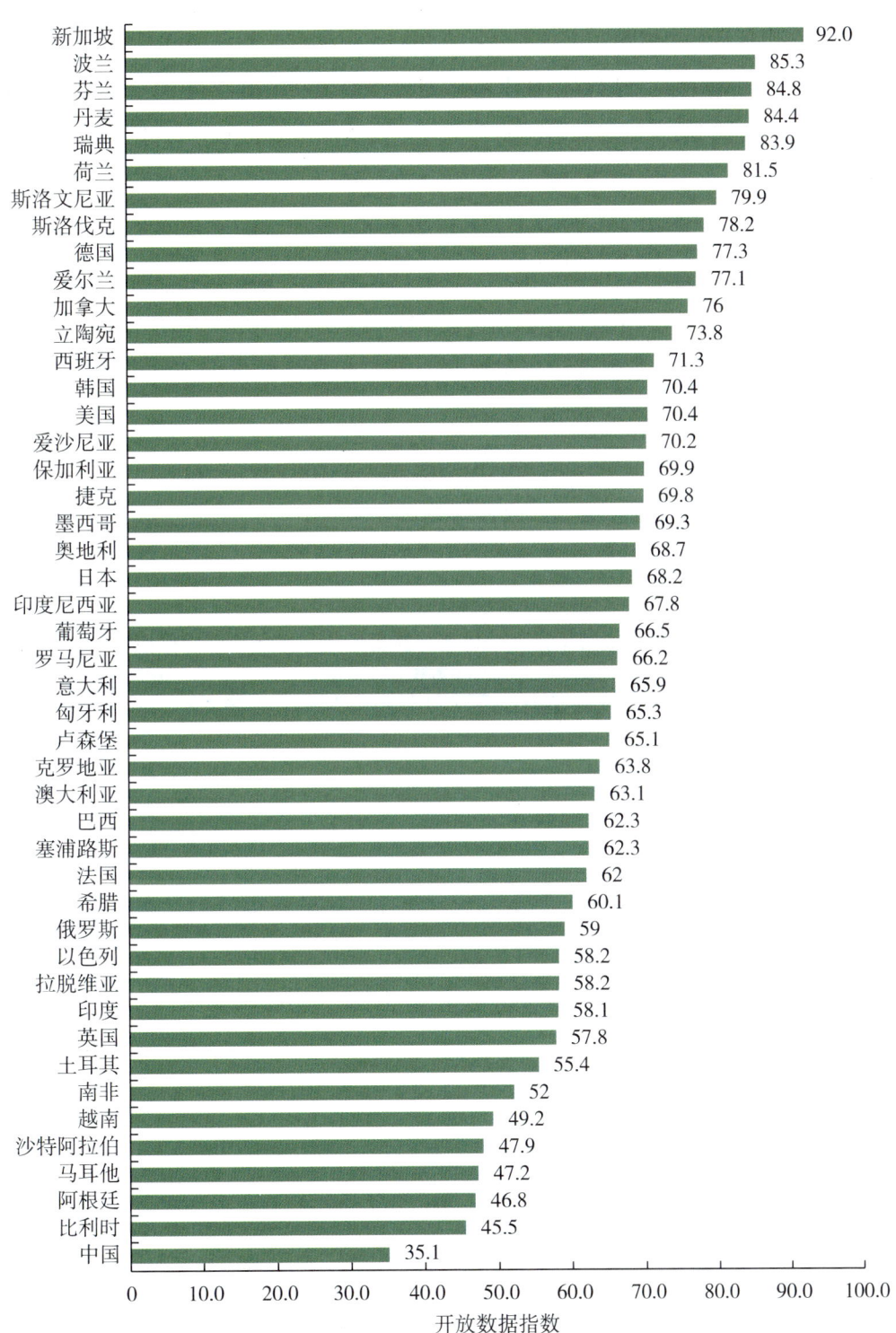

图 3-13 2022 年各国的开放数据指数

新加坡开放数据指数领先于其他参评国家。新加坡开放数据指数为92.0分，作为唯一高于90分的国家，开放数据程度远远领先其他参评国家。其中，开放性指数得分为100.0分，达到满分，远超第二名约7分。完备性指数得分为80.4分，排参评国家的第3位。

中国开放数据指数得分仅有35.1分，位居末尾，与其他国家有较大差距。中国在开放数据指数中得分最低，排倒数第一。开放性指数得分为27.2分，与上一名阿根廷相差15.2分，差距明显。完备性指数得分为44.4分，位于参评国家的倒数第4位。

欧洲国家开放数据指数处于先进水平。开放数据指数排前10位，除了排第1位的新加坡，其余第2位至第10位为波兰、芬兰、丹麦、瑞典、荷兰、斯洛文尼亚、斯洛伐克、德国、爱尔兰，均是欧洲国家。一个例外是，英国的开放数据指数仅为57.8分，水平较为落后。英国开放性指数得分为62.0分，完备性指数得分为52.8分，排名均居46个参评国家的第35位（表3-10）。

表3-10 2022年开放数据指数总排名与完备性指数排名、开放性指数排名

国家	总排名	完备性指数排名	开放性指数排名
新加坡	1	3	1
波兰	2	2	6
芬兰	3	1	9
丹麦	4	5	2
瑞典	5	4	5
荷兰	6	9	3
斯洛文尼亚	7	8	8
斯洛伐克	8	14	7
德国	9	12	10
爱尔兰	10	19	4
加拿大	11	6	13
立陶宛	12	10	16
西班牙	13	11	23
美国	14	20	15
韩国	15	21	14
爱沙尼亚	16	16	20

续表

国家	总排名	完备性指数排名	开放性指数排名
保加利亚	17	15	24
捷克	18	7	28
墨西哥	19	28	12
奥地利	20	23	18
日本	21	13	26
印度尼西亚	22	24	21
葡萄牙	23	30	19
罗马尼亚	24	26	25
意大利	25	34	17
匈牙利	26	18	30
卢森堡	27	41	11
克罗地亚	28	25	29
澳大利亚	29	29	27
塞浦路斯	30	17	36
巴西	31	40	22
法国	32	27	31
希腊	33	32	33
俄罗斯	34	22	39
拉脱维亚	35	31	37
以色列	36	38	34
印度	37	39	32
英国	38	35	35
土耳其	39	33	40
南非	40	46	38
越南	41	45	41
沙特阿拉伯	42	36	44
马耳他	43	42	42
阿根廷	44	37	45
比利时	45	44	43
中国	46	43	46

卢森堡完备性指数与开放性指数差距较大。卢森堡开放数据指数得分为65.1分，排第27位；其中，开放性指数得分为80.9分，开放性指数排第11位，而完备性指数得分仅有46.5分，排名位于46个参评国家的倒数第6位。卢森堡开放性指数与完备性指数的得分差值达到34.4分，排名差距30位。

三、人工智能网络基础

人工智能网络基础主要从移动蜂窝电话订阅率、互联网使用率、固定宽带订阅率和5G建设水平4个方面分析。网络基础二级指标得分排前10位的国家分别为韩国、丹麦、马耳他、卢森堡、瑞典、荷兰、德国、英国、法国和日本（图3-14）。中国以42.30分居于46个参评国家中的第32位，印度则以9.25分排名末位。

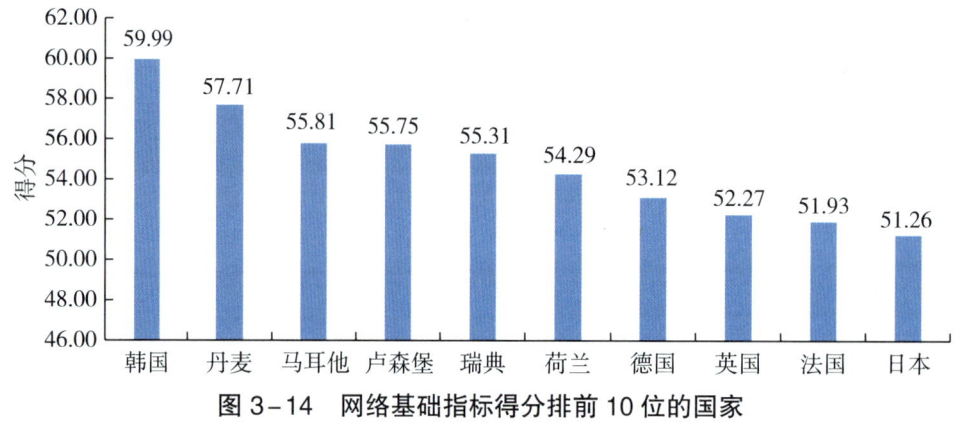

图3-14 网络基础指标得分排前10位的国家

（一）移动蜂窝电话订阅率

移动蜂窝电话订阅率是指一个国家的移动蜂窝电话订阅数与总人口的比值。移动蜂窝电话订阅率是衡量一个国家移动网络普及程度以及移动终端（如智能手机）普及程度的重要指标。物联网的发展使移动蜂窝通信网不再仅限于移动电话，而是扩展到智能穿戴设备、智能水表、电表、井盖及车载终端等大量应用，涵盖教育、交通、环境监测、医疗保健等各个领域。

大多数参评国家的移动蜂窝电话订阅率超过100%，仅有比利时、土耳其、巴西、墨西哥、加拿大和印度等6个国家的移动蜂窝电话订阅率低于100%（图3-15）。

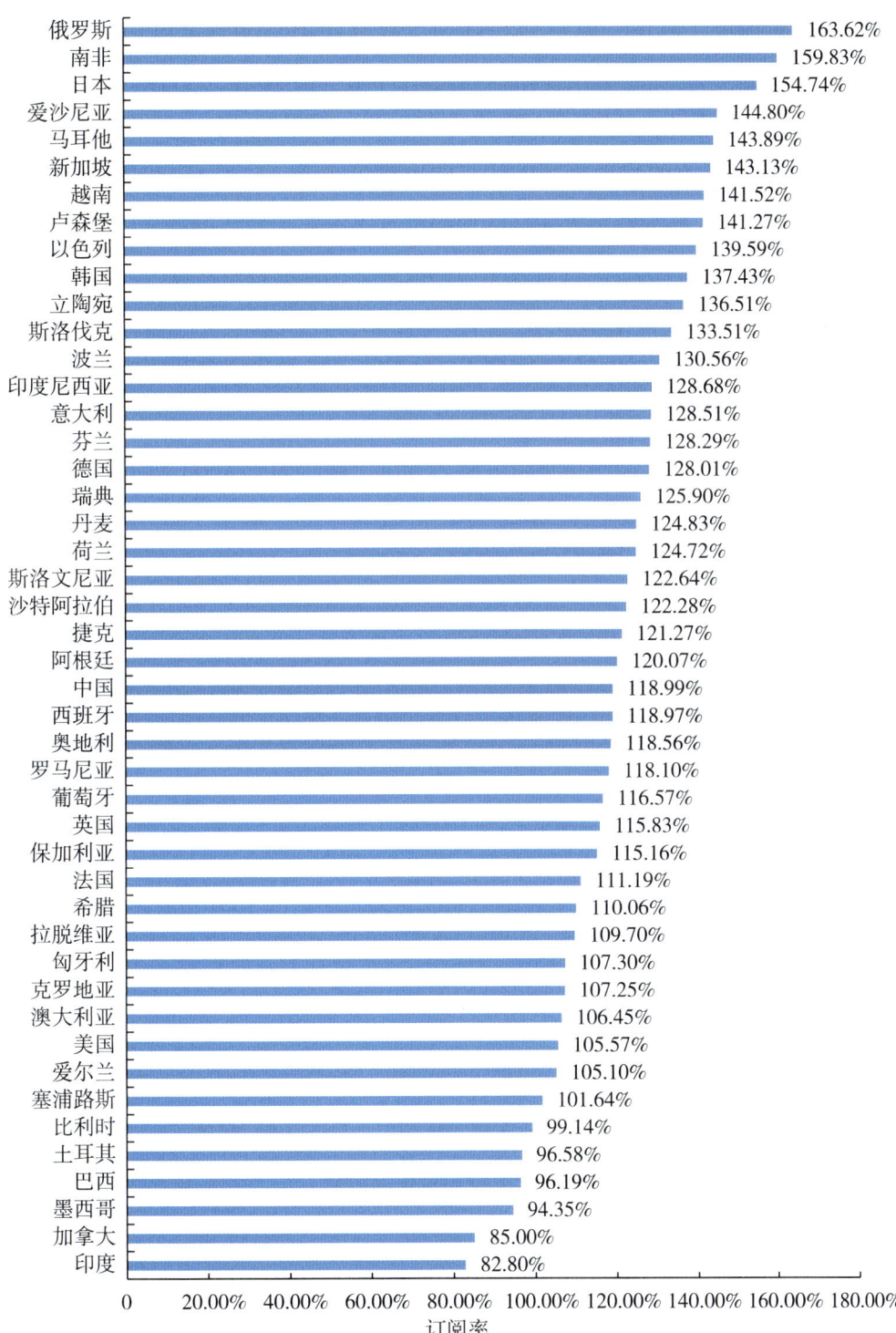

图 3-15 2021 年移动蜂窝电话订阅率

日本、新加坡、越南、以色列和韩国等亚洲国家移动蜂窝电话订阅率排前10位，水平先进。亚洲国家在移动蜂窝电话订阅率前10位中占据5位，有日本（154.74%）、新加坡（143.13%）、越南（141.52%）、以色列（139.59%）和韩国（137.43%），其中日本的移动蜂窝电话订阅率排第3位，达到了150%以上，发展水平领先。北美地区移动蜂窝电话订阅率得分远不及亚洲地区的部分国家，加拿大（85.00%）和美国（105.57%）排名分别为倒数第2位和倒数第9位。

中国、美国移动蜂窝电话订阅率均尚未达到参评国家的平均水平。中国移动蜂窝电话订阅率仅有118.99%，美国仅有105.57%，尚未达到参评国家的平均水平（121.44%），仅处于参评国家中的中等偏下位置。

美国移动蜂窝电话订阅率指标得分较大程度下降。如表3-11所示，美国2022年移动蜂窝电话订阅率得分仅有22.23分，相比2021年下降了11.55分，排名下降10位，在20个参评国家中下降幅度最大。

表3-11 2020—2022年参评国家移动蜂窝电话订阅率得分排名的对比

国家	2020得分	2020排名	2021得分	2021排名	2022得分	2022排名	2021—2022排名对比	2020—2022排名对比
俄罗斯	45.76	2	45.44	1	45.45	1	—	↑1
南非	46.24	1	44.72	2	43.93	2	—	↓1
日本	35.68	3	40.81	3	41.90	3	—	—
以色列	30.71	9	32.68	6	35.84	4	↑2	↑5
韩国	33.80	4	35.01	4	34.97	5	↑1	↑1
印度尼西亚	31.00	8	32.02	7	31.47	6	↑1	↑2
意大利	33.23	5	31.47	8	31.40	7	↑1	↓2
德国	31.34	7	31.32	9	31.20	8	↑1	↓1
沙特阿拉伯	28.21	11	29.65	10	28.91	9	↑1	↑2
阿根廷	32.35	6	28.47	11	28.03	10	↑1	↓4
中国	28.14	12	27.14	12	27.59	11	↑1	↑1
英国	27.02	13	26.55	13	26.33	12	↑1	↑1
法国	24.25	14	24.58	14	24.48	13	↑1	↑1

续表

国家	2020得分	2020排名	2021得分	2021排名	2022得分	2022排名	2021—2022排名对比	2020—2022排名对比
澳大利亚	24.25	14	23.07	15	22.58	14	↑1	—
美国	29.48	10	33.78	5	22.23	15	↓10	↓5
土耳其	18.73	17	18.95	16	18.63	16	—	↑1
巴西	19.54	16	18.73	17	18.48	17	—	↓1
墨西哥	18.05	18	17.38	19	17.74	18	↑1	—
加拿大	17.01	19	18.25	18	14.00	19	↓1	—
印度	13.71	20	13.44	20	13.12	20	—	—

注：因 2019 年指标体系与 2020—2022 年不同，缺少移动蜂窝电话订阅率数据得分，故比较 2020—2022 年数据。

（二）互联网使用率

互联网使用率是指一个国家中使用互联网的人数与总人口的比值，是衡量国家总体网络普及程度和网络发展水平的重要指标。参评国家互联网使用率如图 3-16 所示。

参评国家互联网使用率情况较为集中，整体状况较好。46 个参评国家中，有 33 个国家的互联网使用率超过 80%，即有 80.43% 的国家集中于参评国家互联网使用率总区间的前三分之一区间段内。整体来看，各国居民网络普及情况较好。

卢森堡、沙特阿拉伯、加拿大、丹麦和韩国互联网使用率均高于 96%，排前 5 位，处于领先水平。如图 3-16 所示，截至 2021 年，卢森堡的互联网使用率为 98.82%，沙特阿拉伯为 97.86%，加拿大为 96.97%，丹麦为 96.55%，韩国为 96.51%，接近 100%。排前 5 位的国家互联网使用率相差不大，最大差值仅为 2.31%。

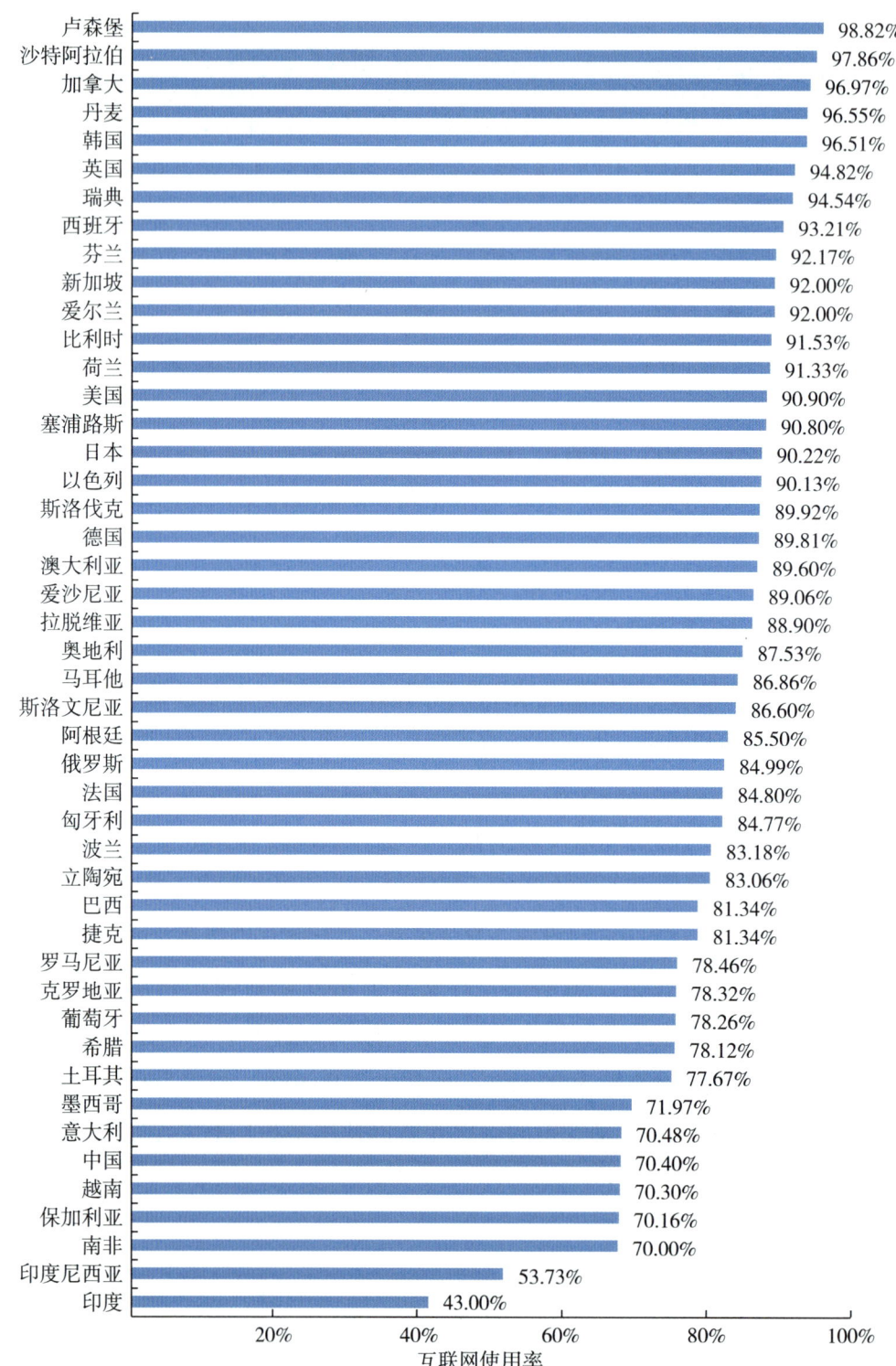

图 3-16 2021 年参评国家互联网使用率

中国的互联网使用率仅排第 41 位,排名靠后。截至 2021 年,中国的互联网使用率约为 70.40%,远远未达到参评国家的平均水平(84.32%),在参评国家中排倒数第 6 位,表明中国居民日常的网络基础建设仍然比较落后,需要加大投入。虽然中国互联网经济发达,但城乡的贫富差距和人口受教育程度差距较大,许多农村地区互联网普及率较低,依然有大量人口不会使用互联网或者无网络可用。

印度的互联网使用率未达 50%,排在末位。截至 2021 年,印度的互联网使用率约为 43.00%,仍有很大的发展空间。其中,印度的人工智能总体发展水平位于参评国家的中游,但在互联网使用率指标上远远落后于其他国家。

卢森堡、丹麦、瑞典、西班牙和芬兰等欧盟国家互联网使用率处于先进水平。欧盟国家总体互联网使用率水平较先进,其中卢森堡、丹麦、瑞典、西班牙和芬兰均排 46 国的前 10 位。欧洲作为发达地区,其互联网普及率较高。

沙特阿拉伯 4 年内互联网使用率有显著提高。如表 3-12 所示,沙特阿拉伯 2019 年仅有 79.34 分,排第 7 位,随着 3 年的发展及互联网的更大幅度普及,2021 年,得分达到 96.95 分,排 20 个参评国家的第 1 位,并且在 2022 年继续保持第 1 位的位次。

表 3-12 2019—2022 年参评国家互联网使用率得分排名的对比

国家	2019 得分	2019 排名	2020 得分	2020 排名	2021 得分	2021 排名	2022 得分	2022 排名	2021—2022 排名对比	2019—2022 排名对比
沙特阿拉伯	79.34	7	74.46	8	96.95	1	96.94	1	—	↑6
加拿大	96.19	3	87.14	3	87.14	4	95.67	2	↑2	↑1
韩国	100.00	1	92.96	1	95.01	2	95.01	3	↓1	↓3
英国	99.24	2	92.31	2	92.60	3	92.60	4	↓1	↓2
美国	68.37	12	81.81	4	81.81	6	87.00	5	↑1	↑7
日本	93.27	4	77.99	6	77.99	9	86.03	6	↑3	↓2
以色列	78.48	8	73.69	9	73.69	10	85.90	7	↑3	↑1
德国	82.96	6	77.71	7	85.45	5	85.44	8	↓2	↓2
澳大利亚	86.38	5	80.79	5	80.79	7	85.14	9	↓2	↓4

续表

国家	2019得分	2019排名	2020得分	2020排名	2021得分	2021排名	2022得分	2022排名	2021—2022排名对比	2019—2022排名对比
阿根廷	69.29	11	63.28	12	63.28	13	79.29	10	↑3	↑1
俄罗斯	69.61	10	65.73	11	78.56	8	78.56	11	↓3	↓1
法国	76.76	9	72.14	10	72.14	11	78.29	12	↓1	↓3
巴西	56.01	13	53.53	13	53.53	16	73.34	13	↑3	—
土耳其	51.58	14	49.54	14	68.10	12	68.10	14	↓2	—
墨西哥	50.25	15	48.36	15	59.96	14	59.96	15	↓1	—
意大利	46.19	16	47.26	16	47.26	17	57.83	16	↑1	—
中国	35.04	18	34.71	18	58.06	15	57.71	17	↓2	↑1
南非	38.01	17	37.39	17	37.39	18	57.14	18	—	↓1
印度尼西亚	0.00	20	3.27	20	33.89	19	33.90	19	—	↑1
印度	3.44	19	6.36	19	6.36	20	18.57	20	—	↓1

美国互联网使用率连年提升，呈良性发展态势。美国从2019年排第12位，得分68.37分，连年增长，达到2022年排第5位，得分87.00分，成为20个参评国家中排名净增长最多的国家。

2020—2021年中国互联网使用率有所提升，但仍存在不足。中国2020年得分仅为34.71分，排倒数第3位，2021年得分58.06分，互联网使用率提升幅度明显，排第15位，上升了3位。整体来看，中国的互联网使用率仍处于落后状态，2021—2022年得分不增反降，尽管得分只下降了0.35分，但是排名又落后到第17位，说明中国没有跟上全球的增速。

（三）固定宽带订阅率

固定宽带订阅率是指一国每一百人中使用固定宽带的人数。固定宽带订阅率可作为衡量居民家庭网络普及程度的重要指标。

马耳他、法国的固定宽带订阅率均高于46%，处于领先水平。马耳他和法国的固定宽带订阅率分别为48.33%和46.92%。作为发达国家，这些国家的家庭互联网使用率较高（图3-17）。

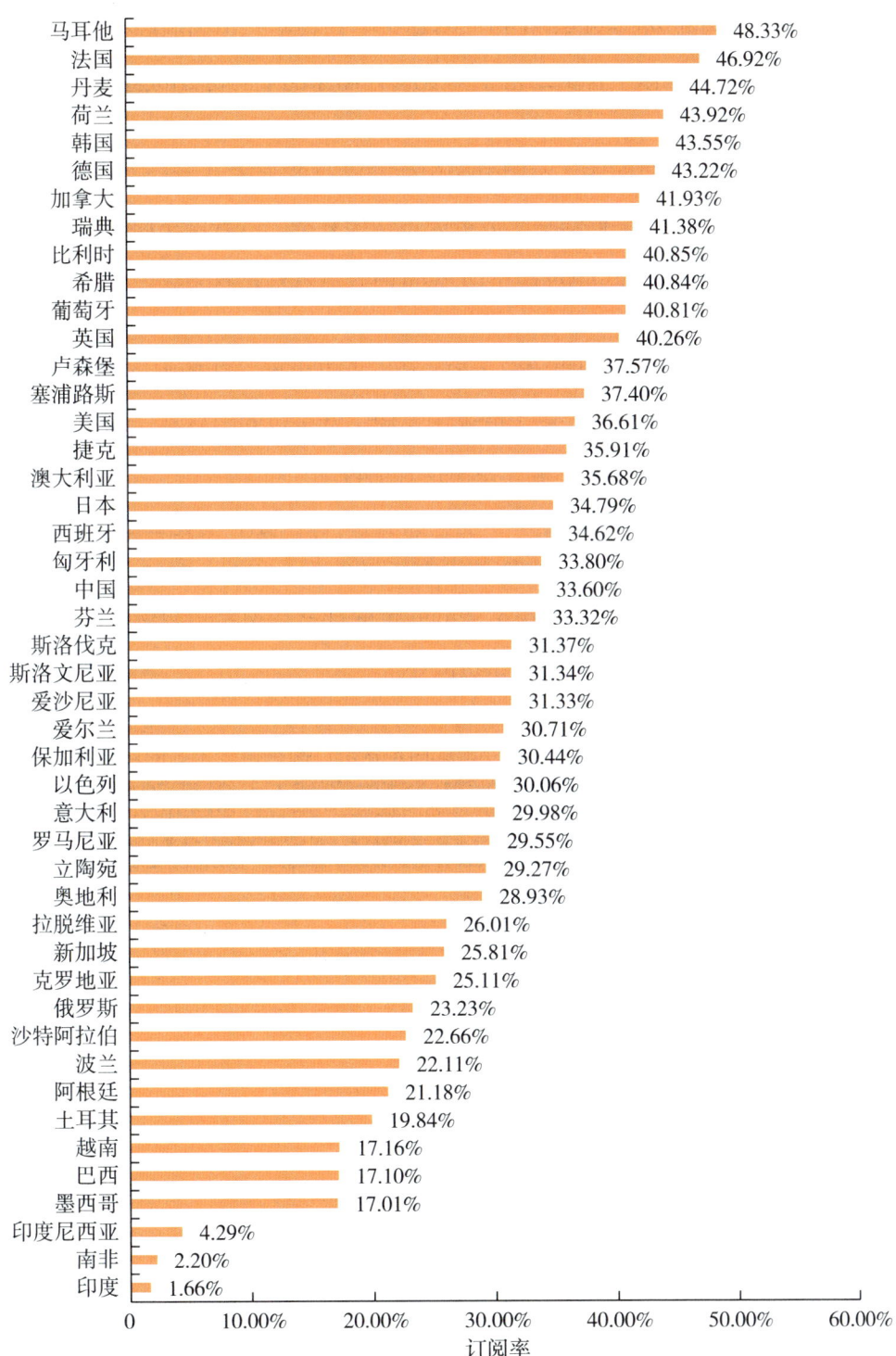

图3-17 2021年固定宽带订阅率

中国的固定宽带订阅率排第21位，略高于平均水平。中国的固定宽带订阅率约为33.60%，在参评国家中排第21位，仅比参评国家的平均得分高逾2个百分点，尚有较大提升空间。

印度、南非、印度尼西亚3个国家的固定宽带订阅率不及5%，排名参评国家末位。这些国家或者地理条件特殊、或者人口结构复杂、或者国土面积大，由于基础设施建设或人员使用意愿等原因，固定宽带的覆盖进程也较为缓慢，与其他参评国家差距非常明显。

固定宽带订阅率前10个欧盟国家占据8位，水平先进。马耳他、法国、丹麦、荷兰、德国、瑞典、比利时和希腊等欧洲国家固定宽带订阅率较高，均达到固定宽带订阅率40%以上，且差额小，最大差额仅有7.49%。

固定宽带订阅率的国家格局基本不变。如表3-13所示，对比2020—2022年3年各国的排名，20个参评国家排名全部没有任何变动；2019—2022年4年内仅有加拿大、英国、以色列和中国在2019—2020年度排名分别互相调换，说明固定宽带订阅率的全球格局已经基本稳固，难以改变。

表3-13 2019—2022年参评国家固定宽带订阅率得分排名的对比

国家	2019得分	2019排名	2020得分	2020排名	2021得分	2021排名	2022得分	2022排名	2021—2022排名对比	2019—2022排名对比
法国	100.00	1	91.39	1	93.84	1	93.84	1	—	—
韩国	92.69	2	85.53	2	87.11	2	87.10	2	—	—
德国	91.51	3	83.99	3	86.03	3	86.44	3	—	—
加拿大	85.72	5	79.56	4	83.60	4	83.86	4	—	↑1
英国	88.09	4	79.19	5	80.99	5	80.52	5	—	↓1
美国	78.90	6	69.34	6	72.83	6	73.22	6	—	—
澳大利亚	74.56	7	69.08	7	70.10	7	71.36	7	—	—
日本	70.97	8	64.32	8	69.00	8	69.58	8	—	—
中国	62.61	10	62.67	9	67.19	9	67.20	9	—	↑1
以色列	63.12	9	58.24	10	60.13	10	60.12	10	—	↓1
意大利	61.45	11	57.40	11	59.06	11	59.96	11	—	—

续表

国家	2019得分	2019排名	2020得分	2020排名	2021得分	2021排名	2022得分	2022排名	2021—2022排名对比	2019—2022排名对比
俄罗斯	48.01	12	45.28	12	46.42	12	46.46	12	—	—
沙特阿拉伯	43.52	13	39.70	13	45.33	13	45.32	13	—	—
阿根廷	40.89	14	39.27	14	42.36	14	42.36	14	—	—
土耳其	34.40	15	34.12	15	39.68	15	39.68	15	—	—
巴西	31.18	16	30.86	16	34.20	16	34.20	16	—	—
墨西哥	30.62	17	30.06	17	32.90	17	34.02	17	—	—
印度尼西亚	4.46	18	6.96	18	7.83	18	8.58	18	—	—
南非	2.43	19	4.27	19	4.39	19	4.40	19	—	—
印度	0.00	20	2.89	20	3.23	20	3.32	20	—	—

（四）5G建设水平

5G建设水平用各个国家5G网络传输速率来表示，5G网络传输速率是指集线器的数据交换能力，即集线器每秒传输的位（比特）数量，传输速率也叫"带宽"。SPEEDTEST每月中旬更新前一个月的情况。SPEEDTEST对每个国家每月至少调查300个用户数据，然后将下载速度的平均值作为各国的调查结果，以最好地反映用户在一个国家可能达到的5G网络传输速度。

韩国5G建设水平领先于其他参评国家。韩国是全球首个成功研发5G核心技术并首次实现商用的国家，截至2022年7月，韩国5G建设水平以234.16兆位/秒（Million bits per second，Mbps）排第1位，领先于其余国家（图3-18）。

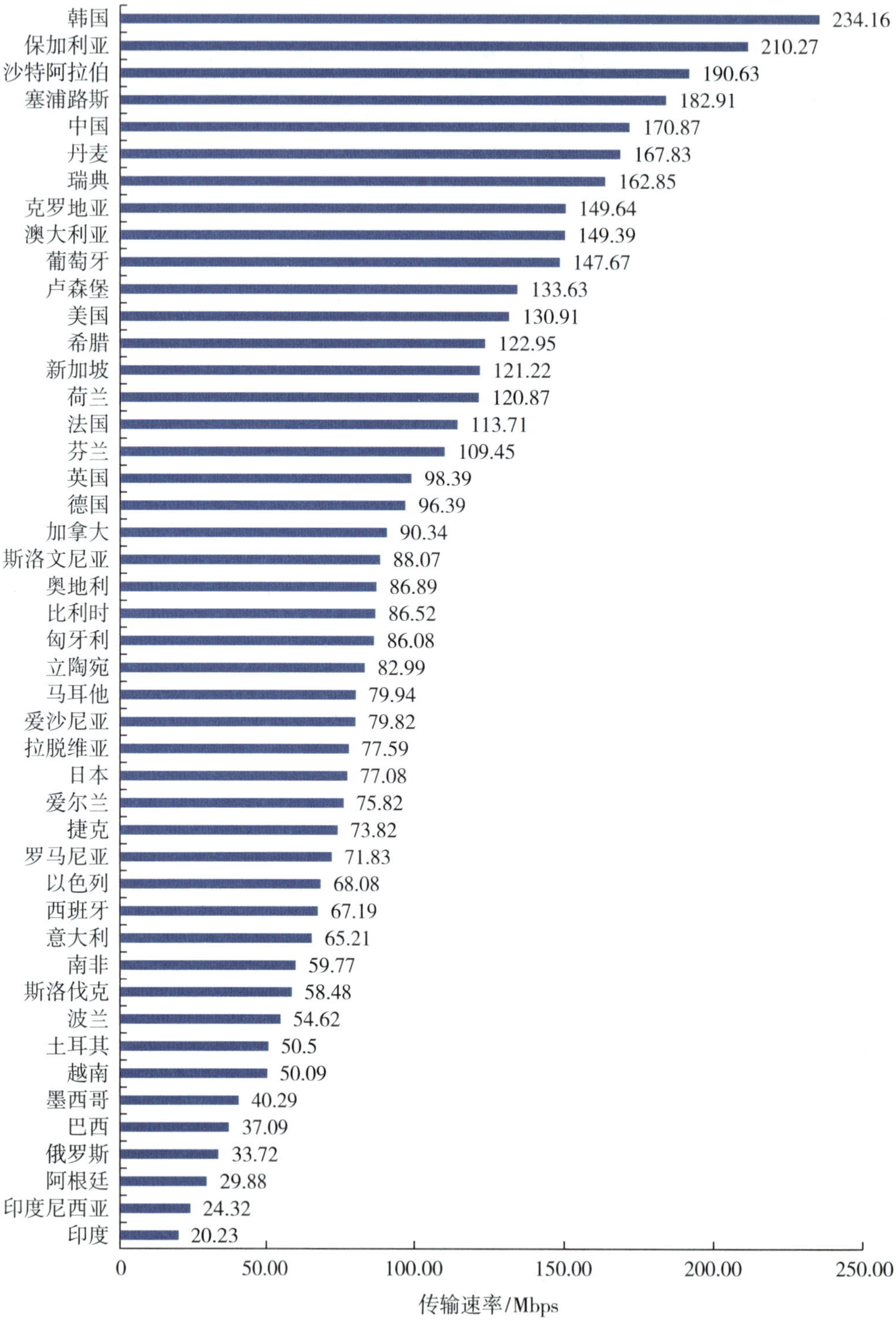
韩国 234.16
保加利亚 210.27
沙特阿拉伯 190.63
塞浦路斯 182.91
中国 170.87
丹麦 167.83
瑞典 162.85
克罗地亚 149.64
澳大利亚 149.39
葡萄牙 147.67
卢森堡 133.63
美国 130.91
希腊 122.95
新加坡 121.22
荷兰 120.87
法国 113.71
芬兰 109.45
英国 98.39
德国 96.39
加拿大 90.34
斯洛文尼亚 88.07
奥地利 86.89
比利时 86.52
匈牙利 86.08
立陶宛 82.99
马耳他 79.94
爱沙尼亚 79.82
拉脱维亚 77.59
日本 77.08
爱尔兰 75.82
捷克 73.82
罗马尼亚 71.83
以色列 68.08
西班牙 67.19
意大利 65.21
南非 59.77
斯洛伐克 58.48
波兰 54.62
土耳其 50.5
越南 50.09
墨西哥 40.29
巴西 37.09
俄罗斯 33.72
阿根廷 29.88
印度尼西亚 24.32
印度 20.23
0
50.00
100.00
150.00
200.00
250.00
传输速率/Mbps

图 3-18　截至 2022 年 7 月参评国家 5G 传输速率

中国5G建设水平排第5位,处于先进水平。2019年6月6日,工业和信息化部正式向中国电信、中国移动、中国联通、中国广电发放5G商用牌照,中国正式进入5G商用时代,致力于5G建设。截至2022年7月,中国5G建设水平为170.87 Mbps,较为先进,但仍与韩国、保加利亚等国家具有一定差距。

印度、印度尼西亚和阿根廷5G建设水平排名末位。印度、印度尼西亚和阿根廷5G建设水平分别为20.23 Mbps、24.32 Mbps、29.88 Mbps,排名后3位,5G建设水平尚且较低。

韩国在5G建设水平方面一枝独秀,领先于其他各国。如表3-14所示,2020—2022年3年内,韩国在5G订阅率和5G建设水平方面远超其余参评国家,均以4分左右的明显优势领先第2位,排名稳定保持第1位。

表3-14 2020—2022年参评国家5G建设水平的对比

国家	2020得分	2020排名	2021得分	2021排名	2022得分	2022排名	2021—2022排名对比	2020—2022排名对比
韩国	14.38	1	19.79	1	22.87	1	—	—
沙特阿拉伯	0.03	9	15.23	3	18.62	2	↑1	↑7
中国	10.82	2	16.15	2	16.69	3	↓1	↓1
澳大利亚	1.71	5	13.21	4	14.59	4	—	↑1
美国	1.16	7	10.75	5	12.78	5	—	↑2
法国	0.00	10	8.45	7	11.10	6	↑1	↑4
英国	2.17	4	8.45	7	9.61	7	—	↓3
德国	2.41	3	8.11	9	9.41	8	↑1	↓5
加拿大	0.00	10	9.35	6	8.82	9	↓3	↑1
日本	0.24	8	6.74	10	7.53	10	—	↓2
以色列	0.00	10	4.72	14	6.65	11	↑3	↓1
意大利	1.42	6	5.41	11	6.37	12	↓1	↓6
南非	0.00	10	5.10	12	5.84	13	↓1	↓3
土耳其	0.00	10	4.77	13	4.93	14	↓1	↓4
墨西哥	0.00	10	3.35	15	3.93	15	—	↓5

续表

国家	2020得分	2020排名	2021得分	2021排名	2022得分	2022排名	2021—2022排名对比	2020—2022排名对比
巴西	0.00	10	3.31	16	3.62	16	—	↓6
俄罗斯	0.00	10	2.83	18	3.29	17	↑1	↓7
阿根廷	0.00	10	2.91	17	2.92	18	↓1	↓8
印度尼西亚	0.00	10	2.26	19	2.38	19	—	↓9
印度	0.00	10	1.75	20	1.98	20	—	↓10

注：因2019年指标体系与2020—2022年不同，缺少5G建设水平数据得分，故比较2020—2022年；其中2020年、2021年2年指标得分为5G订阅率。

沙特阿拉伯5G建设势如破竹。2020年，沙特阿拉伯得分仅有0.03分，除11个得分0分的国家以外，沙特阿拉伯位于20个参评国家中的倒数第1位。截至2022年，沙特阿拉伯排名上升至第2位，相比2020年排名上升了7位，是参评国家中排名增幅最大、增速最快的国家。

中国5G水平稳步发展。相较于沙特阿拉伯的5G发展速度，中国2020—2022年3年内5G订阅率和5G建设水平得分逐渐攀升，有小幅度的增加，但排名因为沙特阿拉伯的强势发展，下降了1位。

第四章
人工智能创新资源与环境

创新资源与环境是滋养人工智能蓬勃发展的土壤，人工智能技术从研发到落地应用的全过程，离不开人才、资金、制度等方面的保障和支持。高水平的人工智能人才队伍是理论研究和技术研发的智力来源，相关学科教育是影响后备力量的重要因素，国家层面的资金投入和良好的制度建设将为人工智能的研发和应用提供有利的政策环境。本报告从人才、教育、国家研发投入和创新制度4个方面衡量各国人工智能创新资源与环境状况。

一、人工智能创新资源与环境总体情况

人工智能创新资源与环境包含人工智能人才、人工智能教育、国家研发投入和人工智能创新制度4个二级评价指标。其中，人工智能人才这一指标由人工智能顶级学者人口参与率、人工智能开源代码贡献量和人工智能高收藏量开源代码占比3个三级指标构成；人工智能教育以高水平人工智能核心专业开设率、全日制科学和工程博士生占比及PISA测试成绩作为三级指标；国家研发投入包括国家研发投入强度一个三级指标；人工智能创新制度包含国家人工智能发展政策与规划、国家人工智能社会治理2个三级指标。

（一）2022年整体情况

按照人工智能创新资源与环境的总体水平，可将参评国家均匀地分为3个梯队。其中，美国、中国等11个国家具备良好的创新资源与环境，得分高于40分，

属于第一梯队；加拿大、丹麦等23个国家水平中等，得分处在20～40分，属于第二梯队；土耳其、阿根廷等12个国家创新资源与环境相对较差，得分处于20分以下，属于第三梯队。

欧洲和北美洲国家在人工智能人才和教育方面优势明显。人工智能人才二级指标排前20位的国家中有13个位于欧洲或北美洲，人工智能教育二级指标排前15位的国家中有11个位于欧洲或北美洲，反映出欧洲和北美洲对人工智能教育的重视和对人才的强大吸引力。

各国在创新资源与环境的差异主要体现在顶级学者参与率、开源代码数量及高水平人工智能核心专业开设率等方面。顶级学者参与率上，新加坡以满分排第1位，排第2位的以色列仅有28.29分；开源代码贡献量上，美国独占鳌头；核心专业开设率上，卢森堡满分。此外，从整体看，各国的全日制科学和工程博士生占比普遍较高，为培养人工智能领域的专业人才打下了良好基础（图4–1）。

美国在人工智能创新资源与环境方面遥遥领先，主要得益于优越的人工智能人才基础及创新制度。2022年，美国的人工智能创新制度二级指标排第1位。人才层面，美国人工智能开源代码贡献量排第1位，人工智能顶级学者人口参与率排第3位。制度层面，在国家人工智能发展政策与规划、国家人工智能社会治理2个三级指标上均排第1位。

新加坡重视人才培养教育和政策制定，在国家研发投入上表现一般。新加坡在人工智能人才、人工智能教育和人工智能创新制度3个二级指标上分别排第1位、第4位和第4位，其中人工智能顶级学者人口参与率为510人/百万人口，排第1位；PISA测试成绩得分排第2位。但国家研发投入强度这个二级指标仅处于中等偏上水平，排第16位。相较于2020年的数据，笔者发现新加坡加大了在人工智能创新制度建设方面的投入，排名从2020年的12位上升到了2022年的第4位。

卢森堡在学科建设方面和人才培养方面具有显著优势。卢森堡的高水平人工智能核心专业开设率和全日制科学和工程博士生占比均排第1位，与2020年持平。核心专业开设率为100%，全日制科学和工程博士生占比为82.41%。

第四章 人工智能创新资源与环境

国家	人工智能创新资源与环境	人才	顶级学者人口参与率	开源代码贡献量	高收藏量开源代码占比	教育	核心专业开设率	全日制科学和工程博士生占比	PISA测试成绩	国家研发投入	创新制度	发展政策与规划	社会治理
美国	64.12	48.31	15.80	100.00	29.12	39.17	3.45	79.88	34.20	69.00	100.00	100.00	100.00
新加坡	58.97	61.26	100.00	6.00	77.78	63.32	20.59	82.78	86.60	37.81	73.48	74.53	72.42
英国	55.42	38.11	13.83	40.67	59.84	58.85	52.83	84.91	38.80	34.16	90.58	88.42	92.75
中国	51.21	47.09	5.32	75.33	60.62	67.38	3.53	100.00	98.60	48.02	42.38	43.25	41.50
澳大利亚	50.31	25.27	12.48	13.33	50.00	65.64	73.81	85.30	37.80	36.59	73.75	70.17	77.33
以色列	45.63	22.82	28.29	2.67	37.50	47.11	19.05	91.88	30.40	100.00	12.58	12.17	13.00
韩国	44.34	26.86	7.71	7.67	65.22	43.21	6.40	70.03	53.20	96.29	11.00	11.00	11.00
日本	42.44	25.39	4.49	11.67	60.00	36.11	2.30	59.44	46.60	65.26	43.00	43.00	43.00
法国	42.22	26.79	4.02	28.67	47.67	56.03	43.75	92.53	31.80	47.10	38.96	38.00	39.92
比利时	41.97	27.13	5.01	3.67	72.73	45.31	14.29	82.85	38.80	69.54	25.88	24.42	27.33
瑞典	40.15	25.35	5.09	7.33	63.64	51.81	33.33	83.29	38.80	70.54	12.90	12.96	12.83
加拿大	38.26	34.70	13.02	33.67	57.43	57.24	26.04	97.47	48.20	33.96	27.13	27.00	27.25
丹麦	38.13	26.15	7.78	4.00	66.67	47.31	26.92	83.40	31.60	59.23	19.83	18.67	21.00
芬兰	38.10	27.69	4.06	4.00	75.00	45.12	14.29	79.07	42.00	58.71	20.88	19.83	21.92
德国	36.17	36.89	9.71	46.67	54.29	42.49	13.03	76.23	38.20	62.89	2.42	2.33	2.50
荷兰	34.94	25.24	5.17	15.00	55.56	47.32	27.78	70.59	43.60	45.88	21.29	20.17	22.42
奥地利	34.87	22.07	8.04	4.33	53.85	41.21	10.96	81.26	31.40	64.03	12.17	12.00	12.33
爱沙尼亚	34.72	36.49	8.79	0.67	100.00	41.87	0.00	94.22	31.40	35.85	24.67	23.83	25.50
捷克	33.12	27.75	0.00	4.67	78.57	42.01	5.08	87.75	33.20	39.82	22.92	22.00	23.83
卢森堡	31.39	0.00	0.00	0.00	0.00	76.27	100.00	100.00	28.80	22.57	26.71	25.50	27.92
意大利	30.90	20.88	5.78	14.00	42.86	54.24	46.67	91.85	24.20	30.68	17.81	17.70	17.92
葡萄牙	27.48	16.49	3.80	4.00	41.67	36.58	4.35	74.99	30.40	32.35	24.50	23.92	25.08
匈牙利	26.86	34.03	1.42	0.67	100.00	31.29	2.38	68.90	27.60	32.15	9.96	9.25	10.67
印度	26.80	35.30	0.33	48.33	57.24	39.67	0.51	90.89	27.60	13.11	19.13	19.00	19.25
西班牙	25.92	22.46	1.82	11.00	54.55	42.30	24.00	82.90	20.00	28.11	10.83	10.33	11.33
斯洛文尼亚	25.29	17.77	2.63	0.67	50.00	36.15	6.45	67.39	34.60	42.95	4.31	4.58	4.04
拉脱维亚	23.64	33.67	0.00	1.00	100.00	39.87	0.00	97.01	22.60	14.11	6.92	7.00	6.83
爱尔兰	23.45	24.54	7.74	4.33	61.54	40.31	6.90	83.23	30.80	24.65	4.29	4.33	4.25
波兰	23.23	18.23	1.26	9.00	44.44	39.38	3.15	72.58	42.40	27.84	7.46	7.17	7.75
俄罗斯	22.72	18.61	0.35	7.67	47.83	38.28	1.62	91.62	21.60	21.96	12.04	12.13	11.96
希腊	20.58	15.40	1.01	2.33	42.86	29.75	9.38	67.48	12.40	29.92	7.25	7.00	7.50
越南	20.23	28.53	0.10	3.67	81.82	27.66	0.24	81.74	1.00	10.63	14.08	12.33	15.83
克罗地亚	20.12	24.99	1.22	2.33	71.43	28.70	2.30	66.78	17.00	24.97	1.83	1.83	1.83
巴西	20.10	24.02	0.09	13.00	58.97	28.26	6.32	73.48	5.20	24.16	3.96	3.67	4.25
土耳其	19.51	15.88	0.10	4.67	42.86	27.39	0.50	68.48	13.20	21.78	13.00	13.83	12.17
阿根廷	18.74	33.44	0.00	0.33	100.00	34.13	0.00	100.00	2.40	4.18	3.21	3.08	3.33
立陶宛	18.51	0.00	0.00	0.00	0.00	37.73	0.00	90.99	22.20	23.11	13.21	13.08	13.33
保加利亚	17.21	22.56	0.00	1.00	66.67	24.29	0.00	61.87	11.70	17.07	4.92	4.83	5.00
罗马尼亚	16.69	25.82	1.12	1.33	75.00	25.71	1.28	67.64	13.20	9.41	5.83	5.50	6.17
斯洛伐克	15.85	11.44	0.00	1.00	33.33	30.98	0.00	67.34	25.60	18.22	2.75	2.50	3.00
沙特阿拉伯	15.74	33.44	0.00	0.33	100.00	15.59	8.57	37.59	1.20	10.45	3.50	3.50	3.50
马耳他	14.31	0.00	0.00	0.00	0.00	31.99	0.00	73.36	12.60	13.60	11.67	10.83	12.50
塞浦路斯	13.49	0.00	0.00	0.00	0.00	35.68	0.00	95.24	11.80	16.45	1.83	1.83	1.83
南非	12.39	0.00	0.00	0.00	0.00	34.82	7.69	73.96	22.80	12.31	2.42	2.33	2.50
印度尼西亚	10.18	15.81	0.00	3.00	44.44	16.64	0.00	48.72	1.20	5.62	2.67	2.33	3.00
墨西哥	10.06	8.79	0.00	1.33	25.00	18.92	0.00	54.56	2.20	6.02	6.50	6.58	6.42

图4-1 各个参评国家的人工智能创新资源与环境各级指标得分情况

（注：圆形大小表示指数得分高低）

（二）各地区组别概况

2022 年，全球人工智能创新指数的参评国家中包括了 10 个亚洲国家、29 个欧洲国家、5 个美洲国家、1 个非洲国家和 1 个大洋洲国家。按洲际分地区总结的人工智能创新资源与环境概况如下。

亚洲人工智能创新资源与环境排前 3 位的国家分别是新加坡、中国、以色列。值得注意的是，在 10 个参评亚洲国家中，有 50%（5 个）的国家在人工智能创新资源与环境排名居 46 个参评国家的前 10 位，这些国家分别为新加坡、中国、以色列、韩国和日本，排前 10 位的比例在 5 个大洲中最高。剩下 50%（5 个）的国家在人工智能创新资源与环境的排名处于 20 位之后，包括印度、越南、土耳其、沙特阿拉伯和印度尼西亚，具体如表 4-1 所示。

表 4-1 亚洲国家人工智能创新资源与环境得分情况

国家	创新资源与环境	排名
新加坡	58.97	2
中国	51.21	4
以色列	45.63	6
韩国	44.34	7
日本	42.44	8
印度	26.80	24
越南	20.23	32
土耳其	19.51	35
沙特阿拉伯	15.74	41
印度尼西亚	10.18	45

欧洲人工智能创新资源与环境排前 3 位的国家分别是英国、法国、比利时。欧洲国家人工智能创新资源与环境总体排名处于 46 个参评国家的上游，但是排前 10 位的国家较少，仅有 3 个国家排人工智能创新资源与环境排名的前 10 位，分别为

英国、法国、比利时,均是西欧经济发达国家。欧洲国家整体排名分布主要集中在第 10~30 位,具体如表 4-2 所示。

表4-2 欧洲国家人工智能创新资源与环境得分情况

国家	创新资源与环境	排名
英国	55.42	3
法国	42.22	9
比利时	41.97	10
瑞典	40.15	11
丹麦	38.13	13
芬兰	38.10	14
德国	36.17	15
荷兰	34.94	16
奥地利	34.87	17
爱沙尼亚	34.72	18
捷克	33.12	19
卢森堡	31.39	20
意大利	30.90	21
葡萄牙	27.48	22
匈牙利	26.86	23
西班牙	25.92	25
斯洛文尼亚	25.29	26
拉脱维亚	23.64	27
爱尔兰	23.45	28
波兰	23.23	29
俄罗斯	22.72	30

续表

国家	创新资源与环境	排名
希腊	20.58	31
克罗地亚	20.12	33
立陶宛	18.51	37
保加利亚	17.21	38
罗马尼亚	16.69	39
斯洛伐克	15.85	40
马耳他	14.31	42
塞浦路斯	13.49	43

美洲人工智能创新资源与环境排前3位的国家分别是美国、加拿大、巴西。2022年，全球人工智能创新指数的参评国家中包括了5个美洲国家，约占参评国家总数的10%。在排前3位的美洲国家中，美国位列46个参评国家的第1位。此外，上述美洲国家在创新资源与环境水平差异较大。北美洲国家除了墨西哥排第46位居倒数第一位外，美国和加拿大排名靠前。南美洲国家中巴西和阿根廷分别排第34位和第36位，处于46个参评国家的中下游，具体如表4-3所示。

表4-3 美洲国家人工智能创新资源与环境得分情况

国家	创新资源与环境	排名
美国	64.12	1
加拿大	38.26	12
巴西	20.10	34
阿根廷	18.74	36
墨西哥	10.06	46

第四章
人工智能创新资源与环境

2022年，全球人工智能创新资源与环境分别选取了大洋洲和非洲代表性国家各1个参与测评，分别为澳大利亚和南非。澳大利亚（50.31分）排第5位，南非（12.39分）排第44位，具体如表4-4所示。

表4-4 大洋洲和非洲国家人工智能创新资源与环境得分情况

国家	创新资源与环境	排名
澳大利亚	50.31	5
南非	12.39	44

以下分别从人工智能创新资源与环境4个不同的二级指标维度出发，由于大洋洲、非洲两个地区仅有一个参评的国家，难以代表整个地区的人工智能创新资源与环境水平，且本书绝大多数参评国家分布在亚洲、美洲、欧洲，因此主要对这3个地区的人工智能创新资源与环境差距进行评价，按洲际取各国家的人工智能创新资源与环境二级指标的均值进行差距分析（图4-2）。

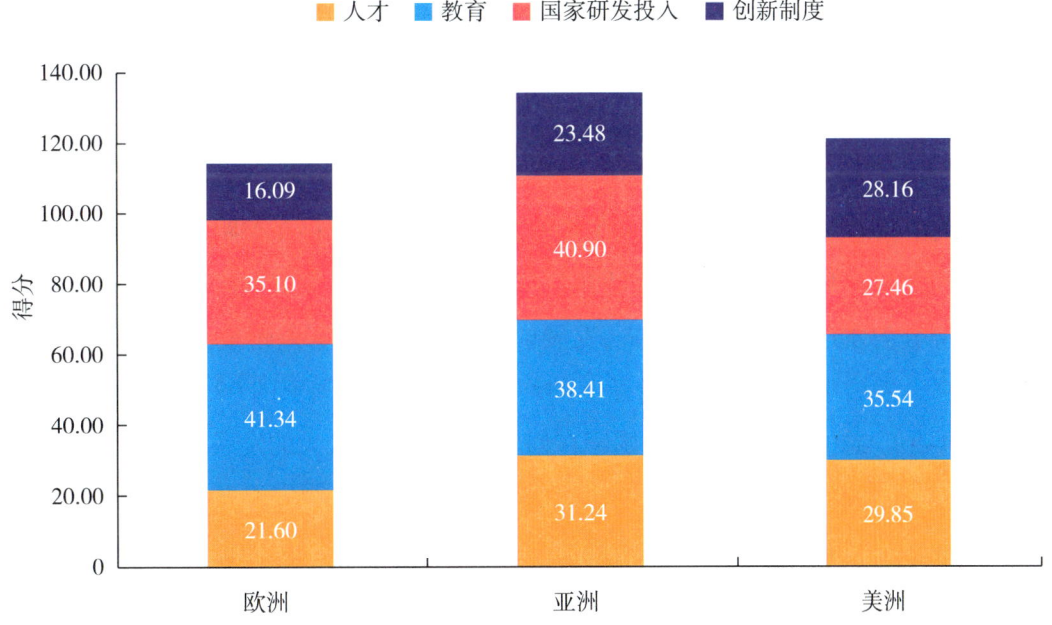

图4-2 各地区组别的人工智能创新资源与环境二级指标得分

从人工智能人才维度分析，各地区组别的均值排序分别为亚洲、美洲和欧洲。亚洲的人工智能人才水平要优于欧美地区，而美洲是 3 个地区中人工智能人才水平最低的区域。参评地区中亚洲得分 31.24 分，位列第一；美洲得分 29.85 分，位列第二；欧洲得分 21.60 分。

从人工智能教育维度分析，各地区组别的均值排序分别为欧洲、亚洲和美洲。其中，欧洲在该项指标上位列第一，得分为 41.34 分；亚洲位列第二，得分为 38.41 分。美洲位列第三，得分为 35.54 分。3 个地区的差距在 5 分以内。

从国家研发投入维度分析，各地区组别国家的均值排序分别为亚洲、欧洲和美洲。亚洲的国家研发投入明显优于其他地区，国家研发投入得分为 40.90 分，位列第一；欧洲得分 35.10 分，位列第二；美洲在国家研发投入上较亚欧差距较大，得分为 27.46 分，位列第三。国家研发投入与各国的政策制定和资金投入息息相关。以色列在国家投入上遥遥领先。作为亚洲地区的经济、科技强国，以色列极其重视在科技方面的资金投入，特别是在人工智能上，以色列积极将人工智能应用于生物遗传、计算机、工程学等领域，并一直保有持续的研发投入。

从人工智能创新制度维度分析，各地区组别国家的均值排序分别为美洲、亚洲和欧洲。其中，美洲在该项指标上的平均分明显高于亚洲和欧洲，得分为 28.16 分，位列第一；第二名的亚洲得分为 23.48 分；欧洲得分为 16.09 分，位列第三。

（三）各经济发展水平组别概况

发展中国家与发达国家相比，在 4 个二级指标方面均存在差距。其中，在国家研发投入方面，发展中国家与发达国家存在的差距最大，发展中国家在该项指标上的均值得分为发达国家的 41.23%；发展中国家与发达国家差距最小的指标为人工智能教育，发展中国家在该项指标上的均值得分为发达国家的 98.82%，差距 0.29 分（图 4-3）。总的来看，发展中国家在创新制度上仍有较大的发展潜力，特别是世界经济受到新冠疫情冲击的情况下，人工智能创新政策的制定有助于国家经济的复苏。正如世界银行博客指出的："战略性地接受人工智能等技术可以成为疫情后经济重建工作的重要组成部分，有助于提高生产力并培养新一代创新公司[①]。"

---

① https://blogs.worldbank.org/digital-development/how-ai-can-help-developing-countries-rebuild-after-pandemic.

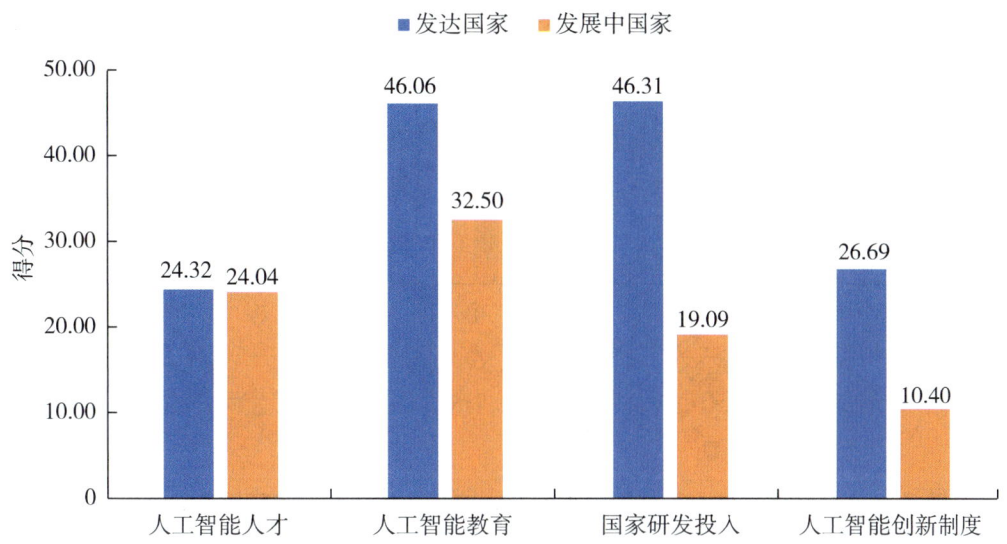

图 4-3　各经济发展水平组别国家间的人工智能创新资源与环境二级指标得分

发展中国家与发达国家相比，除人工智能高收藏量开源代码占比的得分均值较高以外，在其余 8 个三级指标上均存在一定的差距（图 4-4）。其中，在高水平人工智能核心专业开设率上，发展中国家与发达国家存在的差距最大，发展中国家在该项指标上的得分仅为发达国家的 9.15%；在人工智能顶级学者人口参与率上，发展中国家与发达国家的得分差距也很大，仅为发达国家的 10.71%；发展中国家与发达国家差距最小的指标为全日制科学和工程博士生占比，发展中国家在该项指标上的得分达到了发达国家的 93.40%。不难看出，发达国家在人工智能教育和人才上与发展中国家已经拉开了距离，但是这样恰恰说明了教育和人才对于人工智能创新的重要意义，数字经济网站（dataeconomy.com）指出，人工智能使以前没有希望的人能够接受教育，从而使发展中国家受益。全球 7.5 亿成年人中的大多数人都是读写文盲，人工智能有可能显著改善他们的生活质量[①]。

---

① https://dataconomy.com/2022/06/artificial-intelligence-in-developing-countries/.

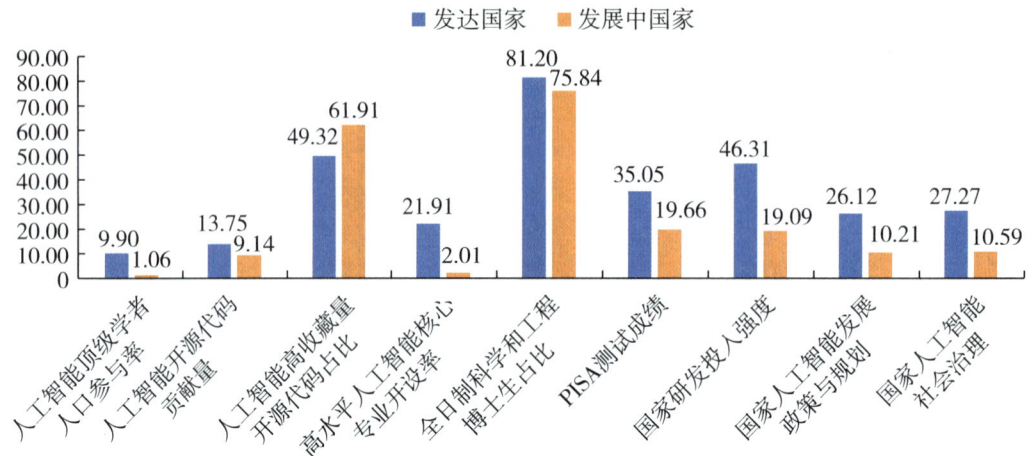

图4-4　各经济发展水平组别国家间的人工智能创新资源与环境三级指标得分

（四）2019—2022年参评国家变化情况

2022年，全球人工智能创新资源与环境较上一年排名上升的国家有中国、澳大利亚、韩国、加拿大、俄罗斯、阿根廷、沙特阿拉伯和印度尼西亚。上述国家除俄罗斯上升2位外，其余国家排名均上升1位；减幅最大的国家为以色列和南非，排名均下降2位（表4-5）。

表4-5　参评国家2019—2022年间人工智能创新资源与环境的对比

国家	2019得分	2019排名	2020得分	2020排名	2021得分	2021排名	2022得分	2022排名	2021—2022排名对比	2019—2022排名对比
美国	72.08	1	51.93	2	59.55	1	64.12	1	—	—
英国	68.06	5	50.52	3	48.29	2	55.42	2	—	↑3
中国	47.60	10	46.35	6	44.53	4	51.21	3	↑1	↑7
澳大利亚	69.31	3	41.04	7	44.24	5	50.31	4	↑1	↓1
以色列	71.18	2	47.76	4	47.85	3	45.63	5	↓2	↓3
韩国	48.11	9	53.08	1	39.25	7	44.34	6	↑1	↑3
日本	50.82	8	38.51	10	40.27	6	42.44	7	↓1	↑1

续表

国家	2019得分	2019排名	2020得分	2020排名	2021得分	2021排名	2022得分	2022排名	2021—2022排名对比	2019—2022排名对比
法国	61.85	6	40.41	9	35.55	8	42.22	8	—	↓2
加拿大	68.82	4	47.74	5	32.45	10	38.26	9	↑1	↓5
德国	55.58	7	40.54	8	33.72	9	36.17	10	↓1	↓3
意大利	46.92	11	31.23	11	26.74	11	30.90	11	—	—
印度	33.30	13	16.98	14	22.64	12	26.80	12	—	↑1
俄罗斯	38.07	12	25.49	12	16.74	15	22.72	13	↑2	↓1
巴西	17.37	16	17.49	13	18.66	13	20.10	14	↓1	↑2
土耳其	12.19	19	15.50	15	17.27	14	19.51	15	↓1	↑4
阿根廷	14.55	18	12.43	17	11.78	17	18.74	16	↑1	↑2
沙特阿拉伯	17.40	15	10.03	18	8.84	18	15.74	17	↑1	↓2
南非	17.01	17	13.65	16	13.37	16	12.39	18	↓2	↓1
印度尼西亚	11.06	20	7.99	20	6.07	20	10.18	19	↑1	↑1
墨西哥	18.77	14	8.92	19	6.46	19	10.06	20	↓1	↓6

美国在2019年、2021年和2022年保持第一的领先地位。美国人工智能创新资源与环境优势显著，远超其他参评国家，2019—2022年4年创新资源与环境排名保持在前2位以内。美国的领先地位主要与其完善的人工智能创新制度和人才相关。2021年，美国的人工智能创新制度二级指标排第1位，遥遥领先其他国家（图4-5）。此外，美国在人工智能发展政策与规划、人工智能社会治理和人工智能开源代码贡献量3个三级指标上均排第1位。

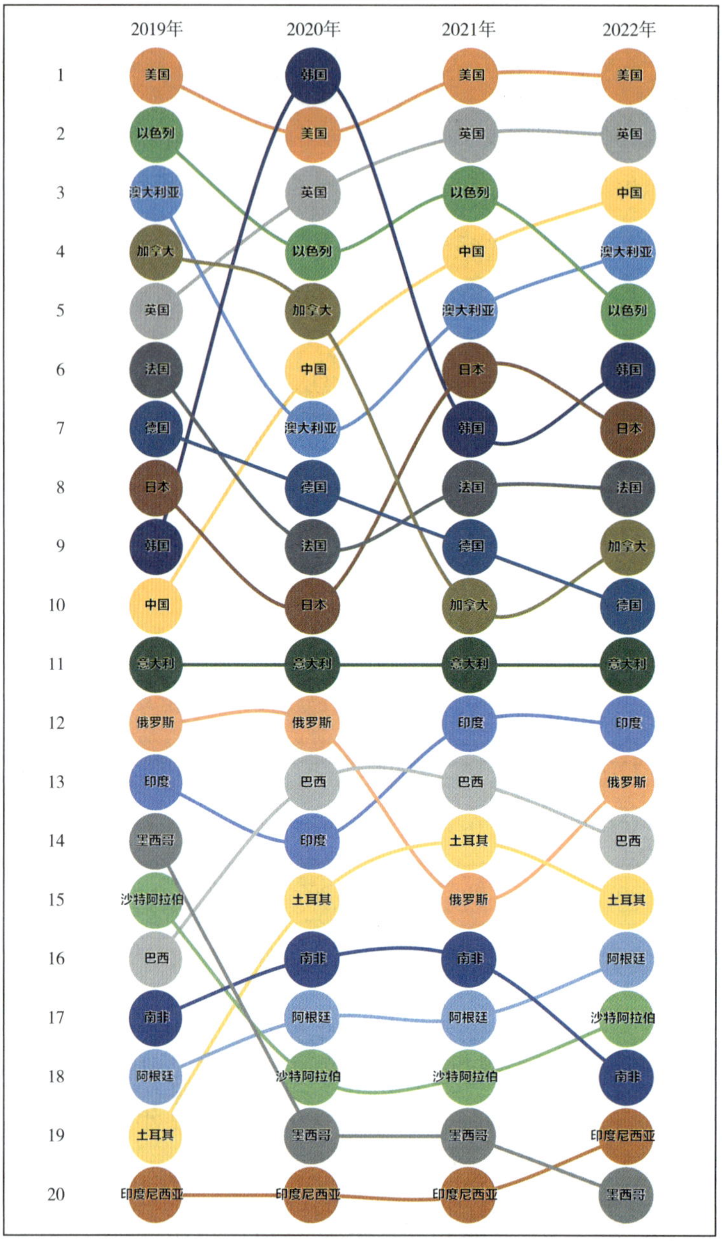

图 4-5 20 国创新资源与环境排名变化情况

部分国家人工智能创新资源与环境的发展状况变化程度较大。2019—2022年，部分国家创新资源与环境的发展的得分排名变动较大，且在层次上出现了较大的跨越。例如，加拿大从 2019 年的第 4 名降至 2022 年的第 9 名；德国、以色列、法国这 3 个传统的发达国家在 4 年内排名下降 2～3 个名次，整体变化程度较大；相比之下，阿根廷、巴西和土耳其这些发展中国家上升态势明显，上升幅度均大于或等于2个名次。可以看到，部分发达国家创新资源与环境发展动力不足，而部分发展中国家的人工智能创新资源与环境发展则持续进步。

英国创新资源与环境建设已显疲态，自2020年排名升至第3位后，连续3年上升幅度仅为1个位次。英国从2020年排第3位上升到2022年排第2位，后3年上升幅度较小，其创新资源与环境改善幅度呈现逐年减弱的态势。英国十分重视政策引领，也推行了一系列政策，如2021年1月，英国人工智能办公室发布了《人工智能路线图》，明确了英国人工智能发展的战略和重点；同年9月，英国发布首个国家级人工智能战略，阐述了其人工智能战略愿景。但这些政策大都停留在宏观规划层面，并没有具体提升人工智能创新资源与环境的切实举措，缺乏实质性的计划。

加拿大和意大利在人工智能创新资源与环境建设中上升乏力。加拿大在2019—2022年，排名由2019年的第4名降至2022年的第9名，为2019—2022年20个国家中降幅第二大的国家，仅次于墨西哥。在2020—2021年，加拿大排名由第5名跌至第10名，并在后续的年份中维持在第10名左右的排名。而意大利在2019—2022年创新资源与环境排名均为第11名，其在人工智能创新环境上的投入在国际上缺乏竞争力。OECD的报告表明，加拿大早在2017年就推出了其国家人工智能发展战略[1]，但是近年来却无其他相关的政策出台，在人工智能创新制度的制定上止步不前。意大利最新推出的综合性国家人工智能战略存在风险，缺乏切实的实施路线，有学者指出意大利在人工智能政策的制定上"没有关于将使用哪些参数来监控战略实施进展，在人工智能具体实施的'治理'部分上非常模糊"[2]。

中国作为世界上最大的发展中国家，人工智能创新资源与环境在2019—2022年排名波动上升，从2019年的第10位上升至2022年的第3位，持续向好的态势明显。在2020—2021年和2021—2022年人工智能创新资源与环境的排名持续稳步上升，特别是在2019—2020年，排名提升了4个位次，目前中国已在20国创

---

[1] https://goingdigital.oecd.org/data/notes/No14_ToolkitNote_AIStrategies.pdf.

[2] SARACCO R. Perspectives on AI adoption in Italy, the role of the Italian AI Strategy. Discov Artif Intell 2, 9（2022）. https://doi.org/10.1007/s44163-022-00025-5.

新资源与环境排名中排第 3 位。排名的提升与中国政府在人工智能创新资源与环境上持续的政策支持息息相关。2020 年 1 月，教育部、国家发展改革委、财政部印发《关于"双一流"建设高校促进学科融合 加快人工智能领域研究生培养的若干意见》，明确指出要构建基础理论人才与"人工智能+X"复合型人才并重的培养体系，探索深度融合的学科建设和人才培养新模式，着力提升人工智能领域研究生培养水平。2021 年 7 月，工业和信息化部发布《新型数据中心发展三年行动计划（2021—2023 年）》提出要推动新型数据中心与人工智能等技术协同发展，构建完善新型智能算力生态系统。2022 年科技部等六部门印发《关于加快场景创新以人工智能高水平应用促进经济高质量发展的指导意见》，通知中明确强调了人工智能的重要性。

二、人工智能人才

对人工智能人才，主要从顶级学者和开源代码 2 个层面进行考查。人工智能人才指标得分排前 10 位的国家分别是新加坡（61.26）、美国（48.31）、中国（47.09）、英国（38.11）、德国（36.89）、爱沙尼亚（36.49）、印度（35.30）、加拿大（34.70）、匈牙利（34.03）和拉脱维亚（33.67），如图 4-6 所示。

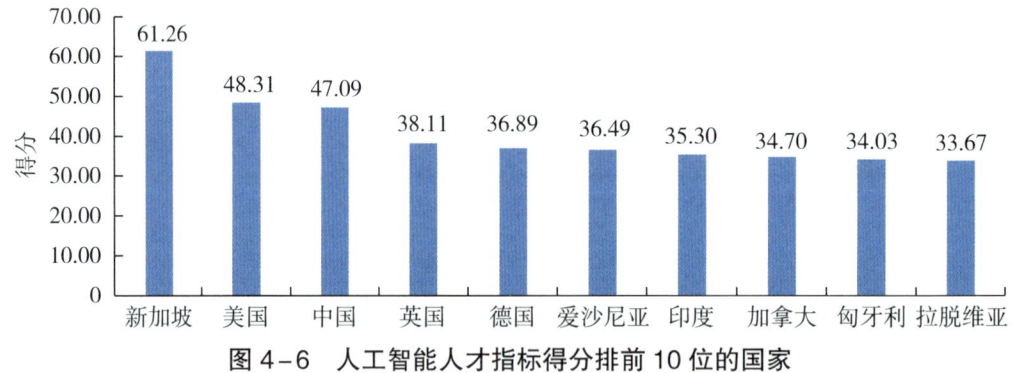

图 4-6 人工智能人才指标得分排前 10 位的国家

（一）人工智能顶级学者人口参与率

人工智能顶级学者人口参与率是指每百万本科及以上入学人口中人工智能顶级学者的数量。其中，人工智能顶级学者是指 5 年内在中国计算机协会推荐的 7 个全球人工智能顶级会议上发表 2 篇及以上论文的学者。人工智能顶级学术会议论文能够体现该领域的最新科研成果，在人工智能顶级学术会议上发表论文的情况是一个国家人工智能人才质量的直接体现。参评国家顶级学者人口参与率及数量如图 4-7 所示。

从空间分布看，北美洲和欧洲是人工智能顶级学者汇集之地。如图 4-8 所示，美国、加拿大顶级学者人口参与率均排前 10 位。美国拥有斯坦福大学、哈佛大学等一批世界名校和 IBM、微软、谷歌等众多科技巨头企业，为顶尖人才的创新研究提供了良好的科研保障。从全球人才流动趋势看，美国对人工智能博士研究人员的吸引力最强。根据 Element AI 发布的 *Global AI Talent Report 2019* 的数据显示，美国雇主最有可能吸引在国外接受培训的研究人员，中国吸引的美国研究人员的绝对数量约是美国的 1/4。通过梳理在国际顶级会议发布文章的研究人员接受培训情况及就业数据发现，其中有 46% 的样本就业后选择为美国雇主工作。美国的高校是培养人工智能高层次人才的高地，以美国为主的高等院校布局时间早、系统完善、学科交叉精耕细作。例如，斯坦福大学的人工智能实验室成立于 1962 年，60 多年来一直推动着人工智能教育。卡内基梅隆大学在 1979 年就成立了机器人学院，专门在机器人科技领域进行实践和研究。美国提供了比任何其他地区都要更多的人工智能专业课程。

欧洲顶级学者人口参与率较高，参与率排前 10 位的国家中，有 5 个地处欧洲，分别是英国、德国、爱沙尼亚、奥地利和丹麦。对于这些欧洲国家而言，重大科研项目计划、国家级重点实验室的设置是人工智能顶级学者的重要推动力量，欧洲设置了人工智能重点实验室，如艾伦·图灵研究所、布里斯托大学智能系统实验室（ISL）、剑桥大学未来智能研究中心、牛津大学人工智能实验室，并实施人工智能重大项目计划，如产业战略挑战基金（ISCF）、小型商业研究计划（SBRI）。除此之外，欧洲绝大多数专门的人工智能学术课程都开设在硕士及以上水平的课程中，这些都提高了人工智能顶级学者的参与率。

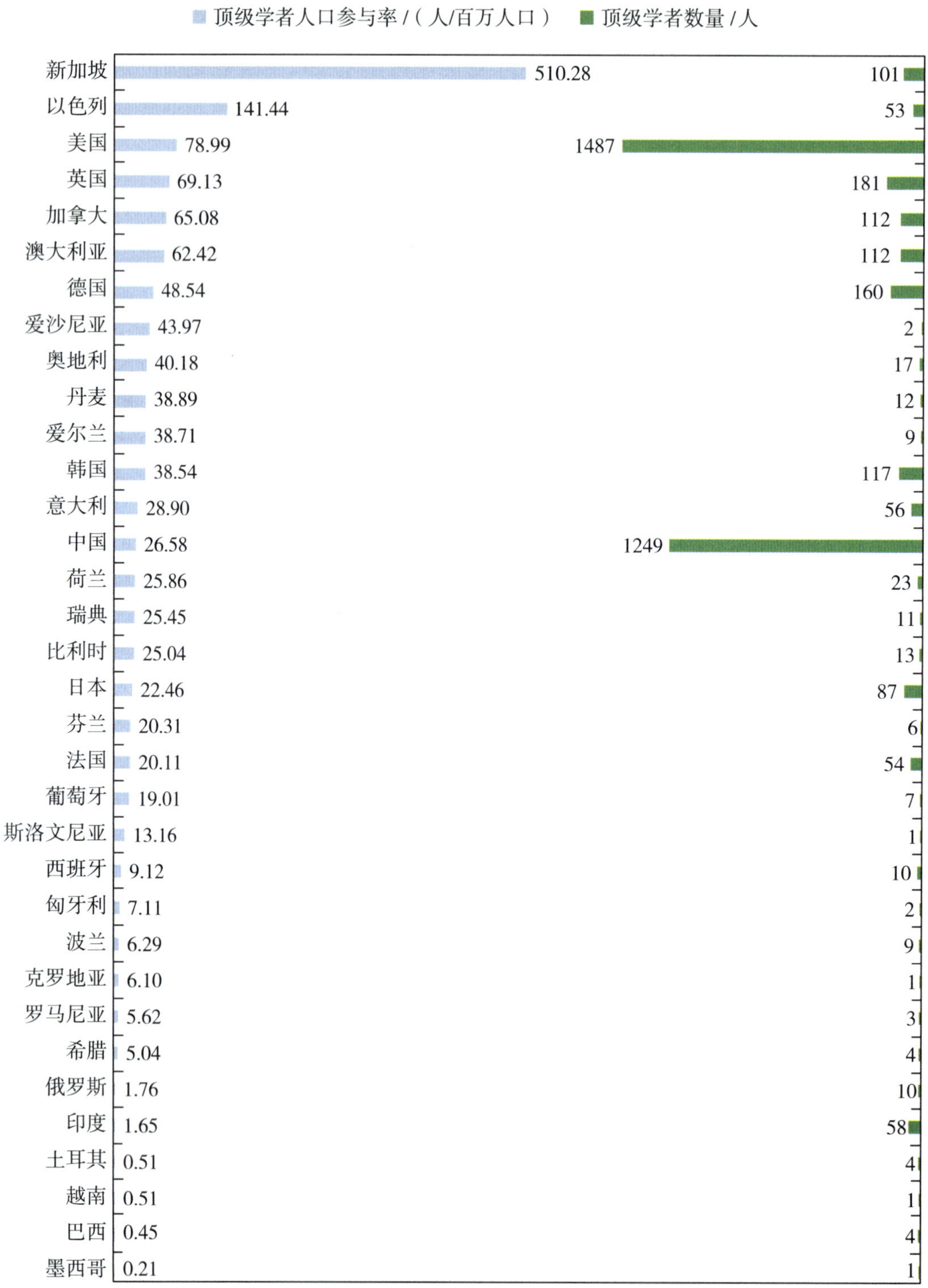

国家	顶级学者人口参与率/（人/百万人口）	顶级学者数量/人
新加坡	510.28	101
以色列	141.44	53
美国	78.99	1487
英国	69.13	181
加拿大	65.08	112
澳大利亚	62.42	112
德国	48.54	160
爱沙尼亚	43.97	2
奥地利	40.18	17
丹麦	38.89	12
爱尔兰	38.71	9
韩国	38.54	117
意大利	28.90	56
中国	26.58	1249
荷兰	25.86	23
瑞典	25.45	11
比利时	25.04	13
日本	22.46	87
芬兰	20.31	6
法国	20.11	54
葡萄牙	19.01	7
斯洛文尼亚	13.16	1
西班牙	9.12	10
匈牙利	7.11	2
波兰	6.29	9
克罗地亚	6.10	1
罗马尼亚	5.62	3
希腊	5.04	4
俄罗斯	1.76	10
印度	1.65	58
土耳其	0.51	4
越南	0.51	1
巴西	0.45	4
墨西哥	0.21	1

图 4-7　参评国家顶级学者人口参与率及数量

第四章
人工智能创新资源与环境

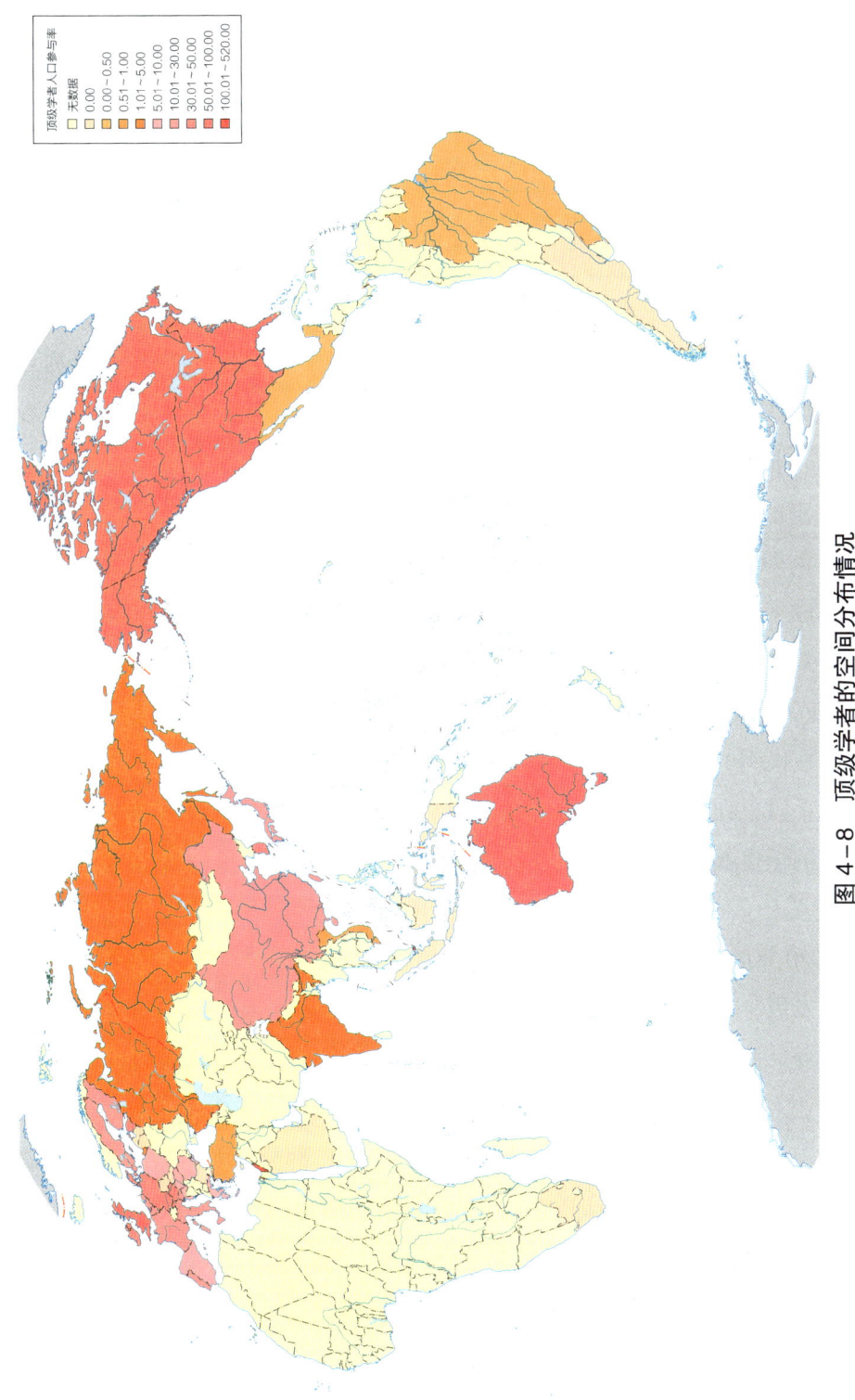

图 4-8 顶级学者的空间分布情况

新加坡、以色列的人工智能顶级学者人口参与率遥遥领先。新加坡共有101位人工智能顶级学者，总量排第8位，顶级学者人口参与率为510.28位/百万人口，参与率相较于2020年有所回落，但排名仍为第1位。新加坡一直聚焦对重点领域科技人才的战略部署、专项支持和精准施策，如新加坡计划到2025年共投入65亿新元用于制造业、生命健康、可持续发展与数字经济四大重点领域科技人员的创新研究活动，还推出了"新加坡数字奖学金"和"新加坡人工智能博士培养计划"等数字领域高级人才培养和引进计划，以推动关键技术领域的发展，提高国家数字技术水平。以色列顶级学者人口参与率为141位/百万人口，排第2位。以色列高素质人才比例是人工智能顶级学者人口参与率遥遥领先的重要因素，以色列拥有高等学位的人占据了人口比例的45%，平均每万名员工中就有140位工程师或科学家。国防军事的带动，让以色列成为人工智能人才的温床，丹尼尔辛格的统计结果表示，以色列共有近3935位开发人员、工程师和数据科学家从事人工智能研究、开发和集成（包括软件和硬件）。数据统计，以色列人工智能人才的64%受雇于创业公司，31%受雇于58家跨国公司在以色列的人工智能中心或实验室，其余的5%则由以色列的组织和大学雇用[①]。以色列长期以来鼓励产学研相结合，积极推动军用技术在民间的应用，学界与产业界的无缝对接则使得人才能够尽其所学。除此之外，几乎以色列的每一个大学都有其对口的技术转移单位，在实用为主导的以色列，多半的学生都会修读理工科，这也使得以色列的人才大多集中在高科技领域中。其他国家人工智能顶级学者参与率均在100位/百万人口以下，中国排第14位，相较于2020年的第23位有所上升。中国人工智能领域高层次人才培养从2018年起开始重点发展，主要由高校通过成立人工智能学院研究院、设立人工智能专业的方式进行培养。此外，从全球人才流动趋势看，中国的发展环境及对外政策吸引着外来相关专业人员，中国对人工智能博士研究人员的吸引力排第2位。但从数据上看，中国人工智能顶级学者参与率的上升幅度并不大，部分是因为中国人口基数大，本科及以上的学生数量多，且高校人工智能课程设置起步较晚。

中美两国人工智能顶级学者绝对数量遥遥领先，美国人工智能顶级学者人口参与率远高于中国。美国和中国分别有1487位和1249位人工智能顶级学者，远

---

① https://zhidx.com/p/133390.html.

高于世界上其他国家。中国顶级学者绝对数与美国大致相等，但由于中国的人口基数较大，顶级学者人口参与率仅为美国的1/3，美国约为79位/百万人口，中国约为26.6位/百万人口。在全球入选 AI 2000 的学者中，来自美国的 Diederik P. Kingma 的研究领域是机器学习，他发表的论文数达到40篇，引用数有115 375次；来自中国的何向南，其研究方向为信息检索与推荐，论文数达到208篇，引用数有12 498次[①]。

（二）人工智能开源代码贡献量

人工智能开源代码贡献量，是指一个国家在 GitHub 平台上共享的被收藏数大于50的人工智能开源代码数量。GitHub 是一个面向开源及私有软件项目的托管平台，属于微软公司。本书获取 GitHub 与人工智能密切相关且被收藏数大于50的开源代码信息，根据代码创始人员的所在地，来区分开源代码所属国家，并将这些代码的数量作为一个国家人工智能开源代码的贡献量。人工智能的相关算法和框架等代码是人工智能的核心所在，在一定程度上能反映出一国人工智能人才的人工智能开发能力（图4-9）。

美国在人工智能开源代码上依然保持绝对领先。来自美国的被收藏数大于50的人工智能开源代码数量达到364项，远远高于其他国家。依托于谷歌、微软、Facebook 等大型互联网公司的雄厚研发基础，美国在人工智能相关技术开发上占据全球主导地位。

中国在人工智能开源代码研发上已取得一定成果。中国的人工智能开源代码贡献量排参评国家中的第2位，与2020年保持一致。来自中国的被收藏数大于50的人工智能开源代码数量达到226项，主要来自腾讯、百度、阿里巴巴等公司和中国科学院等科研机构。

印度、德国、英国的人工智能开源代码贡献量水平相近。印度、德国、英国的收藏数高于50的人工智能开源代码均在100项以上，与第1位和第2位存在较大差距。从开发者身份看，与中美情况不同，这些国家的开发者多为个人，表明这些国家在人工智能算法研发方面尚未形成以企业或科研机构为主体的创新局面。

---

① https://www.cs.tsinghua.edu.cn/info/1088/4796.htm.

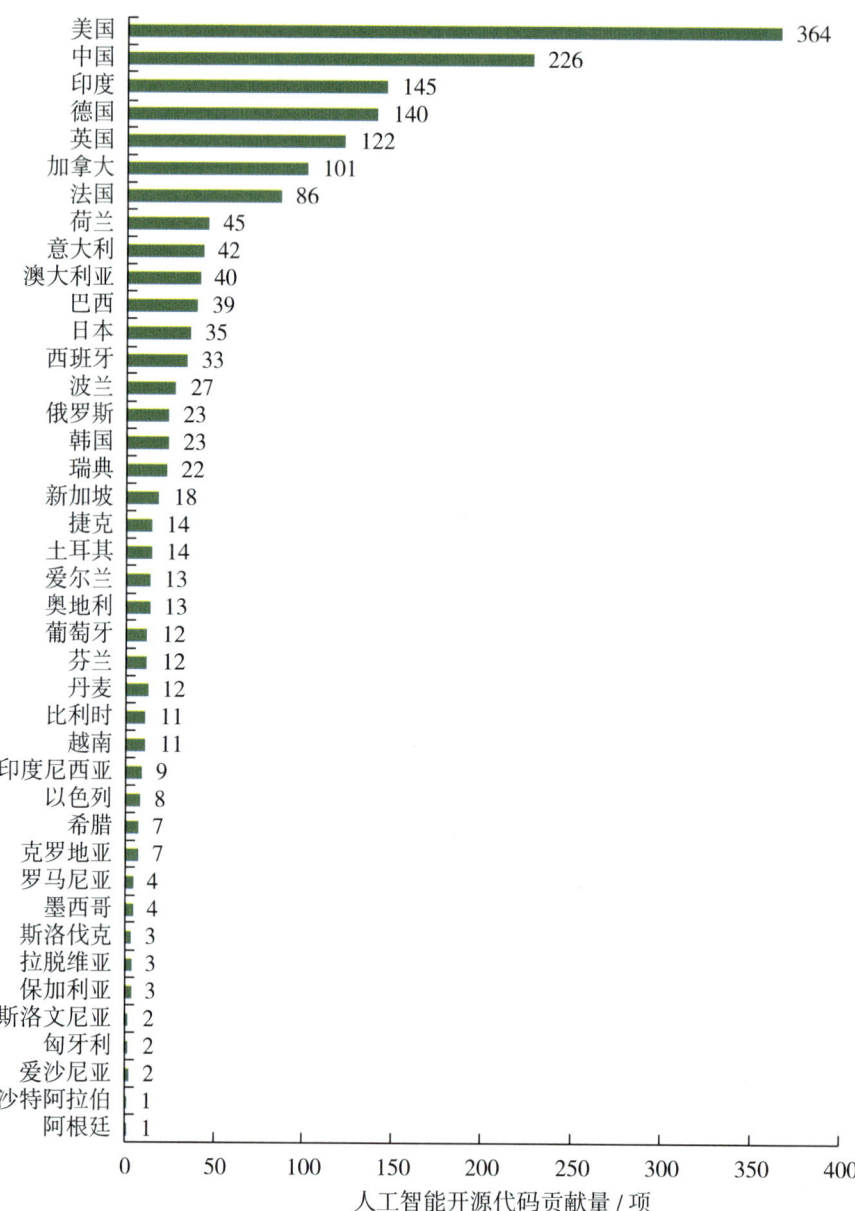

图 4-9　截至 2022 年 7 月参评国家人工智能开源代码贡献量

（三）人工智能高收藏量开源代码占比

人工智能高收藏量开源代码占比是指国家在 GitHub 平台上共享的被收藏数大于 200 的人工智能开源代码数量与被收藏数大于 50 的人工智能开源代码总数之比，可以反映开源代码的质量（图 4-10）。

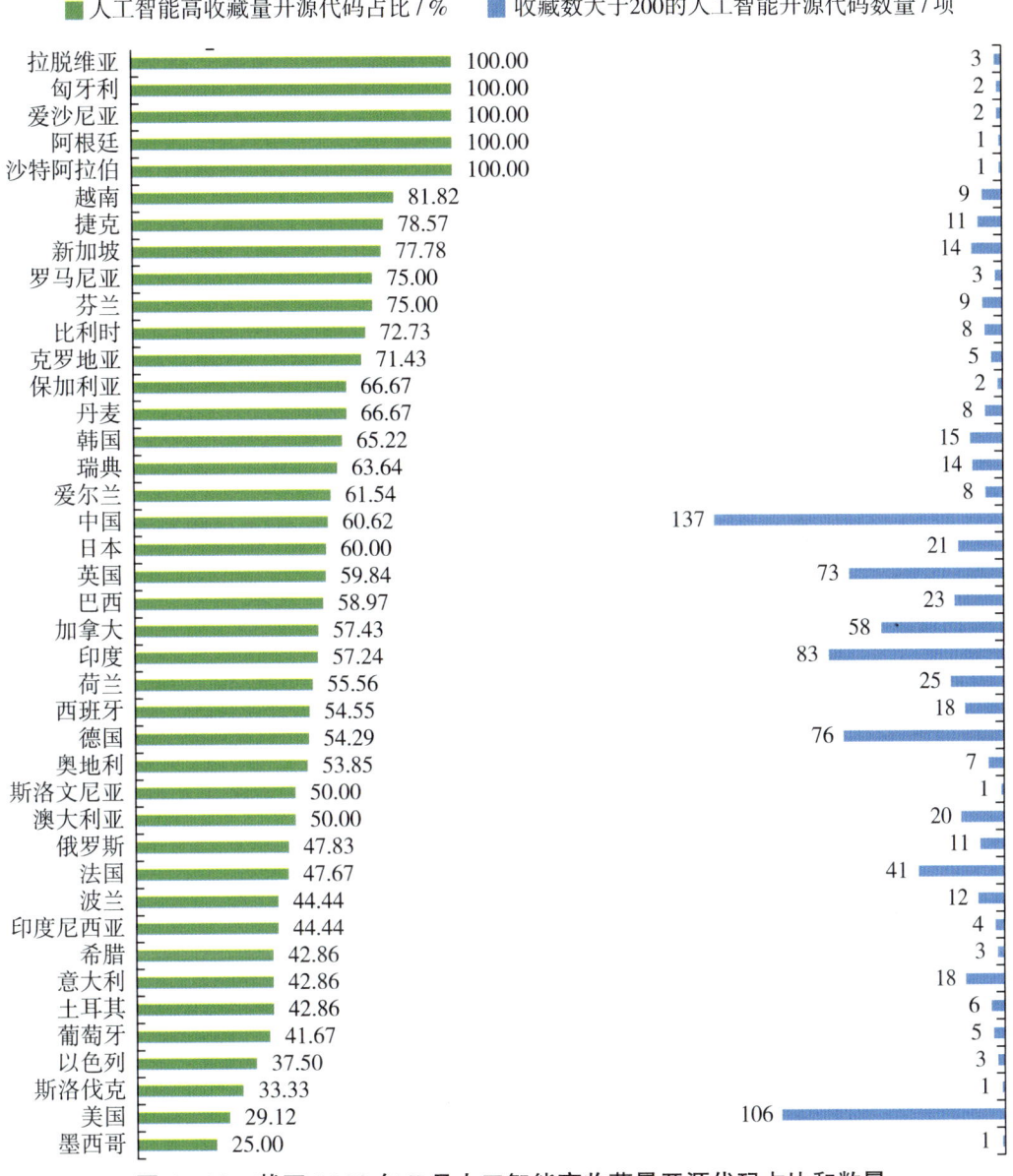

图 4-10 截至 2022 年 7 月人工智能高收藏量开源代码占比和数量

（注：仅保留占比大于 0% 的国家）

阿根廷、沙特阿拉伯、爱沙尼亚、匈牙利和拉脱维亚的人工智能开源代码数量少但质量高。阿根廷、沙特阿拉伯、爱沙尼亚、匈牙利和拉脱维亚收藏数大于 50 的人工智能开源代码数量均不超过 3 个，但这些代码的收藏数均超过了 200，人工智能高收藏量开源代码占比均达到了 100%。这些国家高质量的开源代码与本国的优秀企业和人才的培养密不可分，爱沙尼亚的表现就非常具有代表性，爱沙尼亚是电子政务的先驱，也是世界上数字化程度最高的国家之一，技术基础雄厚，拥有诸多独角兽创业公司和估值超过10亿美元的私有公司[①]。此外，良好的人才基础也为高质量的代码的生长提供了肥沃的土壤。爱沙尼亚非常重视人工智能人才的培养，已经将包括人工智能在内的多个数据科学专业纳入理学硕士课程，并逐步将人工智能纳入全部普通教育学校课程。

越南、捷克、保加利亚、比利时等国家的人工智能开源代码质量相对较高。虽然越南、捷克、保加利亚、比利时的人工智能开源代码贡献量较低，但高收藏量开源代码占比较高，均大于或等于66.67%，位于高收藏量开源代码占比排名的前15位。来自越南的人工智能开源代码为11项，但有9个收藏量高于200，占比高于80%；来自比利时、保加利亚、捷克的人工智能开源代码分别为11项、3项、14项，其中收藏量高于200的分别为8项、2项、11项，占比均大于或等于66.67%。

中国的人工智能高收藏量代码数量超过美国，领先参评的其他国家。来自中国的收藏数大于200的人工智能开源代码数量达到137项，高收藏量开源代码占比达到了60.62%，排第18位，相较于2020年有所提高，从一定程度上反映出中国算法开发能力的提升。能力的提升与我国在开源代码上的布局有关，中国工业和信息化部在2021年发布了关于开源新的发展规划指南，该指南明确设定了到2025年建设2～3个具有全球影响力的开源社区目标，高水平建成20家中国软件名园，读者能够看到近几年中国的开源社区一直在有机地增长，目前是世界第二大开发商社区，拥有蓬勃的开源生态系统。

美国人工智能高收藏量开源代码数量仅次于中国，但高收藏量开源代码占比排名落后。来自美国的收藏数大于200的人工智能开源代码数量达到106项，相较于2020年有所回落，收藏数大于50的人工智能开源代码数量排第1位，高收藏量开源代码占比仅为29.12%，排第40位，相较于2020年大幅下降。表明美国尽管在代码数量上获得了优势，但其质量较为一般。美国在部署人工智能发展时十分重视人

[①] https://www.raisewellhardware.com/p/%E4%BA%BA%E5%B7%A5%E6%99%BA%E8%83%BD%E5%90%84%E5%9B%BD%E6%88%98%E7%95%A5%E8%A7%A3%E8%AF%BB.html。

工智能开源问题,强调通过政府采购、督促政府部门主动开源等措施推动人工智能开源,并提出开源社区是创新思想与人才的孵化器,国防部要加强与开源社区的合作,一方面要为开源社区提供数据、研究、技术等支持,另一方面要积极参与开源生态的构建,发挥国防部在吸引人工智能人才、突破基于人工智能的国防技术等方面的作用。

三、人工智能教育

人工智能教育指标主要反映一个国家的人工智能学科建设水平和人才培养能力。对于人工智能教育,主要从课程专业、科学与工程博士占比、PISA 测试 3 个方面进行考查。该指标排前 10 位的国家分别是卢森堡、中国、澳大利亚、新加坡、英国、加拿大、法国、意大利、瑞典、荷兰(图 4–11)。

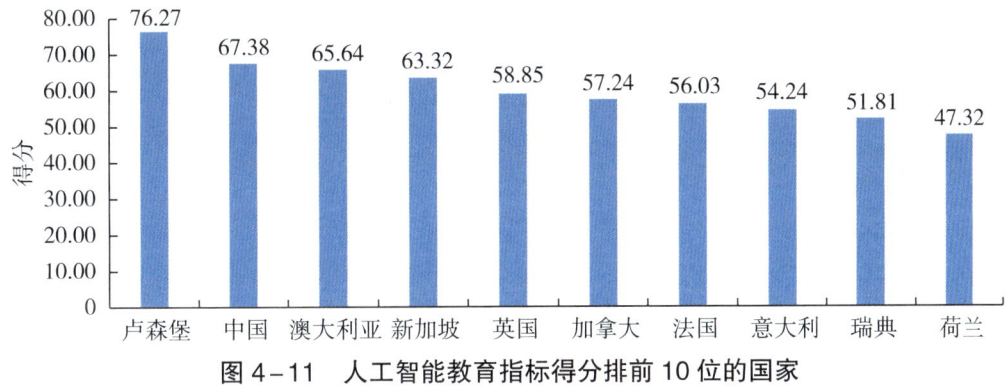

图 4–11　人工智能教育指标得分排前 10 位的国家

(一)高水平人工智能核心专业开设率

专业是学科承担人才培养职能的基地,因此建设人工智能学科专业成为各国培养高水平人工智能人才的最直接方式,多学科交叉融合是各国在人工智能专业学科建设时的突出特征。高水平人工智能核心专业开设率是指一个国家入选 USNews 全球大学排行榜人工智能相关专业前 200 名的大学数与该国大学总数之比。人工智能相关专业的确定借鉴了《中国新一代人工智能发展规划》与教育部《高等学校人工智能创新行动计划》中的有关表述,选择计算机科学、数学、物理和神经科学 4 个专业[①]。高水平人工智能核心专业开设率指标反映了一个国家计算机、数学、物理和神经科学等人工智能基础学科的国际水平，在一定程度上决定了该国在人工智能理论和技术研究方面的潜力（图4-12）。

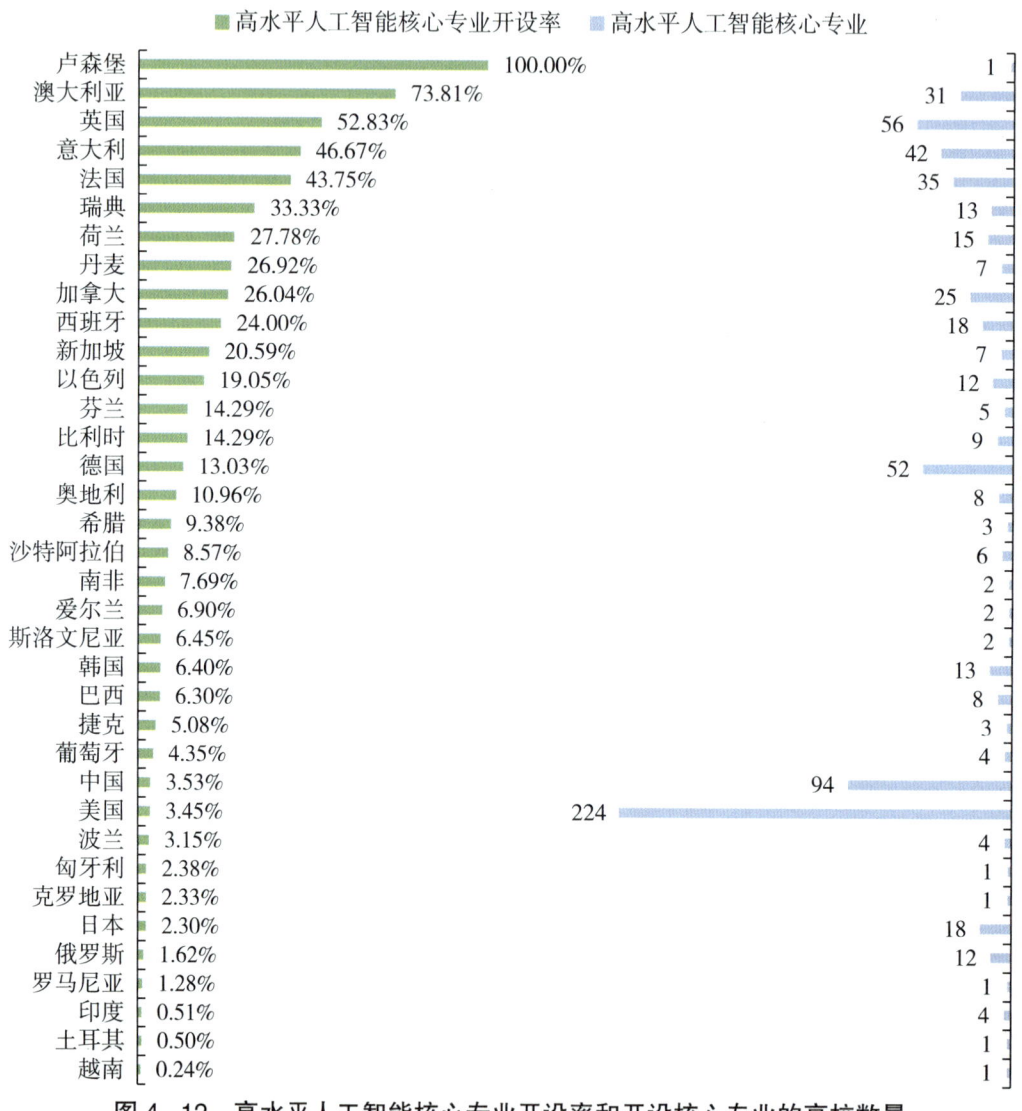

图4-12 高水平人工智能核心专业开设率和开设核心专业的高校数量
（仅显示开设率大于0%的国家）

---

① 在统计过程中，若一个高校同时开设多个高水平人工智能核心专业均进入全球前200名，则以累加方式计算。例如，哈佛大学4个专业均进入前200名，统计时即视作4所高校。

在高水平人工智能核心专业开设率上，欧洲国家名列前茅。排名靠前的欧洲国家包括卢森堡（100.00%）、英国（52.83%）、意大利（46.67%）、法国（43.75%）、瑞典（33.33%），上述国家的高水平人工智能核心专业开设率远高于其他一些国家，并且相互之间差距较大，其余国家除澳大利亚（73.81%）以外开设率均在30%以下且差距较小。欧洲国家普遍开设大量人工智能核心专业，源于欧洲国家政府在大量教育项目基金中制定了相应的政策，以加大资金支持来保证人工智能专业的发展，如"欧洲地平线"项目就专门明确了2022年欧盟国家在人工智能专业领域的主要研发目标和研发内容，并且明确加大对人工智能的投入。

从高水平人工智能核心专业开设总量来看，美国、中国名列前茅。美国累计有224个人工智能核心专业排名全球前200位，中国为94个。在这2个国家中，美国主要依托高校进行人工智能专业人才的培养，在多所高校设立有人工智能学院及专业学位，培养高级人工智能学位的毕业生。例如，卡内基梅隆大学设立了美国首个人工智能本科专业，斯坦福大学设立的人工智能研究院，麻省理工学院投资10亿美元建设的人工智能学院等。而中国教育部则明确提出"到2030年高校要成为建设世界主要人工智能创新中心的核心力量和引领新一代人工智能发展的人才高地"，因此在国家战略的推动下，国内众多高校成立了人工智能学院或相关专业，如中国人民大学和南京大学成立的人工智能学院。此外，美、中两国虽然高水平人工智能核心专业开设数量较多，但由于高校总量大（美国为6502所，中国为2663所），两国的核心专业开设率较低，分别排在第27位和第26位，与2020年基本持平，仅处于中等水平。

※ 人工智能核心专业的开设情况

对比美国、中国、英国、德国和意大利，即核心专业开设总量排前5位的国家（图4-13），可以发现美国的计算机、物理和神经科学具有明显的竞争优势；中国除了在计算机专业和数学方面与美国差距较小之外，其余2个专业的建设水平仍与美国有较大差距；英国和意大利的4个专业发展相对平衡，德国在神经科学领域优于中国、英国、意大利。

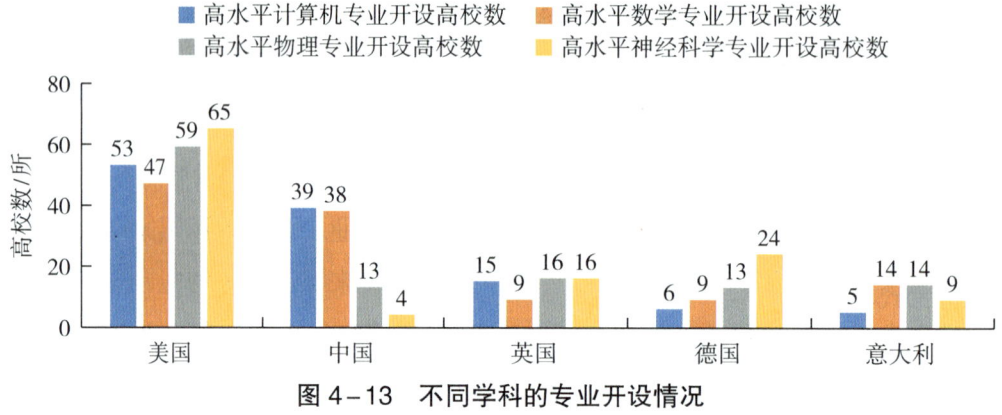

图 4-13 不同学科的专业开设情况

计算机专业前 200 名排行榜中，有中国高校 53 所，美国高校也有 53 所。此外开设高水平计算机专业较多的国家还有英国（15 所）和澳大利亚（14 所），其他国家开设数量均不足 10 所（图 4-14）。计算机专业排名前十的高校中，中国占有三席；其中，清华大学排第 1 位，香港中文大学排第 10 位。美国有 4 所高校上榜，新加坡有 2 所高校上榜，瑞士的苏黎世联邦理工大学排第 8 位（图 4-15）。

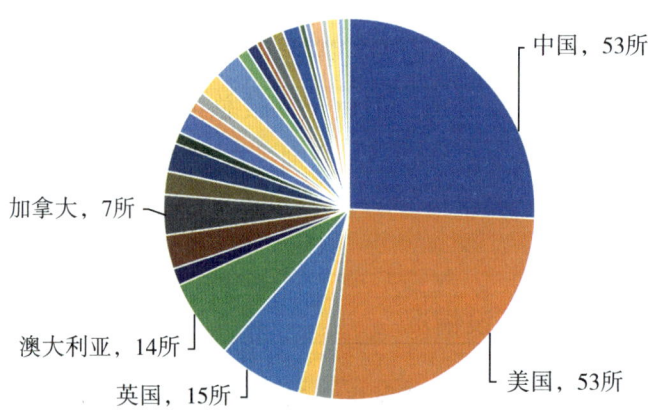

图 4-14 全球高水平计算机专业开设分布

第四章 人工智能创新资源与环境

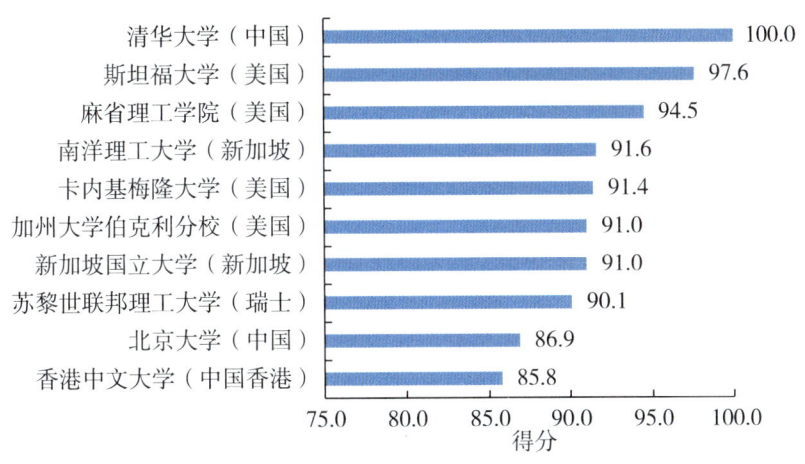

图 4-15 计算机专业排前 10 位高校的得分

（二）全日制科学和工程博士生占比

全日制科学和工程博士生占比是指一个国家的全日制科学和工程专业在校博士生人数占该国所有在校博士生的比重。参考 OECD 对科学与工程领域的界定，选取了"物理、生物、数学和统计学""计算机科学""农业科学""社会和行为科学""工程学" 5 个领域，基本涵盖了人工智能的主要研究和应用领域。博士研究生是科学研究的重要人力资源，是各国科研体系中不可缺少的重要力量。因此，对全日制科学和工程博士数量的分析能够反映出一国对人工智能领域高层次人才的教育和培养情况（图 4-16）。

从全日制科学和工程博士生占比可以发现，卢森堡、中国、阿根廷、加拿大和拉脱维亚全日制科学和工程博士生占比较高。其中，卢森堡全日制科学和工程博士生占比最高，为 82.41%，其次分别为中国（73.95%）、阿根廷（71.32%）、加拿大（68.23%）和拉脱维亚（67.91%）。只有卢森堡、中国和阿根廷的全日制科学和工程博士生占比超过 70%，反映出这 3 个国家在科学和工程高层次人才的教育和培养上非常出色。值得注意的是，相较 2021 年，中国在该指标上的排名从第 8 位进步到第 2 位，这与中国日益重视科学和工程高层次人才的教育和培养密不可分。

103

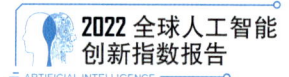

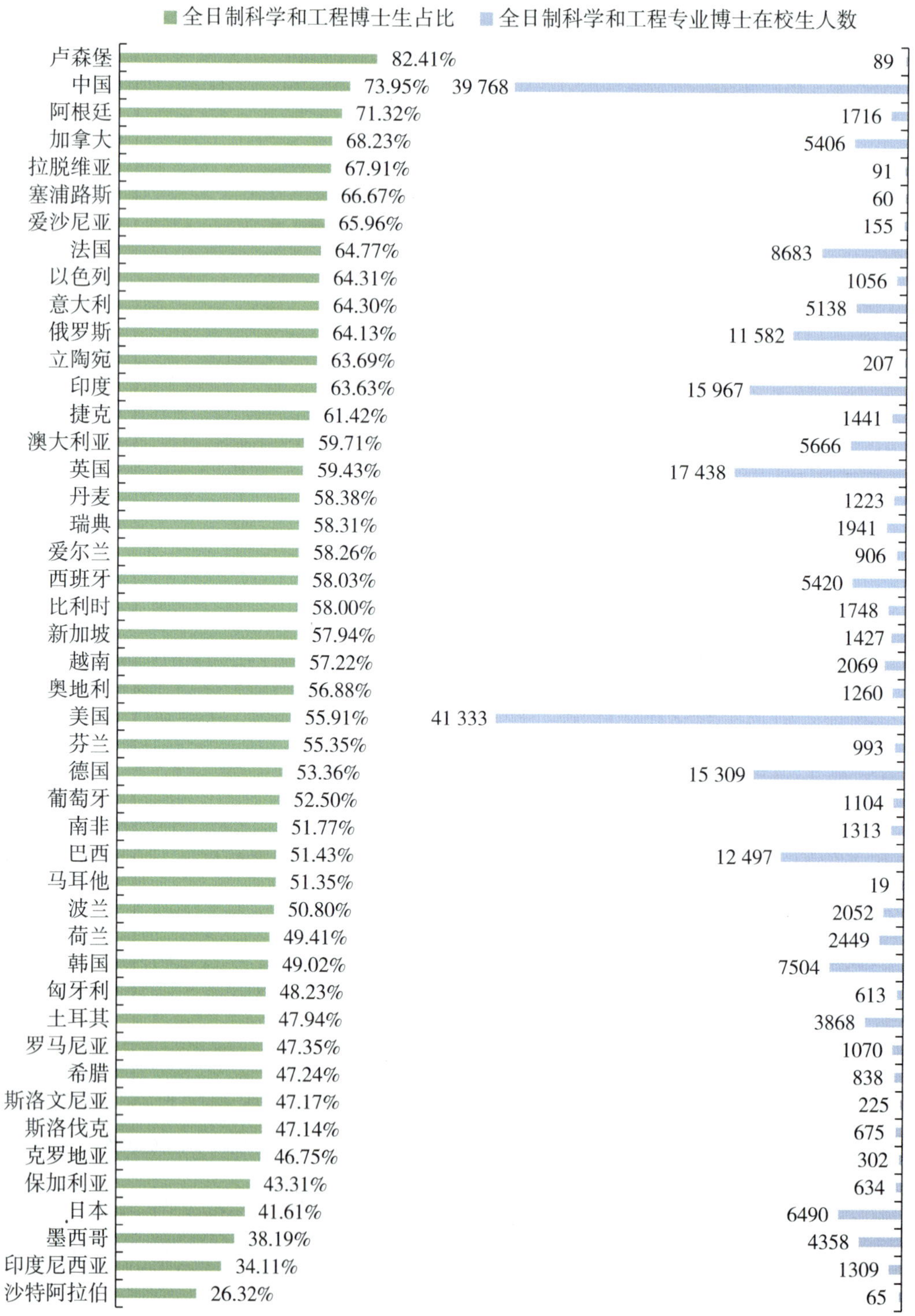

国家	全日制科学和工程博士生占比	全日制科学和工程专业博士在校生人数
卢森堡	82.41%	89
中国	73.95%	39 768
阿根廷	71.32%	1716
加拿大	68.23%	5406
拉脱维亚	67.91%	91
塞浦路斯	66.67%	60
爱沙尼亚	65.96%	155
法国	64.77%	8683
以色列	64.31%	1056
意大利	64.30%	5138
俄罗斯	64.13%	11 582
立陶宛	63.69%	207
印度	63.63%	15 967
捷克	61.42%	1441
澳大利亚	59.71%	5666
英国	59.43%	17 438
丹麦	58.38%	1223
瑞典	58.31%	1941
爱尔兰	58.26%	906
西班牙	58.03%	5420
比利时	58.00%	1748
新加坡	57.94%	1427
越南	57.22%	2069
奥地利	56.88%	1260
美国	55.91%	41 333
芬兰	55.35%	993
德国	53.36%	15 309
葡萄牙	52.50%	1104
南非	51.77%	1313
巴西	51.43%	12 497
马耳他	51.35%	19
波兰	50.80%	2052
荷兰	49.41%	2449
韩国	49.02%	7504
匈牙利	48.23%	613
土耳其	47.94%	3868
罗马尼亚	47.35%	1070
希腊	47.24%	838
斯洛文尼亚	47.17%	225
斯洛伐克	47.14%	675
克罗地亚	46.75%	302
保加利亚	43.31%	634
日本	41.61%	6490
墨西哥	38.19%	4358
印度尼西亚	34.11%	1309
沙特阿拉伯	26.32%	65

图 4-16　参评国家全日制科学和工程博士生数量及占比

从全日制科学与工程博士生总数看，美国、中国、英国名列前三甲。美国的全日制科学与工程博士生数量最多，共有 41 333 人，中国紧随其后，有 39 768 人，英国为 17 438 人，排第 3 位，这 3 个国家在科学与工程博士生总数上遥遥领先。而德国和印度的全日制科学与工程博士生数量接近，均为 15 000 人左右。虽然美国、中国、英国三国科学与工程博士生总数最高，但是由于三国人口基数较大，全日制科学和工程博士生占比只有中国超过了 70%。通过与 2021 年的数据的对比，可以发现中美两国的全日制科学与工程博士生数量增长呈现相对缓慢的状态，其原因主要为两国相关专业博士生基数较为庞大。从近 2 年的全日制科学与工程博士生总数变化率来看，增长率排前 3 位的国家依次为墨西哥（64%）、土耳其（29%）、巴西（19%），由此可见，墨西哥在人工智能高水平层次的人才培养方面进步很大。

总体来看，基本上所有国家的全日制科学和工程博士生占比与以往相比，都在上升。这也反映了国际社会对高水平科学和工程人才培养的愈发重视。例如，加拿大政府计划在未来几年培养 800 名人工智能领域的博士生；而英国政府则在高等教育领域投资 1 亿英镑以设立人工智能奖学金，并且实施硕博贯通的人才培养模式，鼓励不同学科背景的学生继续深造，将计算机和数据科学专业以外的人才培养成人工智能领域的硕士或博士，并计划每年在人工智能及相关学科至少增加 200 个博士研究生。

※ 全日制科学与工程博士生数量的时间分布

从时间维度看（图 4-17），中国的全日制科学与工程博士生数量呈快速增长态势。21 世纪初，中国只有 7766 名全日制科学与工程博士生，到 2015 年这一数字达到 34 440 名，增长 4 倍以上。其中 2000—2009 年增速较高，2009 年以后增长势头有所减缓。美国科学与工程博士生基础数量较大，总体呈缓慢增长趋势。2000 年，美国的全日制科学与工程博士生数量约为 25 000 名，到 2015 年已接近 40 000 名。日本的全日制科学与工程博士生数量稳定在 7000 名左右，没有明显的变化。韩国的科学与工程博士生数量从 2000 年的 2914 名增长到 2015 年的 6557 名，是原来的两倍多。

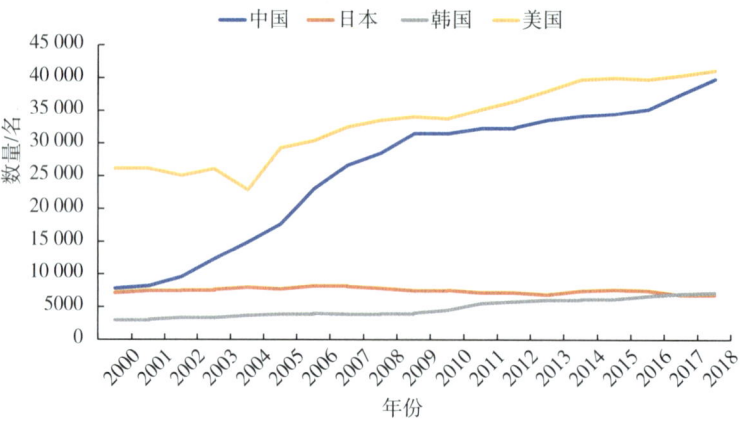

图 4-17 全日制科学与工程博士生数量的变化趋势

（三）PISA 测试成绩

国际学生评价项目（The Program for International Student Assessment，PISA）是 OECD 举办的一项国际学生评估活动，每隔 3 年对来自世界各地的 15 岁学生进行阅读、数学和科学 3 个方面的素养测试，旨在评估 15 岁学生在即将完成或完成义务教育之后，是否能够掌握参与社会所需要的知识与技能。中学生群体是人工智能领域的潜在人才来源，PISA 测试成绩作为一项衡量中学生核心素养的指标，能够反映出一个国家初等教育水平及该国潜在人才群体的素养（图 4-18）。

中国以 49.3 的分数排第 1 位。从历次参加 PISA 的成绩表现来看，中国经济发达地区的 PISA 学科认知测试成绩表现优异，各领域表现都处于各国和地区前列。由此可见，如果从 PISA 的学科认知测试来看，中国经济发达地区的基础教育体系比较完善，教育质量领先世界上大多数国家和地区。

从近 10 年的 PISA 排名来看，新加坡学生的成绩排名逐年上升。新加坡教育被公认为是全球最好的教育体系，之所以在 PISA 测试中表现突出，与其学校的支持密不可分，新加坡的学校为学生提供了有利并具有鼓励性的学习环境。与其他参与国相比，新加坡拥有充分、高质量的教育材料和基础设备。另外，新加坡政府一直把教育改革视为保持自身竞争力的一种方式，通过一系列改革，新加坡将原先以经济为导向的教育转型成以学生为本，促进社会发展为导向的教育。

韩国得分 26.6 排第 3 位，韩国在基础教育领域投入较多。韩国十分重视的

第四章 人工智能创新资源与环境

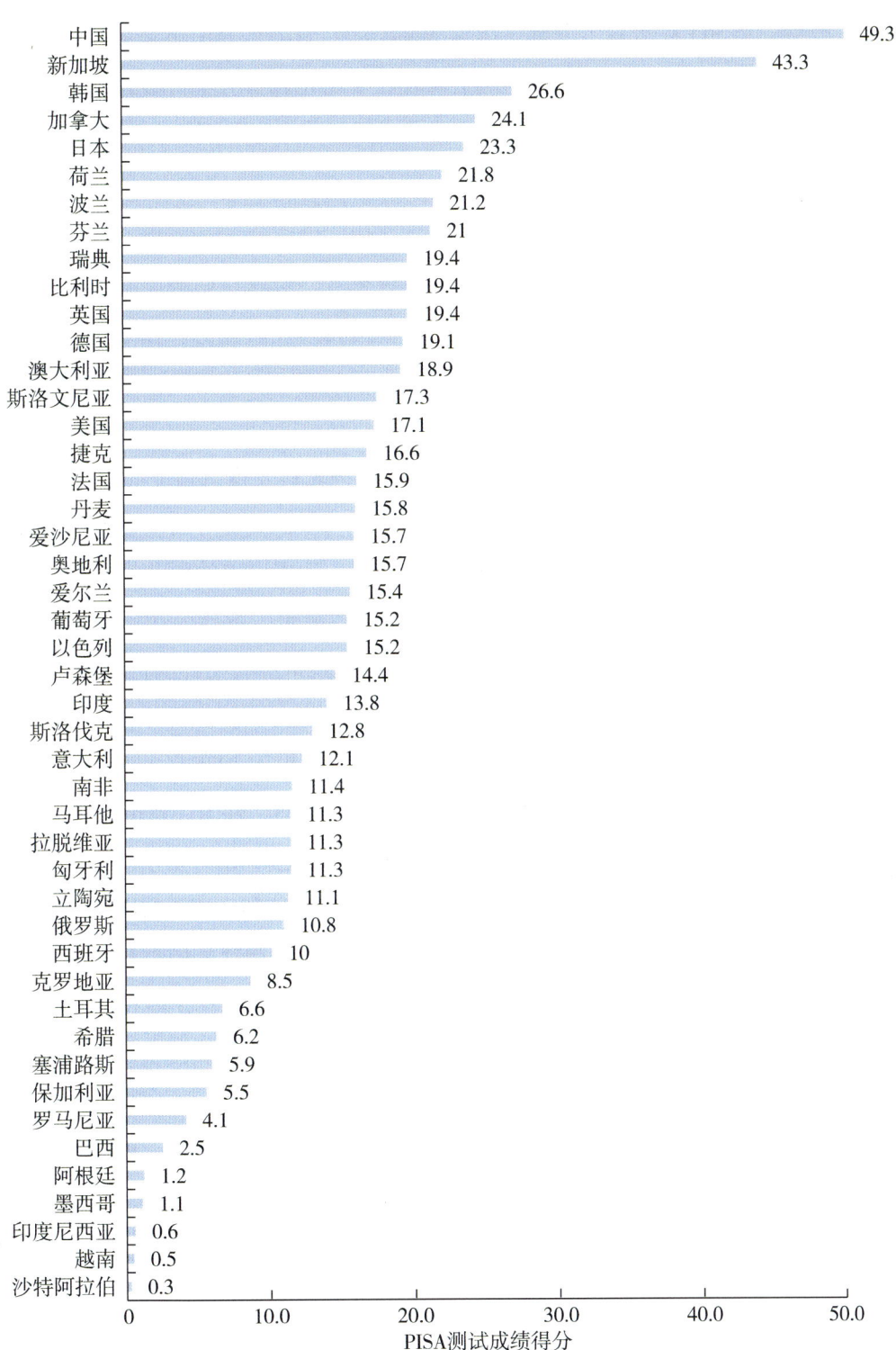

图 4-18 参评国家 PISA 测试成绩得分

STEM[①]教育，将STEM教育上升到了国家战略层面，着力培养中小学生的复合性思维。相对于提升学生的学业成绩，韩国更重视将STEM教育与学科教育的整合，提升学生的学习兴趣，培养与现代社会人才需求相契合的复合型创新人才。

四、国家研发投入

国家研发投入反映出一国对科技创新的重视程度，会直接影响国家的科技发展水平、技术创新能力、高新技术产业发展后劲与可持续发展能力。在本书中，使用国家研发投入强度（国家R&D经费支出占该国GDP的比重）衡量一国的国家研发投入情况（图4-19）。

以色列和韩国的国家研发投入强度遥遥领先，国家研发投入强度都超过4.5%，表明这两国对于科技创新的重视程度非常高。富有"创新美誉"的以色列正通过部署其在前沿数据分析、软件和硬件工程方面的优势，运用成熟的商业模式大力开展人工智能的研究和应用，目前以色列境内有1150多家人工智能公司、学术研究中心和跨国人工智能研发中心[②]。韩国科学与信息通信技术部表明韩国将在2022年向重大研发项目投入23.5万亿韩元（约208亿美元）的资金，以提振韩国的科技行业。在包括6G和人工智能的下一代信息技术方面，韩国计划投入1238亿韩元，同比增长151.5%，投入增幅明显；在自动驾驶等未来汽车的研发方面，韩国计划投入3900亿韩元，同比增长10.5%；在逻辑芯片方面则计划投入3600亿韩元，同比增长26.9%[③]，未来韩国在人工智能创新方面不容小觑。瑞典、日本、奥地利、德国的国家研发投入强度抢眼，均在3%以上，且差距较小，这4个国家在人工智能领域都有较为深厚的研发基础和技术实力。人工智能技术在这些国家的应用领域广泛，涉及了经济、军事、医疗、教育等多个领域，这些国家也具有良好的科研环境和资源条件，使得国家研发投入更有保障。丹麦、法国、中国等6个参评国家的研发投入比例超过2%，具有一定的高新技术产业发展后劲与可持续发展能力。澳大利亚、英国、加拿大等国的国家研发投入比例在1%~2%。南非、印度等国家的研发投入比例在1%以下。

---

① STEM即科学（Science）、技术（Technology）、工程（Engineering）、数学（Mathematics）这4门学科英文首字母的缩写。STEM教育强调跨学科一体化，培养具有综合能力的人才。

② https://zhuanlan.zhihu.com/p/258492972.

③ http://www.fayiyi.com/design/20210629/58856.html.

第四章
人工智能创新资源与环境

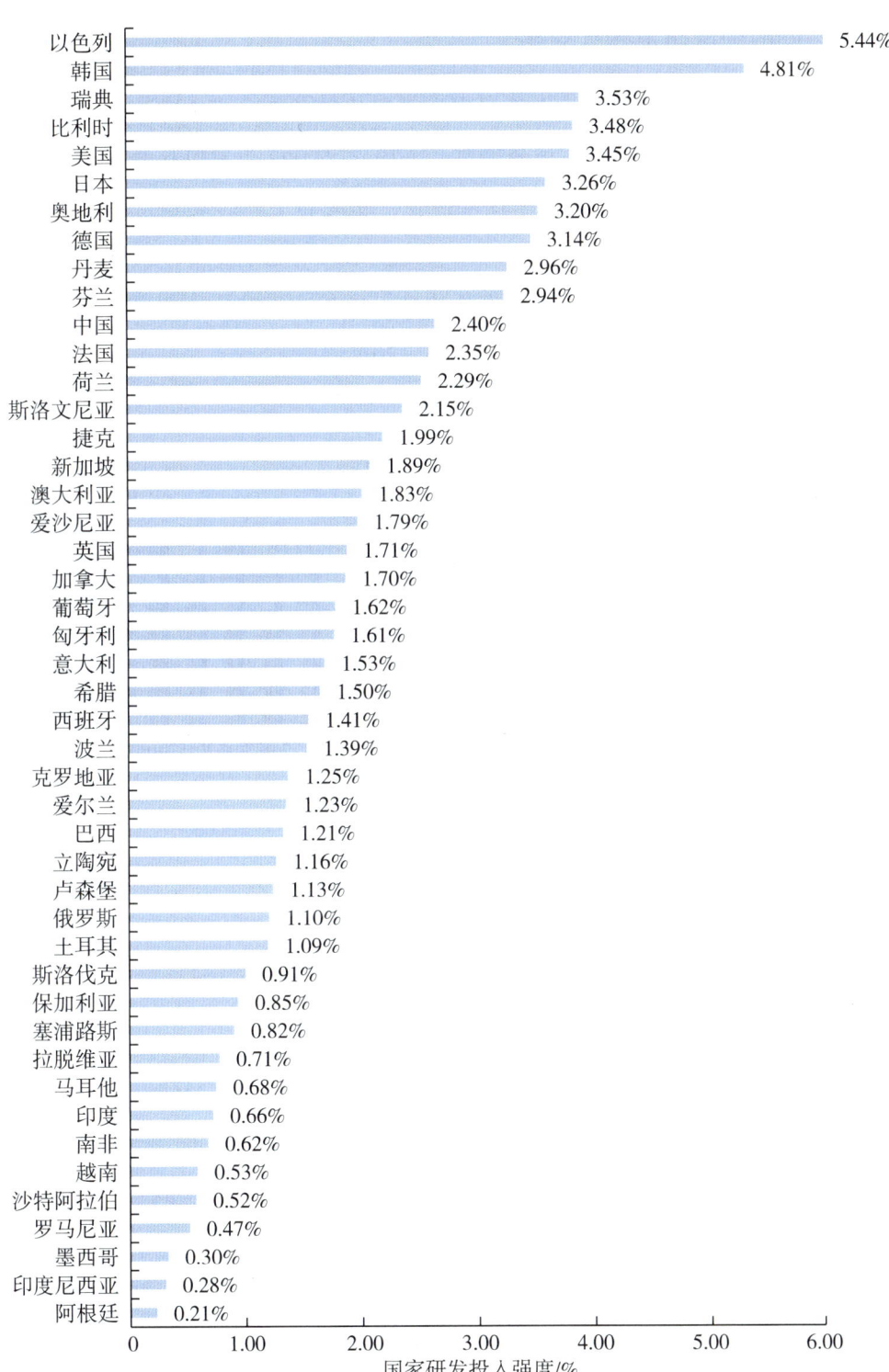

图 4-19 参评国家 2021 年国家研发投入强度

※ 中美之间的国家研发投入对比

美国一直是全球研发投入最大的国家，中国的研发投入快速增长，与美国的差距逐渐缩小。这种情况引起了美国的警惕，美国在《2020年美国科学与工程状况》报告中指出，"美国一直是全球科学技术进步、发展和生产的重要领导者，但是中国正在迅速发展其科技，国家研发投入增长速度已经超过了美国，在特定领域的国家研发投入可能与美国相近，根据其发展速度，将超过美国，这将导致了美国并不能成为绝对的全球无可争议的领导者"（图4-20）。

图4-20　中美之间的国家研发投入对比（单位：购买力平价十亿美元）

五、人工智能创新制度

人工智能创新制度旨在评价各个国家发布的人工智能相关政策的情况，包括战略规划、创新计划、预算、白皮书、倡议、行动方案、专项政策等。本书主要从2个方面对制度环境进行考查：一是国家人工智能发展政策与规划完备性；二是对人工智能伦理、标准、隐私等内容的政策关注度的国家人工智能社会治理。

人工智能创新制度指标排前10位的国家分别是美国（100.00）、英国（90.58）、澳大利亚（73.75）、新加坡（73.48）、日本（43.00）、中国（42.38）、法国（38.96）、加拿大（27.13）、卢森堡（26.71）、比利时（25.88），如图4-21所示。

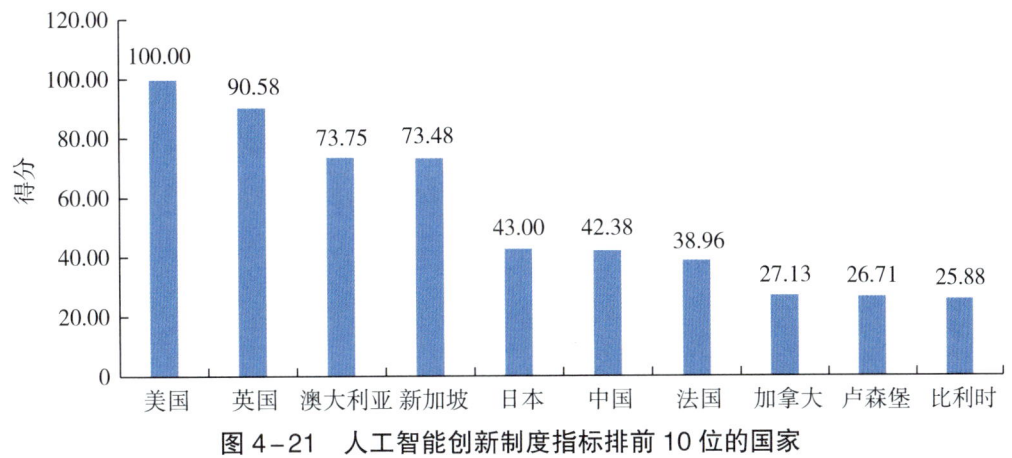

图 4-21 人工智能创新制度指标排前 10 位的国家

（一）国家人工智能发展政策与规划

国家政策与规划方面旨在刻画各国的战略侧重点，通过对政策文本的分析，定量测度各国在投资、教育和应用 3 个方面的布局强度（图 4-22）。

从政策规划数量和政策可操作性等方面进行评估，可以将参评国家分成 4 个梯队。第一梯队为美国、英国、新加坡、澳大利亚、中国、日本、法国 7 个国家，其中日本和法国为 2022 年新晋升的国家；第二梯队为加拿大、卢森堡、比利时、葡萄牙、爱沙尼亚、捷克、荷兰、芬兰、印度、立陶宛、瑞典、越南、以色列、俄罗斯、奥地利、韩国、马耳他、西班牙、丹麦、意大利、土耳其，其中加拿大、芬兰、丹麦和韩国在 2022 年降入第二梯队；第三梯队为匈牙利、波兰、拉脱维亚、希腊、墨西哥、罗马尼亚；其余国家为第四梯队。

第一梯队十分重视人工智能发展政策与规划，发布相关政策数量多且具备可操作性。第一梯队国家发表的关于人工智能相关的政策和规划数量较多，既有官方出台的政策，又有智库机构发表的规划，既有宏观的整体政策和规划，又有针对某一特殊领域或特殊目的的政策和规划，如美国在全球人工智能政策领域率先布局，以《为未来人工智能做好准备》《美国国家人工智能研究与发展战略计划》《人工智能、自动化及经济》与《美国人工智能倡议》四大政策为基础，形成了从技术、经济、伦理、政策等多个维度指导行业发展的完整体系，并在投资、就业、开放数据、就业问题及标准问题研究等多方面予以落实。又如，2021 年 1 月英国人工智能办公室发布的《人工智能路线图》，提出英国人工智能发展的四大支柱：研究、

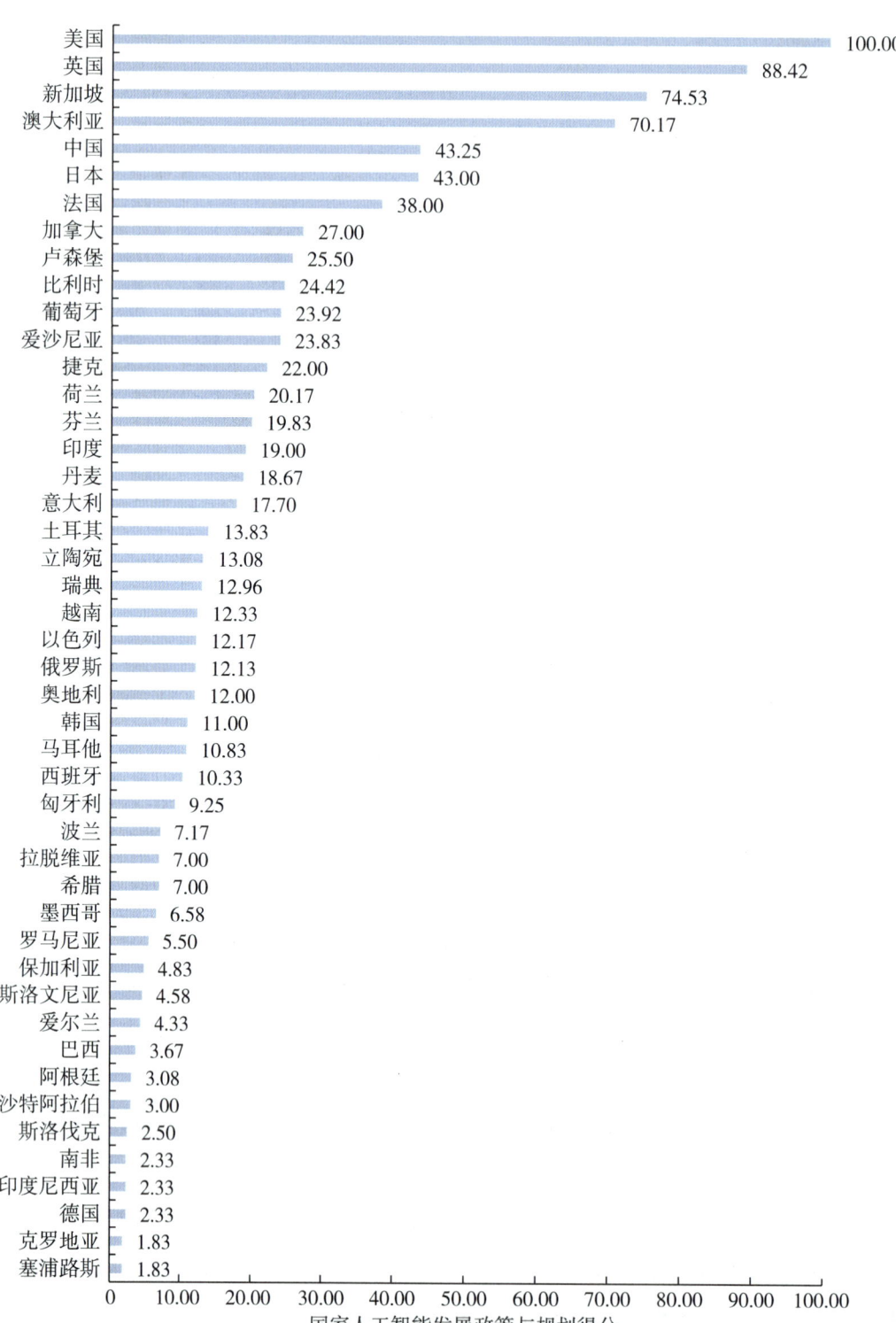

图 4-22 参评国家政府发展人工智能具体评价指标得分情况

开发与创新，技能与多样性，数据、基础架构，公共信任。此外，大多数第一梯队国家的政策和规划不仅指明了本国人工智能发展的方向，还列出了要具体优先发展的领域以及实施的步骤，具备很强的可操作性。新加坡政府侧重人工智能技术的发展，力争使新加坡成为人工智能解决方案开发和部署等领域的全球中心，通过实施"国家人工智能战略"，让新加坡积极参与全球人工智能技术规则制定，推动解决人工智能发展面临的瓶颈问题。

第二梯队国家十分重视本国的人工智能发展布局，制定了相应的政策规划，但是相对于第一梯队国家，第二梯队国家在细分领域内的规划及部署不及第一梯队完备。第二梯队国家发表了较多人工智能方面的政策，涵盖主题广泛，例如荷兰发布了7个与人工智能相关的政策和规划，涉及人工智能发展的战略规划、算法研发、人工智能研发联盟设立等主题；芬兰发布了7个人工智能相关的政策和规划，包括商务智能、人工智能社区等主题。虽然第二梯队国家发布的政策和规划涵盖较广的主题，但在政策和规划的细节方面与第一梯队国家相比，还有待完善。

第三梯队国家在政策和规划数量及可操作性上都要逊于第一和第二梯队国家。第三梯队国家也比较重视本国的人工智能发展，但与第一梯队和第二梯队国家相比，无论是在政策的数量和完备性方面，还是在政策的可操作性方面，都有一定差距。例如，波兰发布了3个政策文件，但是只有2个政策文件直接关系到本国人工智能发展规划，其他文件并不与人工智能发展直接相关，而只是在文件中部分涉及人工智能。又如，墨西哥发布了《人工智能纲领》，是拉丁美洲第一个发布人工智能战略的国家，战略的重点是建立一个强有力的治理框架，以规划人工智能在各个行业的需求，确定政府的最佳做法，发展墨西哥的人工智能领导能力。

第四梯队国家在国家层面上对人工智能政策和规划关注度不够，相关的政策和规划只涉及人工智能发展的局部问题。相对于前3个梯队，第四梯队的国家更注重短期内人工智能的发展，发展人工智能的目标多是保障其在全球人工智能发展中不掉队，促进经济发展，因此政府将焦点集中在人工智能的应用上，而非全方面部署人工智能的发展。例如，印度尼西亚只发布了1个相关政策文件，文件中只提及支持人工智能在不同领域的应用，而没有对人工智能发展的整体规划；巴西也只发布了1个与人工智能相关的政策文件即《人工智能战略》，分析了巴西人工智能领域面临的挑战，并指导了联邦各方面的行动，包括人工智能解决方案的研发与创新，以及有意识、有道德、以创造美好未来为前提地应用人工智能技术。

（二）国家人工智能社会治理

随着人工智能的迅速发展，越来越多的国家开始着眼于人工智能伦理、隐私保护、安全评估等方面的讨论和研究，并着手制定人工智能的社会治理政策法规，以便有效地防范人工智能可能对社会产生的危害。本书从伦理、标准、隐私3个方面对各国的国家人工智能社会治理进行评价（图4-23）。

参评国家在国家人工智能社会治理方面可以分成3个梯队。第一梯队为美国、英国、澳大利亚、新加坡、日本、中国、法国等得分大于20的国家；第二梯队为印度、意大利、越南、立陶宛等得分大于10而小于20的国家；第三梯队为得分小于10的其他国家。

第一梯队国家格外重视安全评估框架、伦理相关政策、个人隐私保护等问题，均发布了涉及人工智能社会治理的政策文本。例如，美国的政策规划中对人工智能伦理问题下的若干议题有过提及，具体包括劳动力政策（Workforce）、人工智能伦理原则（DoD）、相关技术规范政策（Regulation）等。英国的38个政策皆涉及人工智能社会治理。新加坡为了应对人工智能技术带来的风险和挑战，特别是其所带来的伦理问题，成立了人工智能和数据道德咨询委员会，并让企业、学术机构、社会组织等参与制定人工智能道德标准和治理框架，发布了《人工智能治理示范框架》《组织实施和自我评估指南》《人工智能时代的工作指南》等，修订了《技术风险管理指南》等一系列操作指引，提升了人们对人工智能的信任度[①]。我国的国家新一代人工智能治理专业委员会发布了《新一代人工智能伦理规范》，提出增进人类福祉、促进公平公正、保护隐私安全、确保可控可信、强化责任担当、提升伦理素养等6项基本伦理要求。旨在将伦理道德融入人工智能全生命周期，为从事人工智能相关活动的自然人、法人和其他相关机构等提供伦理指引。

---

① https://www.investgo.cn/article/gb/gbdt/202211/640489.html.

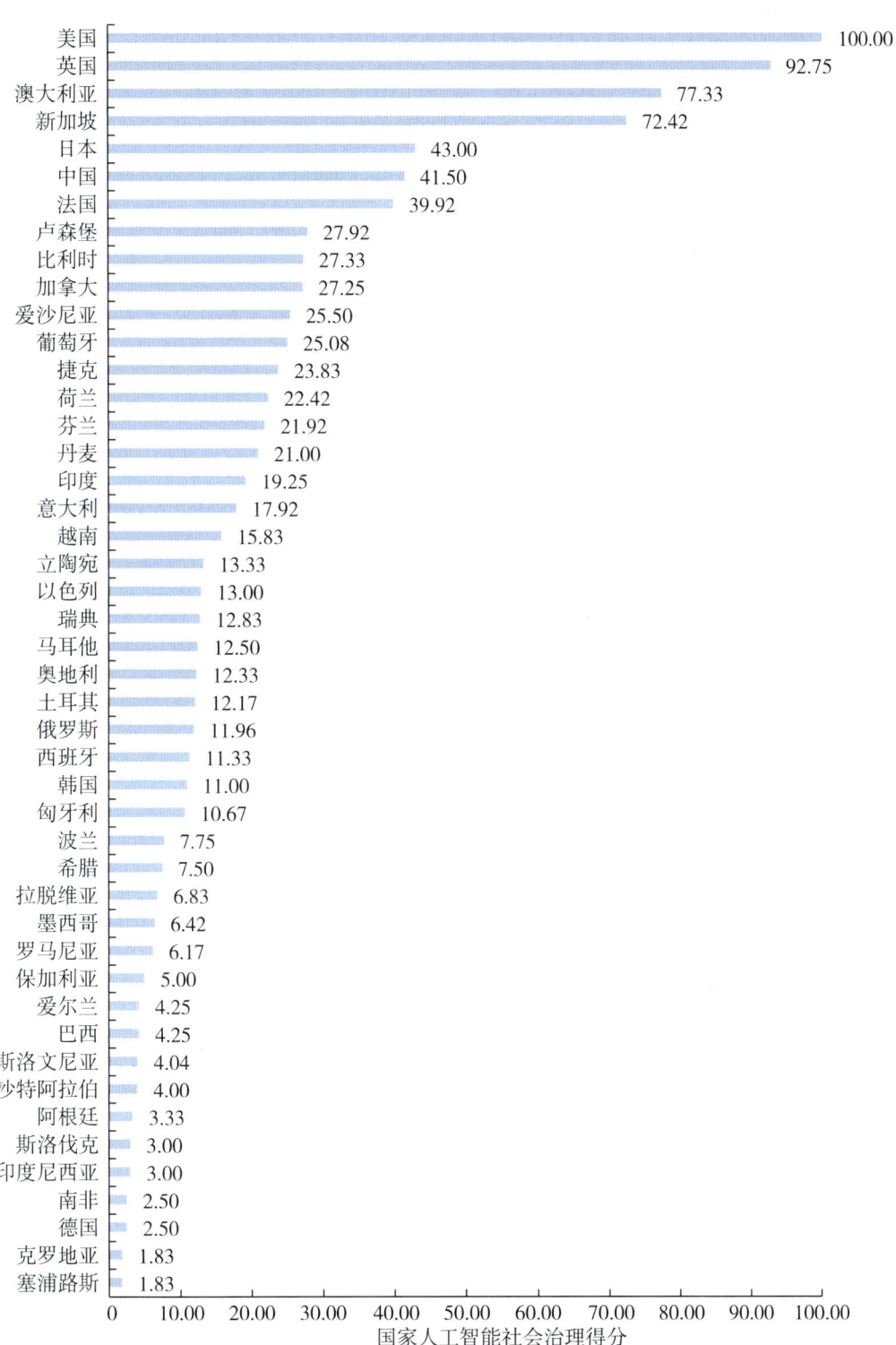

图4-23 参评国家政府人工智能社会治理得分情况

第二梯队国家在人工智能社会治理的政策内容不如第一梯队细致。例如，俄罗斯、意大利并没有出台人工智能伦理、隐私和标准方面的专门规划；印度发布了1份针对人工智能教育的规划，规划中涉及了青少年教育，提议建立一个帮助年轻学生更好接受包括人工智能在内新科技的网络平台；越南发布了1份针对人工智能创业生态系统的规划，该规划由越南科技部主导，涉及为基于知识产权（IP）的具有高增长潜力的新企业的创建和发展创造有利社会和商业环境。上述这些政策规划对人工智能的伦理、标准、监管等社会治理方面都有所涉及，但内容不如第一梯队国家详细。

第三梯队国家缺乏国家层面上的人工智能社会治理的政策。第三梯队国家对人工智能社会治理问题基本处于讨论或计划之中，尚未形成全面的可实际操作的规范，或者多是在相关文件中初步讨论了人工智能社会治理问题或正在规划解决人工智能社会治理问题。例如，印度尼西亚最新发布的关于人工智能战略——国家人工智能发展战略（Stranas KA），旨在指导该国在2020—2045年开发人工智能，重点是教育和研究、卫生服务、粮食安全、交通、智慧城市和公共部门改革。

第五章
人工智能科技研发

在当前人工智能理论、方法和技术飞速进步的背景下，全球许多国家和地区都陆续成立了一批人工智能研究中心，颁布了相应的政策文件且制定相应的科研计划与项目来促进人工智能的科技研发。美国联邦政府在 2021 年的预算报告中明文表示将大幅增加人工智能和量子信息科学等前沿产业研发的投资预算。德国计划到 2025 年，在人工智能领域投入 50 亿欧元，专注于人工智能相关的研究、应用、转型和监管。中国在 2022 年出台了《关于加快场景创新以人工智能高水平应用促进经济高质量发展的指导意见》，推动人工智能领域的科技研发。为了在此新兴且潜力无限之领域抢占竞争制高点，把握新一轮人工智能乃至科技革命的先机，提升人工智能科技研发水平显得尤为重要。

一、人工智能科技研发总体情况

人工智能科技研发包含人工智能学术论文和人工智能专利 2 个二级指标。其中，人工智能学术论文由本科及以上入学人口人均人工智能论文产出量、人工智能顶级论文量和人工智能全球 TOP 100 高被引论文占比 3 个三级指标构成；人工智能专利由人均人工智能专利申请量、人均人工智能专利授权量、人均 5G 专利申请量及人均 5G 专利授权量 4 个三级指标构成。

(一) 2022年整体情况

参评国家人工智能科技研发能力差距明显。美国与中国2个国家表现出明显的优势，得分将近90分，远超其他国家；新加坡、卢森堡、韩国等14个国家得分范围在40～70分；马耳他、比利时等13个国家得分范围在10～40分；波兰、土耳其等17个国家得分处于10分以下。

大部分国家的学术能力和技术研发能力保持相对一致。46个国家中35个国家在人工智能学术论文和人工智能专利2项二级指标的排名差都不超过10名。其中，中国、美国、韩国、新加坡、卢森堡、加拿大、德国在学术与产业界都展现出极强的创新活力，在科技研发整体水平及学术论文和专利2个子领域上都排前10位。

人工智能顶级论文量与人工智能全球TOP 100高被引论文占比存在明显的断层分布。在人工智能顶级论文量上，中美两国以满分的成绩并列第一，而其余有40个国家得分在10分以下；在全球TOP 100高被引论文占比上，中美两国得分同样为满分，而其余有30个国家得分为0.00分。反映出美国、中国在人工智能领域的学术研究能力领跑全球，而其他多数国家则面临着缺乏高质量学术研究的问题（图5-1）。

中国、美国科研实力突出。两国在成果发表与专利申请方面相比其他参评国家都占据明显优势。2021年，46个参评国家共发表人工智能相关论文21.9万篇，美国、中国共计11.6万篇，占比超过50%。其中，在本次统计的10 121篇顶级论文中，美中两国共计6856篇，占比超过65%；在46国统计的90篇高被引论文中，美中两国共计63篇，占比70%，遥遥领先其他的参评国家。

韩国、日本、新加坡、以色列在人均专利方面具有明显优势。虽然韩国、日本、新加坡、以色列在人工智能专利、5G专利的申请与授权总量上相比中美两国存在明显的差距，但在人均专利的申请量与授权量方面却首屈一指，人均人工智能专利申请量和授权量、人均5G专利申请量和授权量标准化后的得分均与中国、美国并列第一。

澳大利亚的人均专利授权量处于领先水平。和专利申请量相比，澳大利亚的专利授权量表现更好。澳大利亚人均人工智能专利授权量和人均5G专利授权量得分排第1位和第21位，而人均人工智能专利申请量和5G专利申请量则分别排第19位和第20位。通过对比可以看出，相比于人均人工智能专利申请量，澳大利亚在人均人工智能专利授权量上表现更佳。

第五章 人工智能科技研发

	人工智能科技研发	人工智能学术论文				人工智能专利				
		学术论文	人均人工智能论文产出量	人工智能顶级论文量	人工智能全球TOP 100高被引论文占比	专利	人均人工智能专利申请量	人均人工智能专利授权量	人均5G专利申请量	人均5G专利授权量
美国	89.47	78.93	36.80	100.00	100.00	100.00	100.00	100.00	100.00	100.00
中国	89.09	78.18	34.53	100.00	100.00	100.00	100.00	100.00	100.00	100.00
新加坡	68.13	36.25	100.00	8.76	0.00	100.00	100.00	100.00	100.00	100.00
卢森堡	66.68	33.36	100.00	0.08	0.00	100.00	100.00	100.00	100.00	100.00
韩国	63.51	27.03	56.33	14.76	10.00	100.00	100.00	100.00	100.00	100.00
以色列	60.05	20.10	54.97	5.32	0.00	100.00	100.00	100.00	100.00	100.00
日本	58.90	17.81	36.78	6.64	0.00	100.00	100.00	100.00	100.00	100.00
加拿大	58.56	30.86	60.97	11.60	20.00	86.26	99.46	100.00	45.59	100.00
德国	57.08	28.16	50.40	14.08	20.00	85.99	91.48	100.00	52.50	100.00
英国	55.05	38.32	49.19	15.76	50.00	71.78	70.53	83.34	44.38	88.88
爱尔兰	51.89	18.16	53.93	0.56	0.00	85.61	100.00	42.44	100.00	100.00
瑞典	49.54	21.12	62.00	1.36	0.00	77.97	100.00	11.87	100.00	100.00
澳大利亚	49.47	38.81	46.51	9.92	60.00	60.12	60.94	100.00	26.08	53.47
芬兰	49.16	22.60	56.93	0.88	10.00	75.71	100.00	2.84	100.00	100.00
丹麦	47.09	19.24	56.65	1.08	0.00	74.95	100.00	43.33	56.46	100.00
荷兰	44.71	21.74	52.21	3.00	10.00	67.68	100.00	8.28	62.44	100.00
法国	39.13	21.02	36.23	6.84	20.00	57.24	52.37	36.55	40.04	100.00
马耳他	38.54	16.18	48.54	0.00	0.00	60.90	100.00	0.00	43.59	100.00
比利时	34.69	15.40	44.76	1.44	0.00	53.97	72.98	3.45	39.46	100.00
塞浦路斯	28.61	16.37	48.99	0.12	0.00	40.85	72.27	0.00	28.28	62.85
斯洛文尼亚	27.83	28.25	84.48	0.28	0.00	27.41	0.00	100.00	9.65	0.00
奥地利	27.55	16.94	49.69	1.12	0.00	38.17	50.68	7.30	20.62	74.09
意大利	27.33	26.15	63.21	5.24	0.00	28.50	27.81	45.84	11.70	28.65
葡萄牙	15.16	23.58	70.07	0.68	0.00	6.75	12.33	1.54	5.40	7.71
捷克	12.50	16.30	48.91	0.00	0.00	8.69	9.86	5.21	6.69	13.02
西班牙	11.89	15.13	41.72	3.68	0.00	8.66	12.31	3.86	6.44	12.01
希腊	10.82	14.63	33.40	0.48	10.00	7.02	8.15	4.72	5.57	9.65
爱沙尼亚	10.77	21.55	64.64	0.00	0.00	0.00	0.00	0.00	0.00	0.00
斯洛伐克	10.08	12.86	38.49	0.08	0.00	7.29	10.45	18.73	0.00	0.00
沙特阿拉伯	9.64	7.57	21.32	1.40	0.00	11.71	22.87	1.36	8.06	14.56
印度	7.65	9.19	8.02	9.56	10.00	6.11	11.02	8.21	2.31	2.89
波兰	7.17	10.60	31.13	0.68	0.00	3.74	3.07	5.15	2.08	4.66
土耳其	6.88	10.00	8.76	1.24	20.00	3.77	5.61	3.56	2.70	3.22
匈牙利	6.25	12.49	37.23	0.24	0.00	0.00	0.00	0.00	0.00	0.00
立陶宛	6.19	9.30	27.91	0.00	0.00	3.07	0.00	5.46	6.82	0.00
罗马尼亚	5.63	9.86	29.11	0.48	0.00	1.39	3.20	2.37	0.00	0.00
克罗地亚	5.53	11.07	33.20	0.00	0.00	0.00	0.00	0.00	0.00	0.00
俄罗斯	3.65	2.50	6.42	1.08	0.00	4.79	4.77	12.12	0.89	1.39
巴西	3.57	6.36	8.09	1.00	0.00	0.78	0.85	1.51	0.52	0.25
保加利亚	3.39	4.65	13.95	0.00	0.00	2.14	0.00	8.55	0.00	0.00
南非	3.03	3.52	10.40	0.16	0.00	2.55	1.99	5.21	0.79	2.21
越南	1.94	3.22	8.95	0.72	0.00	0.66	0.80	1.10	0.75	0.00
拉脱维亚	1.46	2.92	8.71	0.04	0.00	0.00	0.00	0.00	0.00	0.00
墨西哥	1.36	1.92	5.60	0.16	0.00	0.81	0.00	2.27	0.35	0.61
阿根廷	0.47	0.64	1.85	0.00	0.00	0.30	0.00	0.00	0.00	1.19
印度尼西亚	0.36	0.72	2.15	0.00	0.00	0.00	0.00	0.00	0.00	0.00

图 5-1 参评国家人工智能科技研发各级指标得分情况

（注：圆形大小表示指数得分高低）

新加坡和卢森堡的优势主要体现在人均人工智能论文产出量和人均人工智能专利上。由于人口基数的原因，新加坡和卢森堡两国的人均人工智能论文产出量指标均为满分，遥遥领先于其他国家。此外，这 2 个小而精的国家非常重视人工智能专利的申请，人均人工智能专利申请量和授权量指标均为满分。但其他指标并不突出，如新加坡的人工智能全球 TOP 100 高被引论文占比排第 17 位，卢森堡的人工智能顶级论文量仅排第 36 位。

印度尼西亚、阿根廷在人工智能科技研发的所有指标上均处于落后状态。印度尼西亚与阿根廷在人工智能科技研发一级指标上分别排第 46 位与第 45 位。具体到三级指标上，印度尼西亚在大部分人工智能科技研发三级指标得分上均处于末尾，阿根廷在人工智能顶级论文量与人均 5G 专利授权量上略有起色。

（二）各地区组别概况

2022 年，全球人工智能科技研发的参评国家中包括了 10 个亚洲国家，已基本覆盖了亚洲地区经济发展水平和科技发展水平最高的国家。亚洲人工智能科技研发排前 3 位的国家分别是中国、新加坡、韩国。在 10 个参评的亚洲国家中，两极分化较为明显：中国、新加坡、韩国、以色列、日本在 46 个参评国家中排前 10 位；沙特阿拉伯、印度、土耳其、越南、印度尼西亚在 46 个参评国家中排第 30 位及以后。亚洲有 5 个国家在人工智能科技研发排名的前 10 位，这一比例在 5 个大洲中排第 1 位，大多数来自东亚经济较为发达的地区。具体如表 5-1 所示。

表 5-1 人工智能科技研发亚洲国家得分情况

国家	科技研发	排名
中国	89.09	2
新加坡	68.13	3
韩国	63.51	5
以色列	60.05	6
日本	58.90	7
沙特阿拉伯	9.64	30
印度	7.65	31

续表

国家	科技研发	排名
土耳其	6.88	33
越南	1.94	42
印度尼西亚	0.36	46

2022年，全球人工智能科技研发的参评国家中包括了29个欧洲国家，约占参评国家总数的63%，参评国家已基本覆盖了欧洲地区经济发展水平和科技发展水平最高的国家。欧洲人工智能科技研发排前3位的国家分别是卢森堡、德国、英国。欧洲有3个国家位列人工智能科技研发排名的前10位，分别为卢森堡、德国、英国，均来自西欧经济发达的国家，这一比例在5个大洲中排第2位。欧洲国家人工智能科技研发差异较大，不同层次都有国家分布，具体如表5-2所示。

表5-2 人工智能科技研发欧洲国家得分情况

国家	科技研发	排名
卢森堡	66.68	4
德国	57.08	9
英国	55.05	10
爱尔兰	51.89	11
瑞典	49.54	12
芬兰	49.16	14
丹麦	47.09	15
荷兰	44.71	16
法国	39.13	17
马耳他	38.54	18
比利时	34.69	19
塞浦路斯	28.61	20
斯洛文尼亚	27.83	21
奥地利	27.55	22

续表

国家	科技研发	排名
意大利	27.33	23
葡萄牙	15.16	24
捷克	12.50	25
西班牙	11.89	26
希腊	10.82	27
爱沙尼亚	10.77	28
斯洛伐克	10.08	29
波兰	7.17	32
匈牙利	6.25	34
立陶宛	6.19	35
罗马尼亚	5.63	36
克罗地亚	5.53	37
俄罗斯	3.65	38
保加利亚	3.39	40
拉脱维亚	1.46	43

2022年，全球人工智能科技研发的参评国家中包括了5个美洲国家，约占参评国家总数的11%，美洲国家总体发展水平差异较大。美洲人工智能科技研发得分排前3位的国家分别是美国、加拿大、巴西，其中美国和加拿大分别排46个参评国家的第1位和第8位。拉丁美洲国家与美国、加拿大的人工智能科技研发水平差距较大，拉丁美洲国家的排名均位于46个参评国家的后10位，排名分别为：巴西第39位，墨西哥第44位，阿根廷第45位，具体如表5-3所示。

表5-3 人工智能科技研发美洲国家得分情况

国家	科技研发	排名
美国	89.47	1
加拿大	58.56	8

续表

国家	科技研发	排名
巴西	3.57	39
墨西哥	1.36	44
阿根廷	0.47	45

2022年，全球人工智能科技研发的测评分别选取了大洋洲和非洲代表性国家各1个，分别为澳大利亚和南非。它们的得分及排名情况分别为：澳大利亚（49.47），排第13位；南非（3.03），排第41位，具体如表5-4所示。

表5-4 人工智能科技研发其他地区国家得分情况

国家	科技研发	排名
澳大利亚	49.47	13
南非	3.03	41

以下分别从2个不同的二级指标维度对每个地区组别国家的人工智能科技研发水平的对比，计算方法是取各地区组别国家的人工智能科技研发二级指标的均值进行差距分析。由于大洋洲、非洲2个地区仅有一个参评的国家，难以代表整个地区的科技研发水平，且大多数参评国家分布在亚洲、美洲、欧洲，因此主要对这3个地区进行的科技研发差距进行评价（图5-2）。

从人工智能学术论文维度分析，美洲的计算基础要优于亚洲与欧洲，平均分高于23分；亚洲紧随其后，平均分略高于21分；欧洲平均分则略低，仅有17.60分。

从人工智能专利维度分析，亚洲平均分遥遥领先，以52.23分排第1位，与美洲、欧洲拉开了一定的差距。美洲排第2位，欧洲排第3位，但是美洲、欧洲差距并不明显，只相差了3.14分。

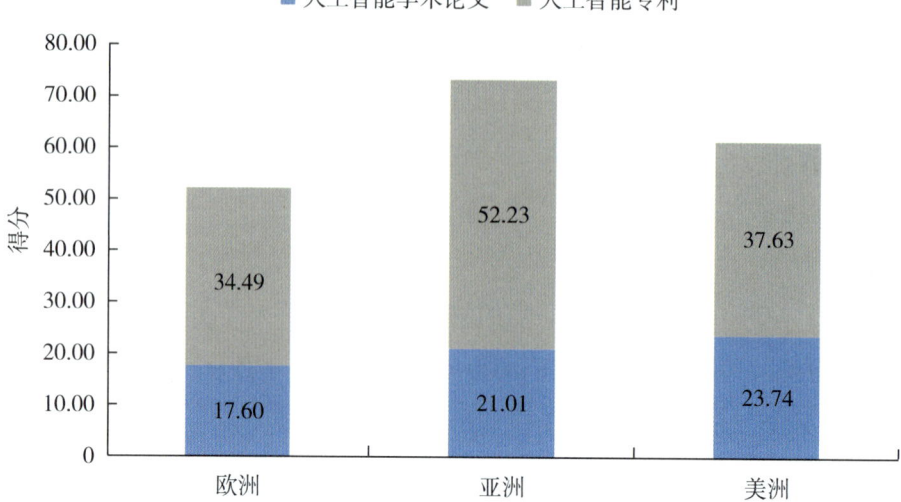

图 5-2　各地区组别国家间的人工智能科技研发二级指标得分

（三）各经济发展水平组别概况

如图 5-3 所示，发展中国家与发达国家相比，在 2 个二级指标上均存在一定的差距，尤其是在人工智能专利二级指标上差距非常悬殊。在人工智能学术论文二级指标方面，发展中国家在该项指标上的均值得分比发达国家低 14.16 分；在人工智能专利二级指标上，发展中国家与发达国家差距高达 52.96 分。由此也可以看出，发展中国家在人工智能学术和产业发展上均与发达国家存在差距，且产业领域差距更大。

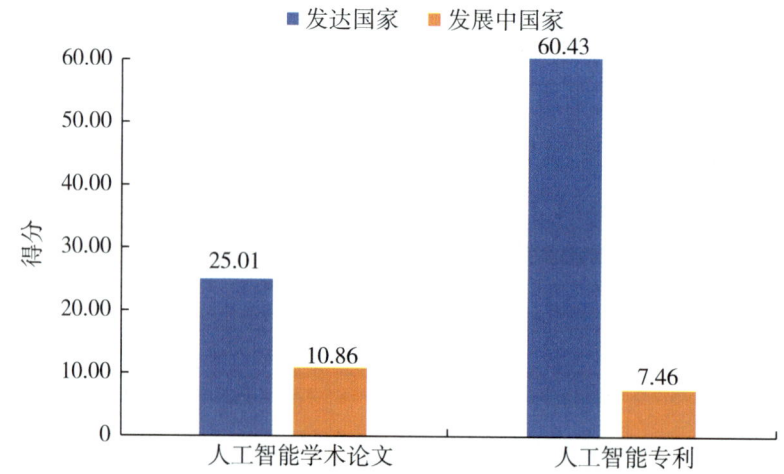

图 5-3　各经济发展水平组别国家间的人工智能科技研发二级指标得分

发展中国家与发达国家相比,在所有的三级指标方面均存在一定的差距。其中,在人均5G专利授权量指标上,发展中国家与发达国家存在的差距最大,发展中国家在该项指标上的得分为发达国家的9.89%;在人工智能顶级论文量指标上,发展中国家与发达国家差距最小,达到了发达国家的80.60%。整体而言,发展中国家在科技论文有关的三级指标上的表现,整体上要优于在专利有关三级指标上的表现(图5-4)。

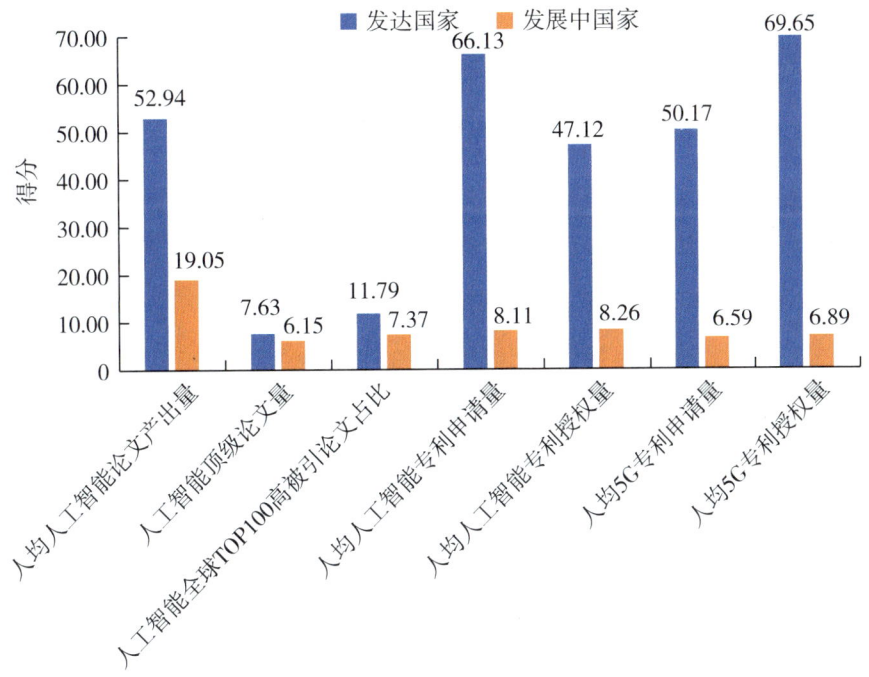

图5-4 各经济发展水平组别国家间的人工智能科技研发三级指标得分

(四)2019—2022年参评国家变化情况

本小节选取2019—2020年都包含的20个国家的人工智能科技研发得分、排名进行对比。2019—2022年,全球人工智能科技研发排名上升的国家有加拿大、中国、德国、以色列、印度、俄罗斯、美国,其中上升较快的是俄罗斯,排名上升了3位。2019—2022年,全球人工智能科技研发排名下降的国家有澳大利亚、英国、日本、韩国、墨西哥、土耳其、南非,下降幅度较大的是英国、韩国、南非,3个国家的排名都下降了2位(表5-5)。

表 5-5　2019—2022 年参评国家人工智能科技研发的对比

国家	2019 得分	2019 排名	2020 得分	2020 排名	2021 得分	2021 排名	2022 得分	2022 排名	2021—2022 排名对比	2019—2022 排名对比
阿根廷	0.32	19	1.94	16	0.16	20	0.47	19	↑1	—
澳大利亚	17.53	8	22.34	9	16.80	4	49.47	9	↓5	↓1
巴西	0.92	16	2.00	15	1.20	16	3.57	16	—	—
加拿大	18.01	7	41.09	4	13.14	7	58.56	6	↑1	↑1
中国	33.47	3	54.78	3	59.00	1	89.09	2	↓1	↑1
德国	17.17	9	37.69	5	11.14	10	57.08	7	↑3	↑2
法国	12.68	10	17.95	10	6.11	13	39.13	10	↑3	—
英国	18.21	6	24.02	7	15.66	5	55.05	8	↓3	↓2
印度尼西亚	0.01	20	0.62	20	0.24	19	0.36	20	↓1	—
以色列	19.85	5	34.06	6	6.82	12	60.05	4	↑8	↑1
印度	1.58	14	6.27	12	12.45	8	7.65	13	↓5	↑1
意大利	9.76	11	10.08	11	10.96	11	27.33	11	—	—
日本	21.83	4	23.77	8	11.75	9	58.90	5	↑4	↓1
韩国	67.25	1	55.92	2	49.74	3	63.51	3	—	↓2
墨西哥	0.84	17	1.38	18	0.88	18	1.36	18	—	↓1
俄罗斯	0.77	18	2.81	14	1.49	15	3.65	15	—	↑3
沙特阿拉伯	4.64	12	4.79	13	2.16	14	9.64	12	↑2	—
土耳其	3.69	13	1.30	19	14.78	6	6.88	14	↓8	↓1
美国	44.17	2	62.12	1	57.33	2	89.47	1	↑1	↑1
南非	0.98	15	1.62	17	0.97	17	3.03	17	—	↓2

2019—2022 年，各国人工智能科技研发的总体排名呈现出排名靠前的头部国家和末位国家均名次变化不大、中游各国则名次浮动较为明显的整体趋势：中美两国 4 年来排名始终稳居前列，领跑地位十分显著；名次相对位居下游的阿根廷、印度尼西亚等国排名也较为稳定、波动不大；而大部分名次位居中游的国家在这 4 年内的人工智能科技研发情况则出现了相对明显的浮动变化（图 5-5）。

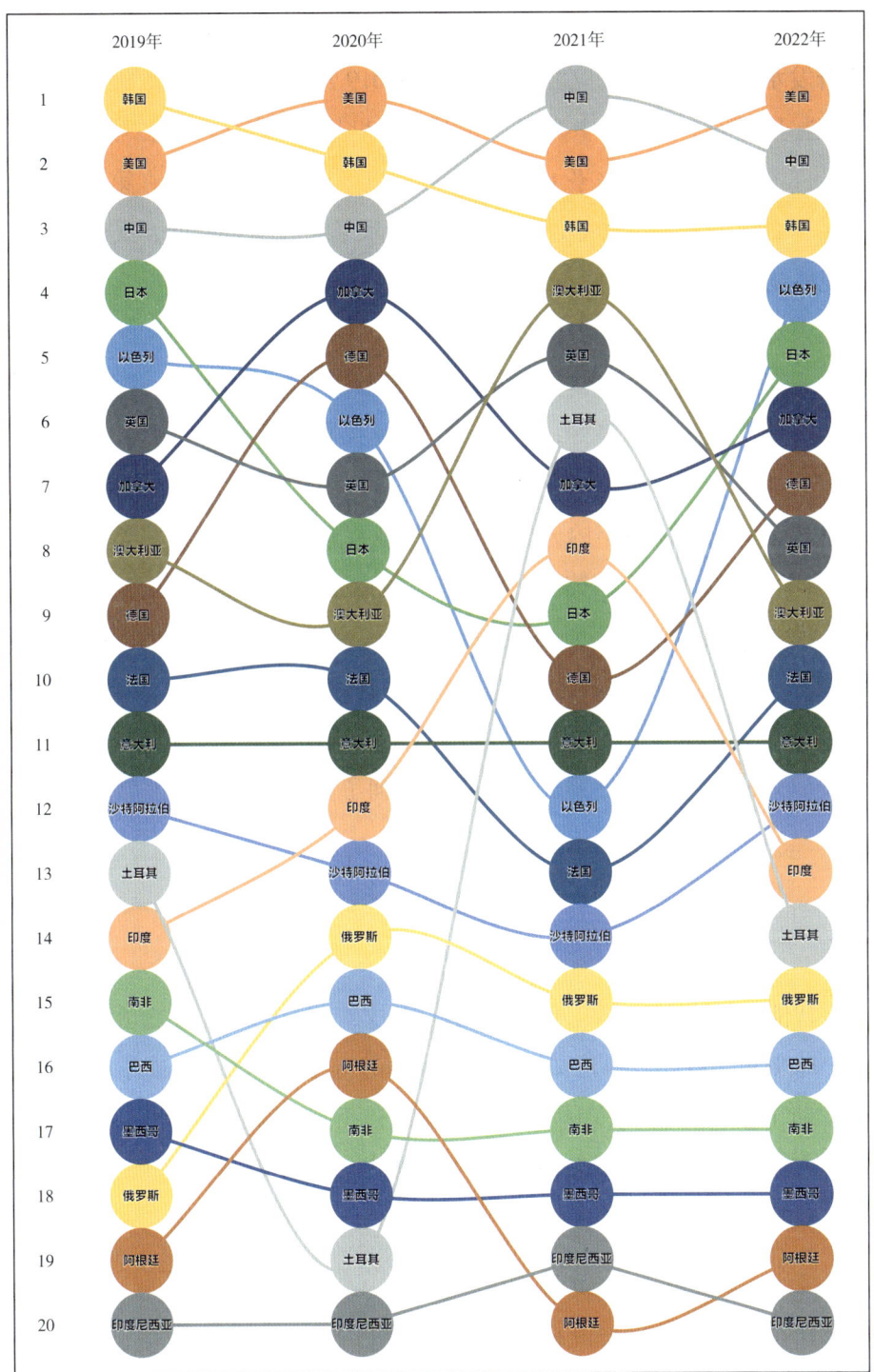

图 5-5 人工智能科技研发历年排名变化

中国、美国人工智能科技研发水平4年来稳居高位。4年来，中美两国人工智能科技研发水平始终排前3位之列。中国从2019年到2021年名次节节攀升，从第3位逐年上升至第1位，稳中有进，并保持在世界前列持续领跑；美国2020年和2022年人工智能科技研发水平上升至第1位，其余各年则均保持在第2位的位置。可以看出，4年来中美两国人工智能科技研发水平始终位居前列，展现出其扎实的人工智能科技研发实力。

名次相对位居下游的国家排名也较为稳定，基本上还处于靠后的位置。4年来，印度尼西亚在人工智能科技研发方面始终排名最后2位，墨西哥、阿根廷始终排最后5位。南非、巴西情况略好，但人工智能科技研发的排名也基本上波动在倒数五六位左右。

以色列、日本两国4年内人工智能科技研发进入低谷阶段。与头部国家的稳定领跑不同，以色列、日本等注重科技研发的发达经济体在过去2年的人工智能科技研发水平排名上进入了低谷阶段。2020年和2021年是新冠疫情的高发期，日本等国家受新冠疫情影响比较严重，经济普遍下滑，导致人工智能科技研发水平有所下降。但是，2022年，随着新冠疫情影响的减弱，两国在当年的人工智能科技研发排名上快速回暖，排名重新回到了前列，以色列排第3位，日本排第5位。

二、人工智能学术论文

人工智能学术论文主要从人均人工智能论文产出量、人工智能顶级论文量与人工智能全球TOP 100高被引论文占比3个角度进行考查。人工智能学术论文二级指标得分排前10位的国家是美国、中国、澳大利亚、英国、新加坡、卢森堡、加拿大、斯洛文尼亚、德国和韩国。美国、中国领先优势明显，与排第3位的澳大利亚拉开较大差距（图5-6）。

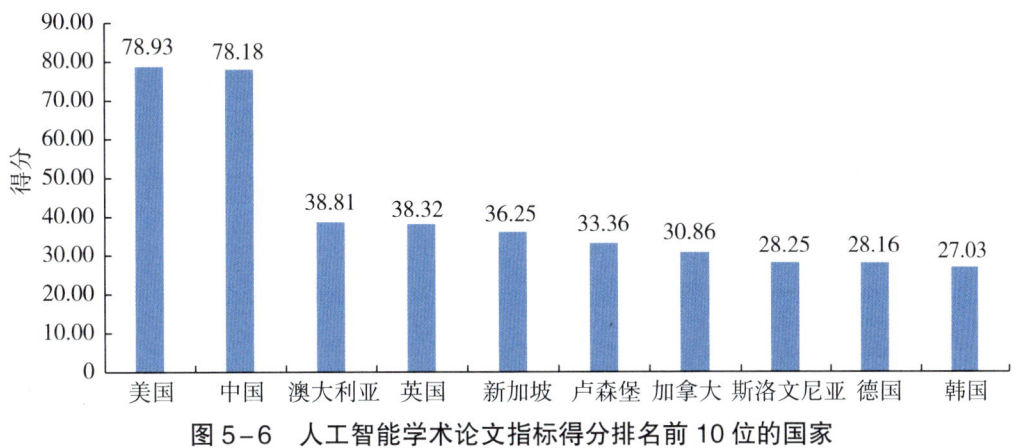

图 5-6　人工智能学术论文指标得分排名前 10 位的国家

（一）人均人工智能论文产出量

人均人工智能论文产出量是指一个国家于统计周期内发表在会议及期刊上的人工智能论文总量与本科及以上入学人口数量之比。通过对人均人工智能论文产出量进行分析研究，可以看出一个国家人工智能科技发展水平（图 5-7）。

全球人工智能论文产出分布不均，发达经济体排名靠前。以人均人工智能论文产出量的角度来看，数据标准化后排前 15 位的国家中仅有爱沙尼亚不属于经济发达国家。卢森堡、新加坡和马耳他等小国，虽论文产出总量不多，但因为国家体量小而有明显较高的人均论文产出；而排名末位则全部为发展中国家。反映出经济发展水平对人工智能学术论文产出具有影响，大部分发展中国家研究实力还有待增强。

卢森堡与新加坡人均人工智能论文产出量领先优势明显。卢森堡和新加坡每百万本科及以上入学人口人工智能论文产出量为 16 333.43 篇和 9250.75 篇，标准化后得分均为 100.00 分，排名均为第 1 位。排第 3 位的斯洛文尼亚每百万本科及以上入学人口人工智能论文产出量为 4224.18 篇，仅占到卢森堡的 26%、新加坡的 46% 左右。卢森堡和新加坡拥有众多优秀的人工智能科学家和技术人员，学术产出能力在全球较为领先，在人均人工智能产出量上具有明显的优势。

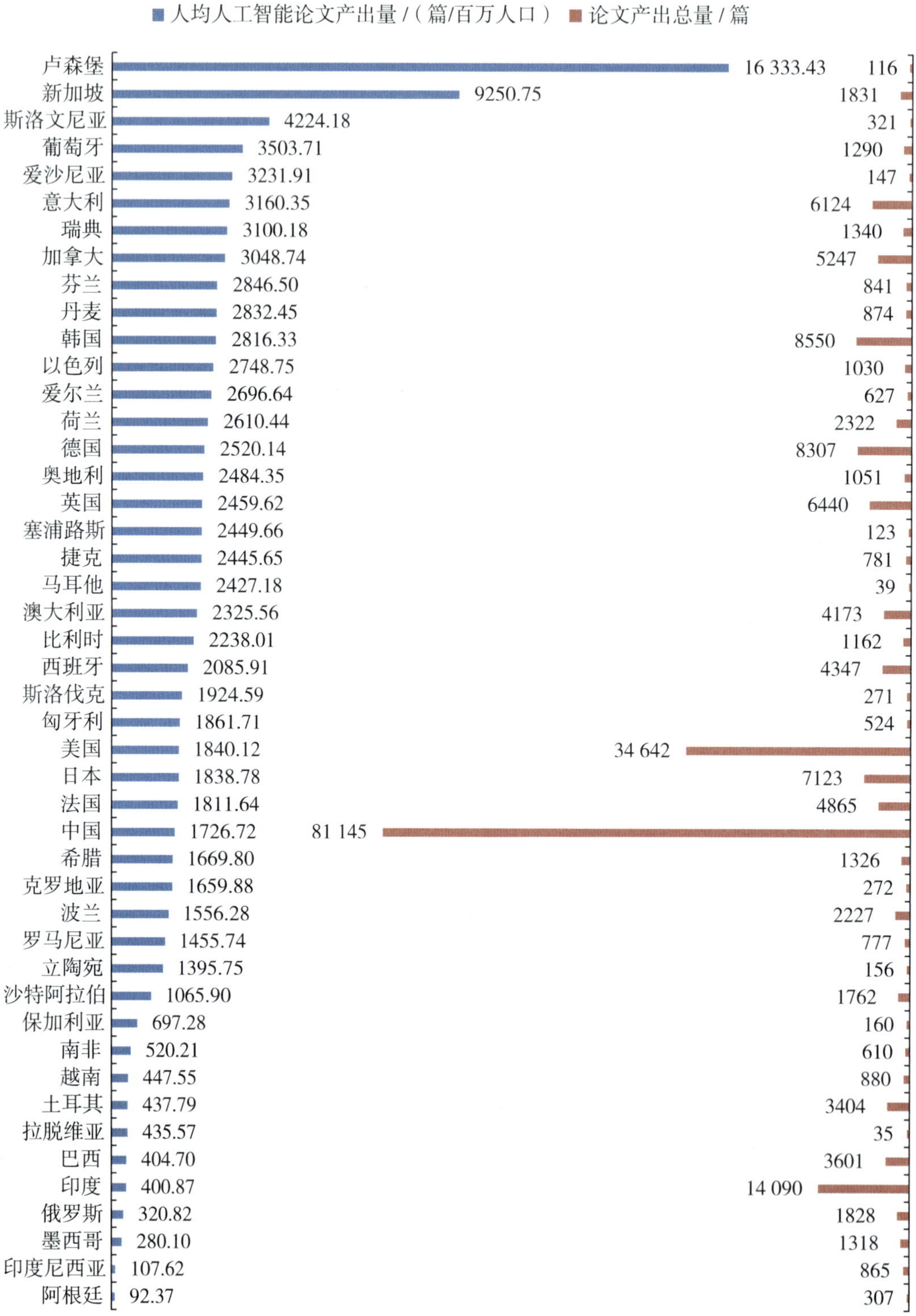

国家	人均人工智能论文产出量/(篇/百万人口)	论文产出总量/篇
卢森堡	16 333.43	116
新加坡	9250.75	1831
斯洛文尼亚	4224.18	321
葡萄牙	3503.71	1290
爱沙尼亚	3231.91	147
意大利	3160.35	6124
瑞典	3100.18	1340
加拿大	3048.74	5247
芬兰	2846.50	841
丹麦	2832.45	874
韩国	2816.33	8550
以色列	2748.75	1030
爱尔兰	2696.64	627
荷兰	2610.44	2322
德国	2520.14	8307
奥地利	2484.35	1051
英国	2459.62	6440
塞浦路斯	2449.66	123
捷克	2445.65	781
马耳他	2427.18	39
澳大利亚	2325.56	4173
比利时	2238.01	1162
西班牙	2085.91	4347
斯洛伐克	1924.59	271
匈牙利	1861.71	524
美国	1840.12	34 642
日本	1838.78	7123
法国	1811.64	4865
中国	1726.72	81 145
希腊	1669.80	1326
克罗地亚	1659.88	272
波兰	1556.28	2227
罗马尼亚	1455.74	777
立陶宛	1395.75	156
沙特阿拉伯	1065.90	1762
保加利亚	697.28	160
南非	520.21	610
越南	447.55	880
土耳其	437.79	3404
拉脱维亚	435.57	35
巴西	404.70	3601
印度	400.87	14 090
俄罗斯	320.82	1828
墨西哥	280.10	1318
印度尼西亚	107.62	865
阿根廷	92.37	307

图 5-7　参评国家的人工智能论文产出量情况

中国、美国和印度因为人口基数大，虽然占据论文发表总量排前3位，但人均人工智能论文产出量排名都不高。美国、中国和印度的论文产出总量都超过14 000篇，明显领先于排第4位、总产出量8550篇的韩国。但是这3个国家的人口都较多，每百万本科及以上入学人口人工智能论文产出量分别为1840.12篇、1726.72篇和400.87篇，在46个国家里排第26位、第29位和第42位，削弱了人工智能论文产出总量的优势。

※ 人工智能论文主题、机构分析

人工智能研究主要研究集中在计算机科学与工程电子领域，但是跨学科、多领域融合的研究也在增多，引起了其他领域的研究范式转变。图5-8是WOS数据库中2021年人工智能学术论文的学科主题分布情况。从图中可以看出，人工智能论文的学科主题分布比较广泛，集中在工程、电气和电子（Engineering Electrical Electronic）和计算机科学人工智能（Computer Science Artificial Intelligence）等领域，同时也涉及应用物理（Physics Applied）、环境科学（Environmental Sciences）、地球科学（Geosciences Multidisciplinary）、能源燃料（Energy Fuels）等多个学科主题。

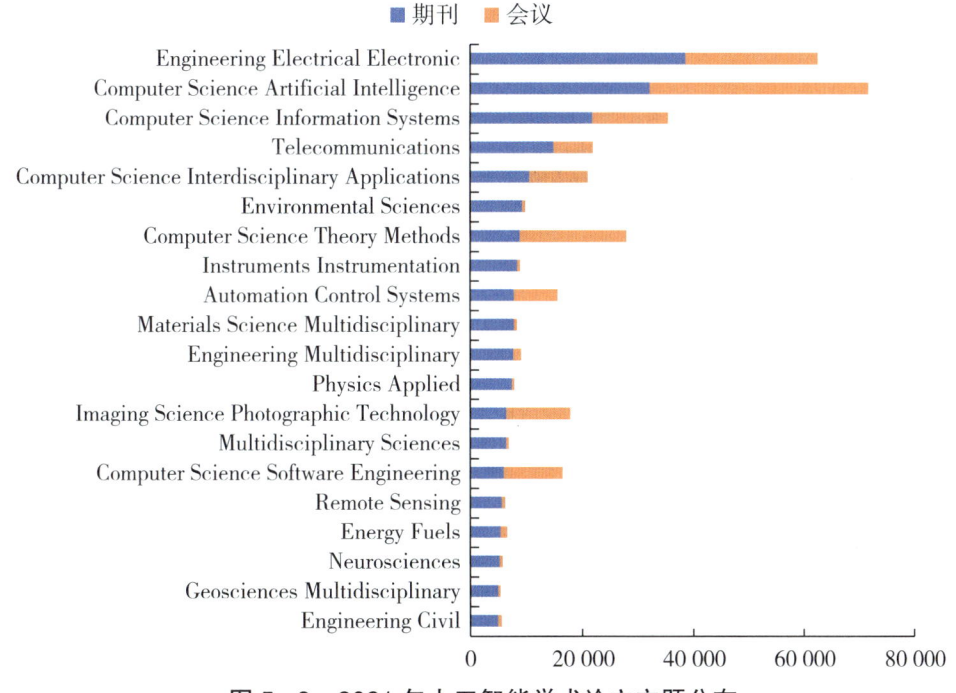

图5-8 2021年人工智能学术论文主题分布

世界各国的高等院校、科研院所是人工智能研究的主力军。由表5-6和表5-7可知，各国的人工智能学术论文主要来自于高等院校校与科研院所。在国外高等院校与科研院所中，一般理工和技术类大学的表现要优于综合性大学。除美国外，各国国立高等院校表现优于私立院校。不同国家人工智能期刊论文与会议论文产出较高的机构基本比较一致。

表5-6 人工智能会议论文产出机构

中国	美国	其他国家
中国科学院	卡内基梅隆大学	法国国家科学研究中心
中国科学院大学	佐治亚理工学院	印度理工学院
清华大学	斯坦福大学	伦敦大学
上海交通大学	加州大学伯克利分校	苏黎世联邦理工学院
浙江大学	约翰斯·霍普金斯大学	南洋理工大学
北京大学	南加利福尼亚大学	新加坡国立大学
中国科学技术大学	北卡罗来纳大学	东京大学
北京航空航天大学	马里兰大学	韩国科学技术院
哈尔滨工业大学	得克萨斯大学奥斯汀分校	牛津大学
香港中文大学	加州大学圣地亚哥分校	帝国理工学院

表5-7 人工智能期刊论文产出机构

中国	美国	其他国家
中国科学院	哈佛大学	法国国家科学研究中心
中国科学院大学	北卡罗来纳大学	印度理工学院
浙江大学	麻省理工学院	伦敦大学
清华大学	密歇根大学	阿扎德大学
上海交通大学	佐治亚理工学院	南洋理工大学
哈尔滨工业大学	约翰斯·霍普金斯大学	新加坡国立大学
武汉大学	宾夕法尼亚大学	韩国科学技术院
杭州电子科技大学	华盛顿大学	悉尼科技大学
电子科技大学	加州大学圣地亚哥分校	延世大学
东南大学	哥伦比亚大学	阿卜杜勒阿齐兹国王大学

（二）人工智能顶级论文量

人工智能顶级论文量是指一个国家于统计周期内在人工智能顶级期刊和会议上发表的论文总数。其中，顶级期刊为 Web of Science《期刊引证报告》（Journal Citation Reports™，JCR）人工智能类别中影响因子排前 5% 的期刊，顶级会议是中国计算机学会推荐的学术会议（人工智能）A 类会议，包括 AAAI（美国人工智能协会年会）、CVPR（IEEE 国际计算机视觉与模式识别会议）、ICCV（国际计算机视觉大会）、ICML（国际机器学习大会）、IJCAI（国际人工智能联合会议）、NeurIPS（神经信息处理系统大会）、NIPS（神经信息处理系统进展大会）和 ACL（计算语言学协会年会）。人工智能顶级期刊与会议是最新科研成果与发展趋势的集中体现，这一指标反映了一国科研人员在人工智能学术方面的竞争力。

中美领先优势明显，尤其中国表现出较强的研究实力。中国顶级论文数量为 4181 篇，排第 1 位，相较第 2 位的美国（顶级论文数量 2675 篇）多出超过 1000 篇的顶级论文，而排第 3 位和第 4 位的英国和韩国则分别为 394 篇和 369 篇，与中国和美国差距甚远。在人工智能顶级论文数量上，中美两国与人均人工智能论文产出量排名靠前的卢森堡、斯洛文尼亚等国家存在数量级上的差距（图 5-9）。

国家间顶级论文数量差距较大，2/3 的参评国家人工智能顶级论文数量不足百篇，而顶级论文产出量后 1/3 的国家只有个位数的顶级论文。印度尼西亚、保加利亚、克罗地亚、捷克、爱沙尼亚、立陶宛与马耳他 7 个参评国家在此项统计值上均为零，体现出在顶级人工智能研究领域上存在着几个优势国家独大的情形。

欧洲国家顶级论文数量表现不佳，并且不同国家存在较大差异。相较于人均人工智能论文产出量排名前 10 位中占 8 席的优良表现，欧洲国家在顶级论文的数量上表现不尽如人意，仅有英国、德国与法国 3 个欧洲国家排名前 10 位之内。其中，人均论文产出量居第 1 位的卢森堡只有 2 篇顶级论文产出，同样排名人均人工智能论文产出量前 10 位的爱沙尼亚甚至在统计期间没有任何顶级论文，与英国、德国与法国存在较大差异。

图 5-9 参评国家人工智能顶级论文量（仅显示数量大于 0 的国家数据）

各国顶级会议论文数量普遍比顶级期刊论文数量多，也有国家相对重视期刊论文的发表。如图 5-10 所示，很多国家顶级期刊论文数量远低于顶级会议论文数量。美国的顶级论文总量低于中国，但顶级会议论文比中国多 70 篇左右，排名顶级会议论文的第 1 位。斯洛文尼亚、土耳其、西班牙、中国的顶级论文中，顶级会议论文占比相对比较高，占比在 40%~70%。

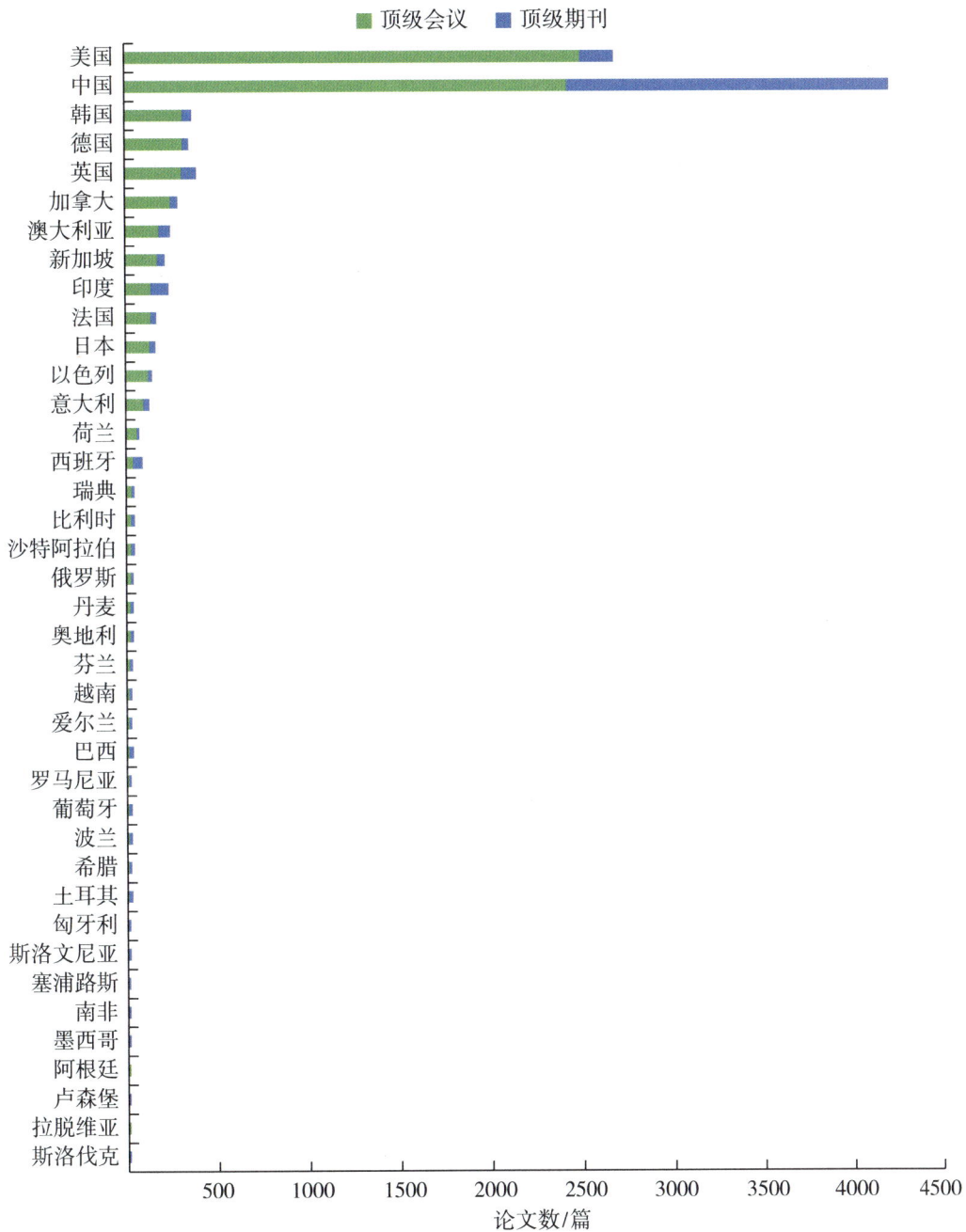

图 5-10 参评国家人工智能顶级期刊、会议论文分布
（仅显示数量大于 0 的国家数据）

（三）人工智能全球 TOP 100 高被引论文占比

人工智能全球 TOP 100 高被引论文占比是指一个国家于统计周期内发表的被引次数排名全球前 100 的论文数[①]占参评国家入选论文总数的比例，这一指标可以体现出一国在人工智能领域的科研影响力。

人工智能全球 TOP 100 高被引论文主要集中在中国和美国。46 个参评国家共有 16 个国家也就是大约 1/3 的参评国家发表的论文入选人工智能全球 TOP 100 高被引论文排行。其中，共有 48 篇 TOP 100 的文章来自中国，有 15 篇 TOP 100 的文章来美国，中美两国 TOP 100 的文章总和在 TOP 100 中占比超过 3/5，显示出中美两国人工智能论文不仅在量上颇具优势，在"质"上也全面领先（图 5-11）。

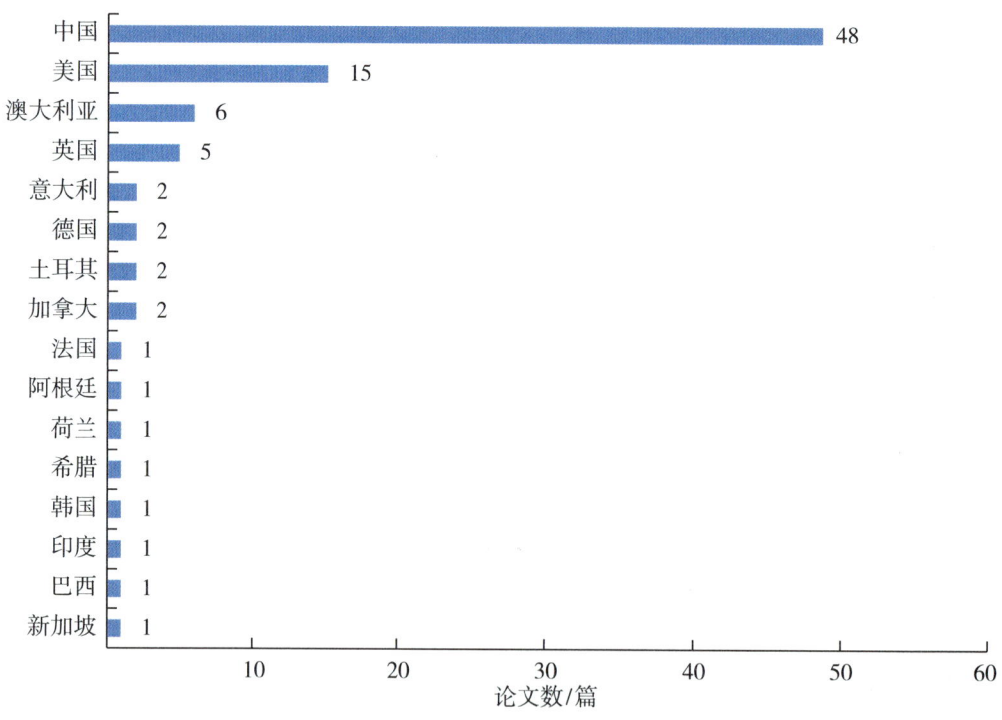

图 5-11 人工智能全球 TOP 100 高被引论文的国别分布情况
（仅显示数量大于 0 的国家）

人工智能全球 TOP 100 高被引论文上榜的多为发达国家，约 2/3 的参评国家榜上无名。除中国（48 篇）、土耳其（2 篇）、巴西（1 篇）和印度（1 篇）以外，人

---

① 论文的所属国家根据第一作者的国籍确定。

工智能全球TOP 100高被引论文分属美国（15篇）、澳大利亚（6篇）、英国（5篇）、加拿大（2篇）、德国（2篇）、法国（1篇）、意大利（2篇）、韩国（1篇）、希腊（1篇）、荷兰（1篇）这12个发达国家。这一情况说明了人工智能的高质量论文与经济发展水平息息相关，也同时表现出地区性的人工智能学术水平存在一定差异。

※ 论文国家合作网络分析

人工智能全球TOP 100高被引论文中，中国学者的国际合作论文占比较高。2021年，人工智能全球TOP 100高被引论文中，中国学者参与的论文共有48篇，其中，由中国学者独立完成的论文为21篇，由中国学者与国外学者合作完成的论文为27篇，国际合作论文占比为56.25%，合作完成的论文比例基本上与之前持平，反映出了中国学者在人工智能学术研究方面的水平和能力在国际上较受其他国家的认可。

中国与美国的论文合作最为紧密。如图5-12所示，2021年，中国学者跟19个国家的学者有合作关系，既有美国、日本、韩国等人工智能发展水平排名较为靠前的国家，也有科威特、卡塔尔等人工智能发展相对不充分的国家。其中，中国学者与美国学者合作最为紧密，合作篇数达13篇，与去年基本持平。

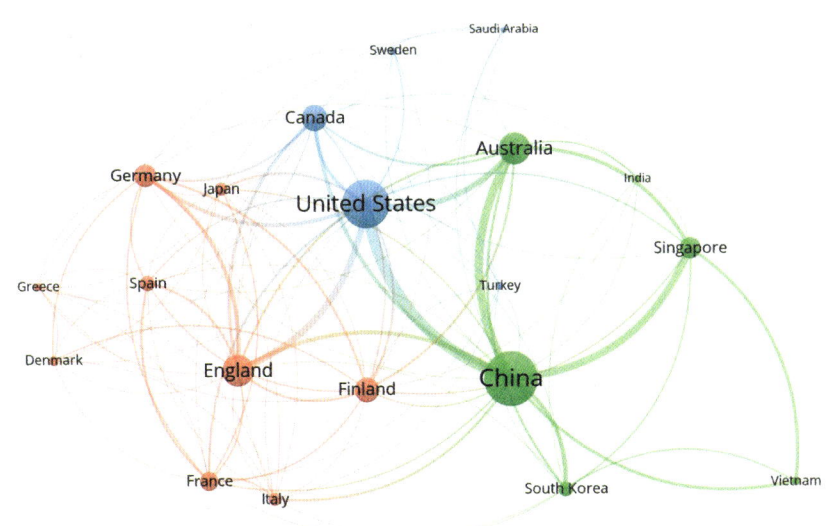

图5-12 2021年人工智能全球TOP 100高被引论文作者的国家合作网络

三、人工智能专利

人工智能专利，主要从人均人工智能专利申请量、人均人工智能专利授权量、人均 5G 专利申请量、人均 5G 专利授权量 4 个角度进行考查。在人工智能专利二级指标得分上，中国、日本、韩国、美国、新加坡、以色列与卢森堡以 100.00 分并列第一，加拿大、德国、爱尔兰分别以 86.26 分、85.99 分、85.61 分紧跟在后（图 5-13）。

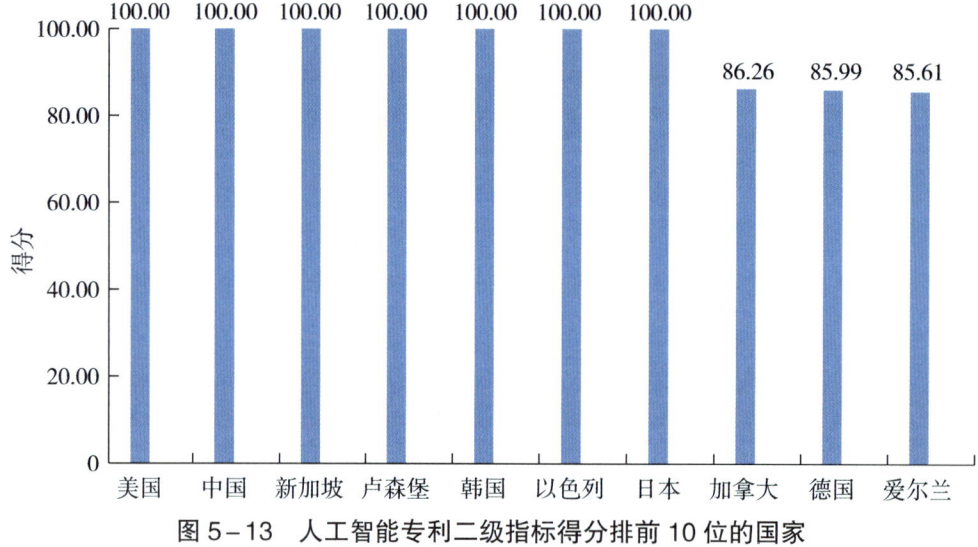

图 5-13 人工智能专利二级指标得分排前 10 位的国家

（一）人均人工智能专利申请量

人均人工智能专利申请量是指一个国家在一个统计周期内人工智能专利申请数量与该国劳动人口数量之比。专利是技术发展及应用水平的重要体现，能够促进先进科学技术尽快转化为生产力，促进国民经济的发展。人均人工智能专利申请量能直观体现出一国创新主体在人工智能领域的研发活力。

在人工智能专利申请量方面，中国、美国在总量指标和人均指标上均处于前列。在总量方面中国表现非常亮眼，以 162 860 项专利申请量远超排第 2 位的美国（50 323 项）。虽然中国与美国的人口基数都比较大，在计算人均指标时存在着一定劣势，但是两国在人均指标上仍处于上游水平，人均专利申请量分别高达 205.61 项/百万劳动人口与 305.37 项/百万劳动人口。

在人均人工智能专利申请量方面，可以看出国际上重视人工智能发展并且目前存着一定优势的国家，在人均人工智能专利申请量均表现不俗。其中，中国、美国、日本、以色列、韩国、新加坡、芬兰的每百万劳动人口的人工智能专利申请量都超过或者接近200项。以色列因其小国寡民，人均人工智能专利申请量在46个参评国家中最高，达到了373.16项。美国以305.37项的人均人工智能专利申请量紧随其后（图5-14）。

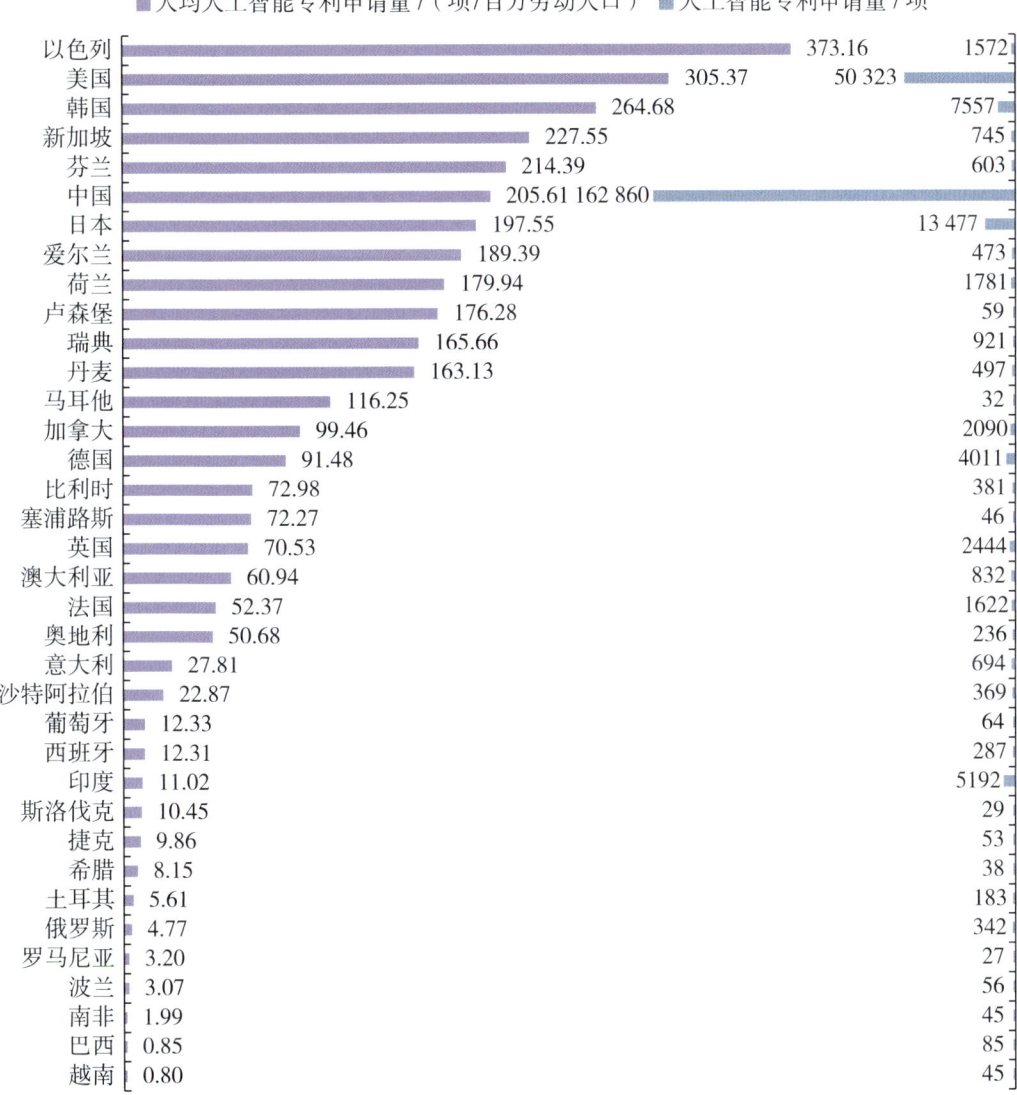

图5-14 参评国家人工智能专利申请总量与人均专利申请量

（仅显示申请量大于0的国家数据）

在人工智能专利申请总量与人均人工智能专利申请量方面，不同区域差异巨大，整体上中东欧、非洲、东南亚与拉丁美洲地区处于相对弱势地位。在人工智能专利申请量46国排名中，处于后15位的国家中，有7个国家（包括保加利亚、克罗地亚、爱沙尼亚、匈牙利、拉脱维亚、立陶宛、斯洛文尼亚）来自于中东欧地区，3个国家（巴西、阿根廷、墨西哥）来自于拉丁美洲地区，2个国家（越南、印度尼西亚）来自于东南亚地区，1个国家（南非）来自于非洲地区。

※ 人工智能专利申请的学科分布

人工智能专利主要集中在仪器科学与仪表学、工程学和计算机科学领域。如图5-15所示，2021年人工智能专利申请中仪器科学与仪表学、工程学、计算机科学3个学科的占比最高。同时，人工智能专利申请涉及几十个领域，包括化学、光学、生物学等基础学科，学科交叉性很强。

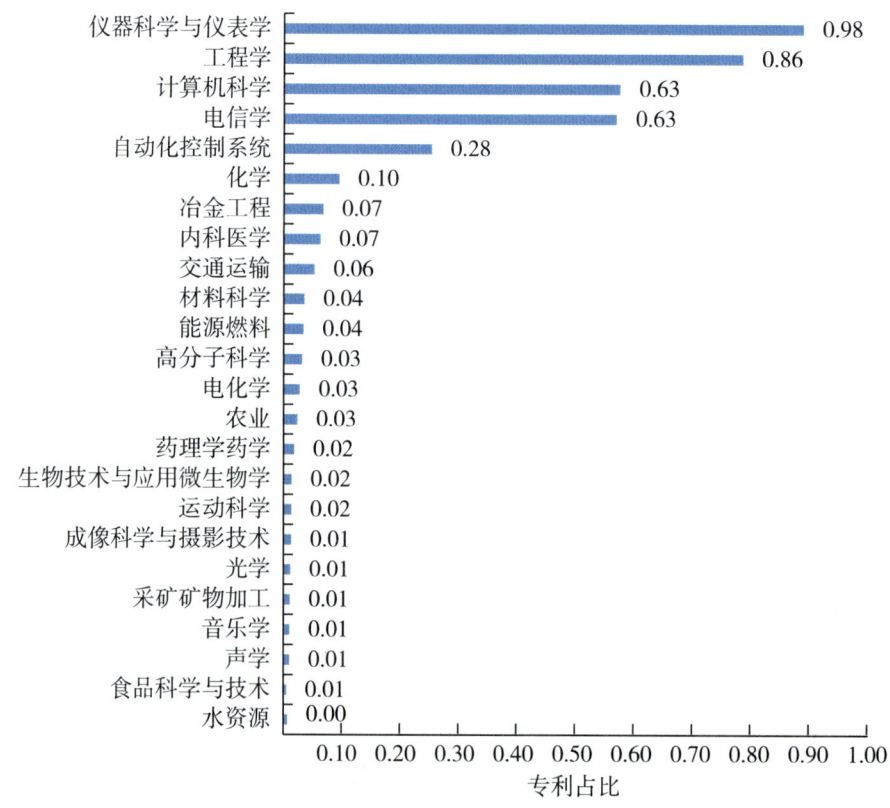

图 5-15　人工智能专利申请学科分布情况

（二）人均人工智能专利授权量

人均人工智能专利授权量是指一个国家在一个统计周期内人工智能专利授权数量与该国劳动人口数量之比。在所有申请的专利中，只有具备一定的新颖性、创造性和实用性，才会获得授权，因此专利授权量是更具含金量的指标，更能体现出人工智能核心技术的研发能力，另外也可以从侧面反映出该国家政策与法律对人工智能的科技研发活动的支持度。图5-16展示了参评国家人工智能专利授权量的情况。

从人工智能专利授权量看，美中两国人工智能专利授权量分别排第1位和第2位，并且与其他国家相比遥遥领先。美国的人工智能专利授权总量以66 457项遥遥领先，中国以65 040项授权专利紧随其后，人工智能专利授权量排第3位的德国仅有6503项，与中美两国存在数量级上的巨大差异，仅为中美两国的人工智能专利授权总量的1/10左右。各个参评国家在人工智能专利授权量上相距甚远，46个参评国家中有8个国家人工智能专利授权量为0，剩下38个参评国家中有23个国家，即大约3/5的参评国家人工智能专利授权量不超过100项。

从人均人工智能专利授权量来看，美国以403.27项排名参评国家第一位。中国由于人口众多，在人工智能专利授权总量名列前茅的情况下，人均人工智能专利授权量仅为82.11项，与人口较少的卢森堡（382.44项）、澳大利亚（221.20项）、德国（148.31项）、以色列（272.75项）、韩国（132.81项）与新加坡（164.63项）相比，在人均人工智能专利授权量上仍然存在一定差距。

在人均人工智能专利授权量方面，具有优势的地域主要集中在欧洲、亚洲、北美洲。人均人工智能专利授权量大于20项的国家中，有7个国家（卢森堡、德国、斯洛文尼亚、英国、意大利、丹麦、爱尔兰）来自欧洲，有4个国家（新加坡、韩国、日本、中国）来自亚洲，有2个国家（美国、加拿大）来自北美洲。

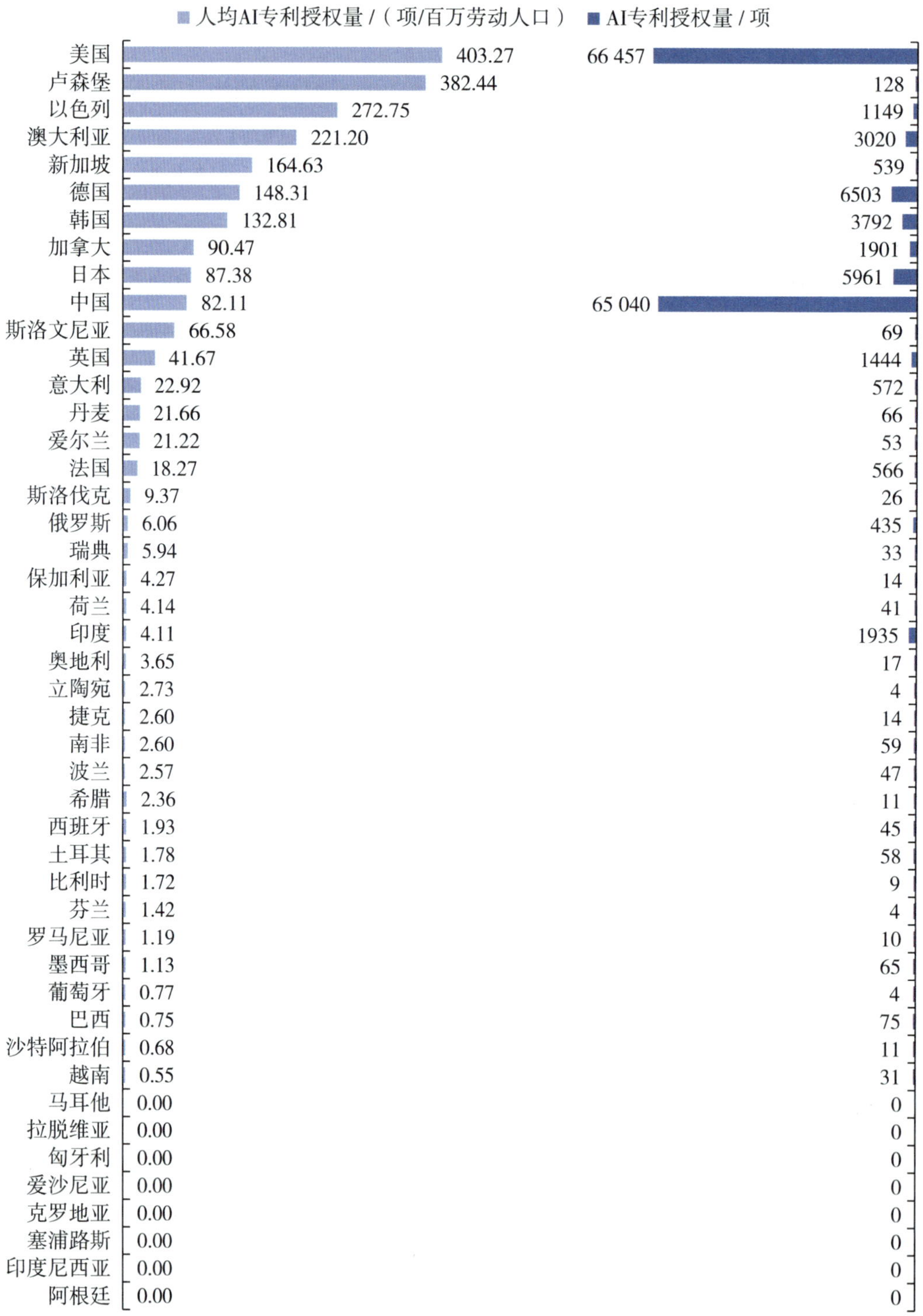

国家	人均AI专利授权量/（项/百万劳动人口）	AI专利授权量/项
美国	403.27	66 457
卢森堡	382.44	128
以色列	272.75	1149
澳大利亚	221.20	3020
新加坡	164.63	539
德国	148.31	6503
韩国	132.81	3792
加拿大	90.47	1901
日本	87.38	5961
中国	82.11	65 040
斯洛文尼亚	66.58	69
英国	41.67	1444
意大利	22.92	572
丹麦	21.66	66
爱尔兰	21.22	53
法国	18.27	566
斯洛伐克	9.37	26
俄罗斯	6.06	435
瑞典	5.94	33
保加利亚	4.27	14
荷兰	4.14	41
印度	4.11	1935
奥地利	3.65	17
立陶宛	2.73	4
捷克	2.60	14
南非	2.60	59
波兰	2.57	47
希腊	2.36	11
西班牙	1.93	45
土耳其	1.78	58
比利时	1.72	9
芬兰	1.42	4
罗马尼亚	1.19	10
墨西哥	1.13	65
葡萄牙	0.77	4
巴西	0.75	75
沙特阿拉伯	0.68	11
越南	0.55	31
马耳他	0.00	0
拉脱维亚	0.00	0
匈牙利	0.00	0
爱沙尼亚	0.00	0
克罗地亚	0.00	0
塞浦路斯	0.00	0
印度尼西亚	0.00	0
阿根廷	0.00	0

图 5-16 参评国家人工智能专利授权量与人均人工智能专利授权量

※ 人工智能授权专利中的国家合作网络

图 5-17 反映了人工智能授权专利中的国家合作网络，图中节点大小表示度中心度，即反映一国在人工智能授权专利国际合作网络中的重要性。从图中可以看出，美国在专利国家合作网络中居于核心位置，英国、德国等欧美国家的度中心度也较高，表明欧美国家十分重视国际合作。亚洲国家中，印度、中国、日本的度中心度排前 3 位。

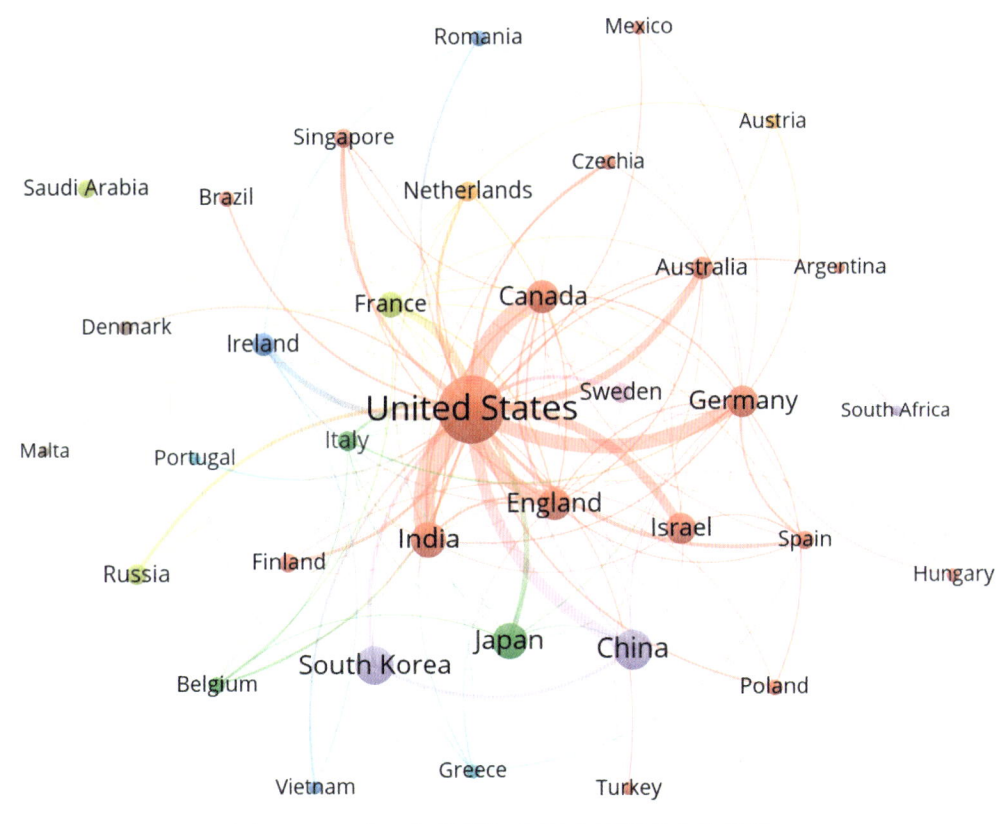

图 5-17　人工智能授权专利中的国家合作网络

从合作对象看，美国和世界上所有开展人工智能研究的国家大部分都有合作。而中国的主要合作国家是美国，与其他国家的合作相对则较少。

※ 人工智能授权专利所属主要机构

美国拥有若干卓越的人工智能创新主体，东亚国家的创新主体专利表现突出。如表 5-8 所示，中、日、韩 3 个国家的企业和高校具有较强的专利研发能力。在人工智能授权专利所属的主要机构中，前 10 名机构中有 1 家来自中国，2 家来自韩国，2 家来自日本，剩余 5 家都来自美国。分国别看，美国、日本人工智能专利授权量排前 10 位的机构都是企业，而中国除企业外还有高校作为专利创新主体。这在一定程度上表明了中国和美国、日本在人工智能领域的专利起源、专利转化路径方面存在一定的差异，值得关注和进一步研究。

表 5-8 人工智能授权专利所属的主要机构（前 10 名）

全球机构	授权数量/项
IBM 公司	3244
三星电子公司	3075
佳能株式会社	2036
微软技术许可有限责任公司	1801
腾讯科技（深圳）有限公司	1638
LG 电子公司	1210
谷歌有限责任公司	1186
英特尔公司	1164
亚马逊科技公司	1103
索尼公司	1032
中国机构	授权数量/项
腾讯科技（深圳）有限公司	1638
华为技术有限公司	722
国家电网公司	356
OPPO 广东移动通信有限公司	345
百度在线网络技术（北京）有限公司	293
北京百度网讯科技有限公司	248
清华大学	242

续表

中国机构	授权数量/项
浙江大学	236
京东方科技集团股份有限公司	227
腾讯科技（深圳）有限公司	1638

美国机构	授权数量/项
IBM公司	3244
微软技术许可有限责任公司	1801
谷歌有限责任公司	1186
英特尔公司	1164
亚马逊科技公司	1103
苹果公司	823
高通股份有限公司	785
美国电话电报公司	627
福特全球技术公司	566
波音公司	560

韩国机构	授权数量/项
佳能株式会社	2036
索尼公司	1032
丰田自动车株式会社	680
日本电气株式会社	502
理光株式会社	487
富士胶片株式会社	408
本田技研工业株式会社	403
发那科株式会社	402
松下知识产权经营株式会社	400
三菱电机株式会社	360

（三）人均5G专利申请量

人均5G专利申请量是指一个国家在一个统计周期内5G专利申请数量与该国劳动人口数量之比。5G作为与人工智能密切相关的技术，其发展水平也将影响到人工智能技术本身的研发。因此，将5G专利也作为国家人工智能专利研发能力的衡量指标之一（图5-18）。

芬兰、瑞典人均5G专利申请量领先优势明显，中国在5G专利申请总量上具有绝对优势。芬兰人均5G专利申请量为388.61项，排第1位，排第2位的瑞典人均5G专利申请量为327.19项。排在之后的新加坡、美国、韩国、日本、中国人均5G专利申请量均小于300项，其中美国、韩国、日本、中国的人均5G专利申请量不足芬兰的1/3，但是中国以79 979项在5G专利申请总量上遥遥领先排在其后的美国（20 780项）与日本（7357项）。

发展中国家逐渐在5G领域丧失优势，发达国家在5G专利申请总量、人均5G专利申请量上具有绝对优势。在人均5G专利申请量排前20位的国家中，仅有中国1个国家是发展中国家，其余19个国家是发达国家。而2021年有6个发展中国家在人均5G专利申请量上排前20位。在5G专利申请总量排前20位的国家中，除了中国以外，还包括发展中国家印度。

亚洲国家、欧洲国家在5G专利申请总量上表现突出。从总量上看，5G专利申请总量排前10位的国家中有4个为亚洲国家、5个为欧洲国家，4个亚洲国家分别是中国、日本、韩国、新加坡，5个欧洲国家分别瑞典、德国、芬兰、英国、法国。从中可以看出，亚洲与欧洲整体上的5G研发能力较强，在全球5G的研究中较为领先。

（四）人均5G专利授权量

人均5G专利授权量是指一个国家在一个统计周期内5G专利授权数量与该国劳动人口数量之比。人均5G专利授权量可以反映5G专利申请的质量，体现出一个国家5G技术的发展水平（图5-19）。

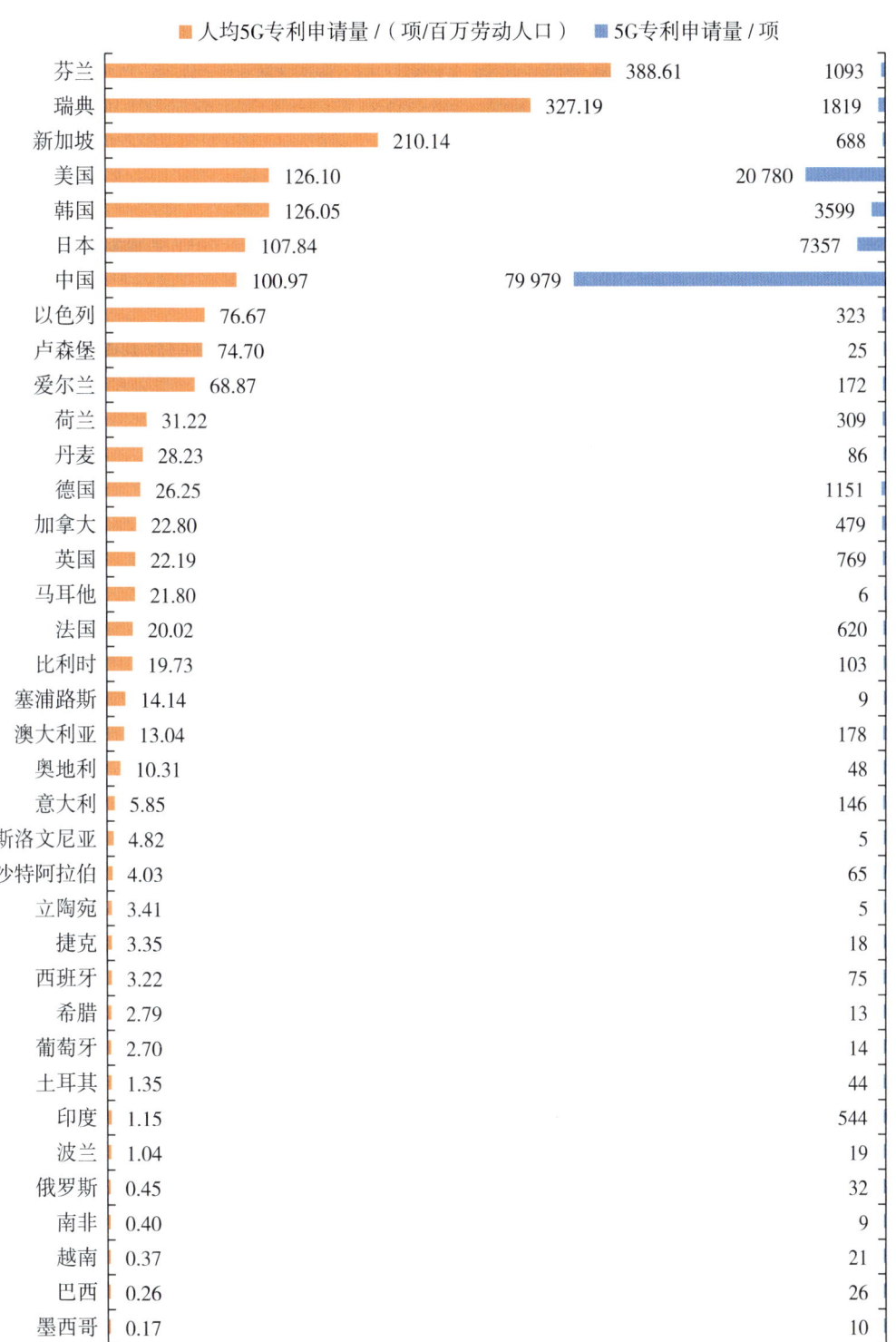

图 5-18 5G 专利申请总量与人均 5G 专利申请量（仅显示申请量大于 0 的国家）

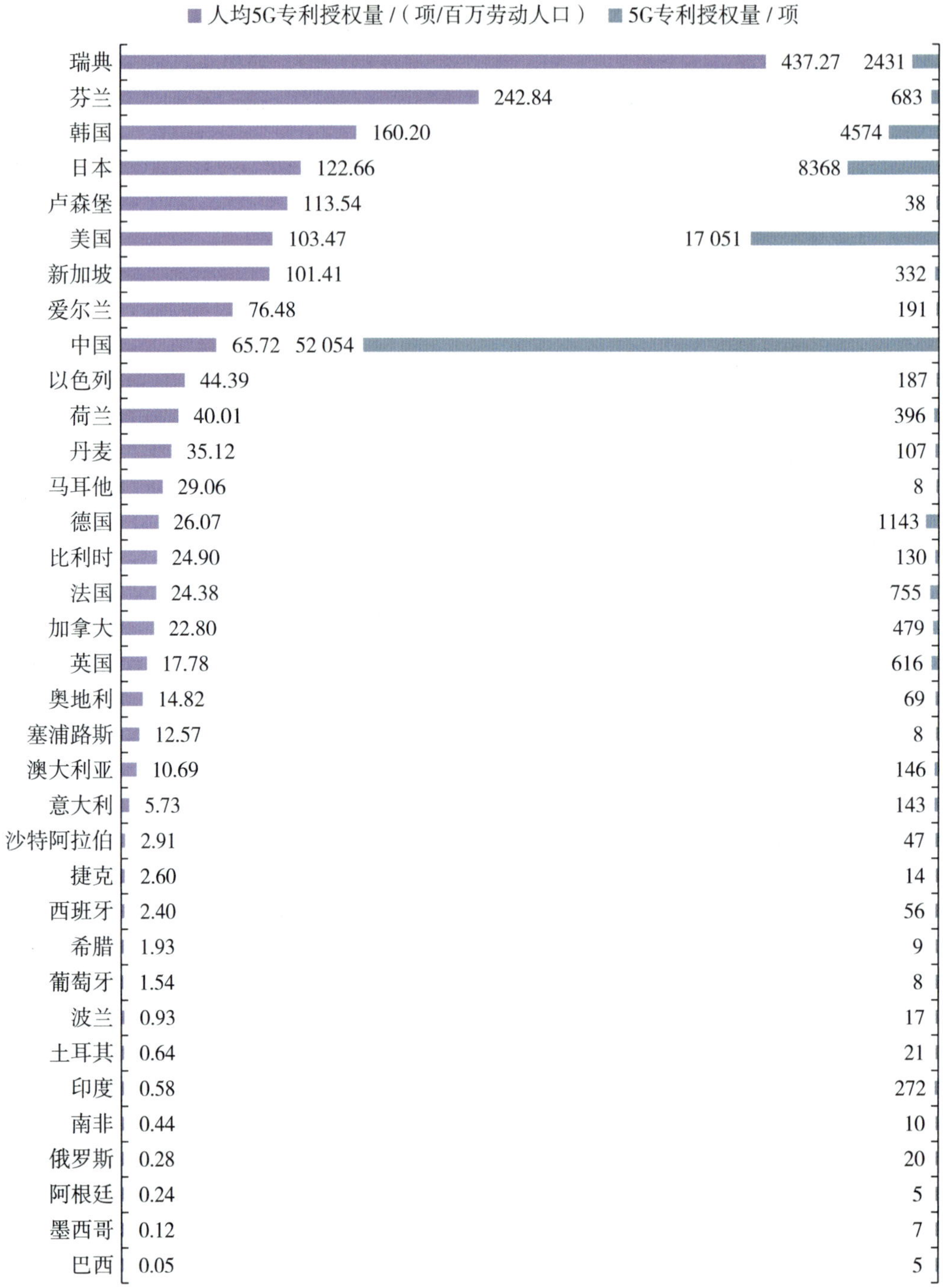

国家	人均5G专利授权量/(项/百万劳动人口)	5G专利授权量/项
瑞典	437.27	2431
芬兰	242.84	683
韩国	160.20	4574
日本	122.66	8368
卢森堡	113.54	38
美国	103.47	17 051
新加坡	101.41	332
爱尔兰	76.48	191
中国	65.72	52 054
以色列	44.39	187
荷兰	40.01	396
丹麦	35.12	107
马耳他	29.06	8
德国	26.07	1143
比利时	24.90	130
法国	24.38	755
加拿大	22.80	479
英国	17.78	616
奥地利	14.82	69
塞浦路斯	12.57	8
澳大利亚	10.69	146
意大利	5.73	143
沙特阿拉伯	2.91	47
捷克	2.60	14
西班牙	2.40	56
希腊	1.93	9
葡萄牙	1.54	8
波兰	0.93	17
土耳其	0.64	21
印度	0.58	272
南非	0.44	10
俄罗斯	0.28	20
阿根廷	0.24	5
墨西哥	0.12	7
巴西	0.05	5

图 5-19　5G 专利授权量与人均 5G 专利授权量

（仅显示授权量大于 0 的国家）

在 5G 专利授权总量方面，美国、韩国、中国延续 2021 年蓬勃发展的势头。中国以 52 024 项授权总量排第 1 位；排第 2 位的美国拥有 17 051 项授权专利；日本以 8368 项赶超 2021 年的第 3 位韩国；韩国 2022 年则以 4574 项排第 4 位。

在人均 5G 专利授权量方面，总量分别排第 5 位和第 8 位的瑞典、芬兰分别以 437.27 项，242.84 项的成绩跻身前 2 位，且和第 3 位韩国（160.20 项）第 4 位日本（122.66 项）之间存在一定差距。可以看出北欧国家在通信产业的领先发展与持续优势。另外，在人工智能其他科技发展领域指标表现没有特别突出的瑞典与芬兰在 5G 相关领域存在自己的独特优势，这与两国都拥有自己通信领域的巨头公司存在一定关联（瑞典的爱立信公司与芬兰的诺基亚公司）。

总体而言，2022 年许多参评国家在人均 5G 专利授权量方面都呈现出迅猛增长的趋势。例如，美国的人均 5G 专利授权量达到每百万劳动人口 103.47 项，中国达到了每百万劳动人口 65.72 项，相比于 2021 年都有 10 倍以上的较大增长幅度。一些国家也在 5G 专利授权量上有所突破，打破了之前的零授权的情况，如南非（10 项）、希腊（9 项）、阿根廷（5 项）、墨西哥（7 项）等国，与 2021 年相比，今年都在 5G 专利授权量实现了从无到有的突破，如图 5-19 所示。

※5G 专利授权所属的主要机构

中国、美国和韩国企业是主要的 5G 专利贡献者。如表 5-9 所示，在全球 5G 专利授权量排前 10 位的机构中，2 家来自韩国，3 家来自中国，4 家来自美国，1 家来自瑞典。

表 5-9　全球 5G 专利授权量排前 10 位的机构

全球机构	授权数量/项
华为技术有限公司	5622
高通股份有限公司	2798
瑞典爱立信有限公司	2278
三星电子株式会社	2166
LG 电子株式会社	1503

续表

全球机构	授权数量/项
OPPO广东移动通信有限公司	1476
英特尔公司	1377
苹果公司	1125
维沃移动通信有限公司	859
美国电话电报公司	655

企业是中国5G专利研发的主力军,其中华为一家独大。如表5-10所示,在中国5G专利授权量最多的10家机构中,企业占有9席,仅有1家是高校。在9家5G专利授权较多的企业中,华为一家企业授权的5G相关专利要比后面8家企业授权专利的总和还要多,具有极强的技术研发能力。

表5-10 中国5G专利授权量排前10位的机构

中国机构	授权数量/项
华为技术有限公司	5622
OPPO广东移动通信有限公司	1476
Vivo移动通信有限公司	859
大唐移动通信设备有限公司	612
中兴通讯股份有限公司	590
北京小米移动软件有限公司	484
腾讯科技(深圳)有限公司	425
思科技术公司	396
中国移动通信集团有限公司	345
江南大学	294

※5G 专利授权中的国家合作网络

图 5-20 展示出了 5G 授权专利中的国家合作网络。从图中可以看出，美国在 5G 授权专利国家合作网络度中心度最高，是 5G 专利合作中最核心的国家，与大部分参评国家都存在专利合作关系。此外，中国、韩国等的网络度中心度也很高，也是中心结点，在 5G 专利国际合作中扮演着非常重要的角色。

与人工智能专利授权中的国家合作网络相比，目前在 5G 领域美国并未形成绝对优势，中国与韩国在 5G 专利的合作中，也占据着非常核心的位置，日本、瑞典、芬兰、英国与印度在 5G 专利授权合作网络中也占处于优势地位。值得注意的是，虽然美国的 5G 专利授权约占中国 5G 专利授权的 1/3，韩国约占中国的 1/10，但是在 5G 专利授权国家合作网络中，中国并没有明显合作优势，或与美国对中国 5G 产业的制裁存在着一定关系。

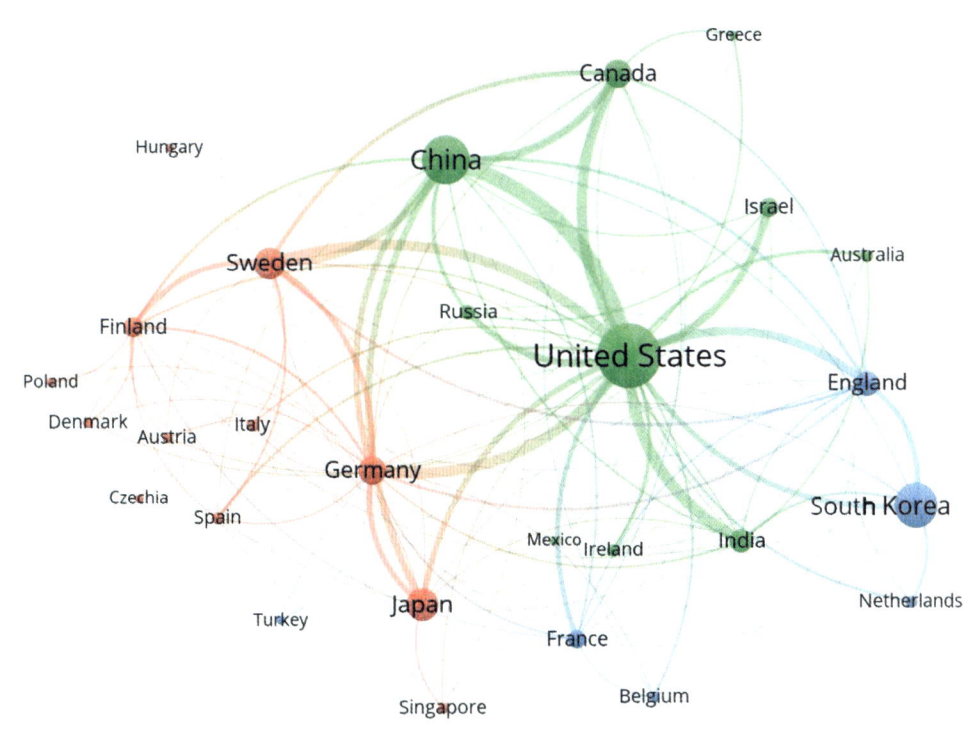

图 5-20　2022 年 5G 专利授权中的国家合作网络

第六章
人工智能产业与应用

随着全球范围内人工智能技术的迅猛崛起，其日新月异的产业化过程和不断突破边界的应用拓展，无疑深刻影响和改变着当代世界的经济、政治、军事、文化及社会生活等方方面面。可以预期，在持续性数据科学演进、算法算力突破、场景积累迭代、生态优化开放、平台服务提升的助力下，人工智能将成为未来生活模式的一部分。本章结合最新实际，从人工智能产业和人工智能应用2个方面，对各国人工智能产业和应用的特点、布局及未来趋势等发展情况予以评价。

一、人工智能产业与应用总体情况

在本章的研究中，笔者将人工智能产业与应用设定为一级指标，包含了人工智能产业和人工智能应用2个二级评价指标。其中，人工智能产业二级指标由人工智能企业数量、人工智能企业平均融资金额、人工智能上市企业数量、人工智能从业人员人口参与率4个三级指标构成；人工智能应用二级指标由集成电路盈利水平和物联网TOP 100企业占比2个三级指标构成。

（一）2022年整体情况

绝大多数国家的人工智能产业与应用有待发展。仅有美国和中国的人工智能产业与应用发展水平较好，得分超过50分，参评国家中有34个国家得分低于10分（图6-1）。

第六章
人工智能产业与应用

国家	人工智能产业与应用	人工智能产业					人工智能应用		
		产业	企业数量	企业平均融资金额	上市企业数量	从业人员人口参与率	应用	集成电路盈利水平	物联网TOP 100企业占比
美国	60.10	67.04	100.00	70.26	87.00	10.90	53.15	6.30	100.00
中国	50.16	75.09	99.70	100.00	100.00	0.64	25.23	0.46	50.00
德国	36.36	20.97	50.30	30.59	1.00	1.98	51.76	3.52	100.00
英国	28.82	36.21	97.20	28.52	13.00	6.13	21.43	2.86	40.00
日本	24.26	15.42	25.90	19.09	15.00	1.68	33.09	6.19	60.00
印度	18.53	30.80	100.00	19.67	3.00	0.52	6.27	2.53	10.00
法国	18.47	20.33	40.40	30.83	7.00	3.08	16.61	3.22	30.00
加拿大	18.31	30.18	60.30	29.39	23.00	8.05	6.44	2.87	10.00
以色列	15.39	29.15	42.40	45.58	11.00	17.62	1.62	3.25	0.00
新加坡	15.13	27.61	28.90	47.57	1.00	32.99	2.65	5.30	0.00
韩国	12.94	14.24	16.80	37.20	2.00	0.98	11.63	13.25	10.00
荷兰	10.46	9.49	18.50	15.00	0.00	4.47	11.42	2.85	20.00
爱尔兰	10.38	8.54	6.10	16.09	1.00	10.96	12.21	4.43	20.00
西班牙	9.80	8.14	23.40	7.36	0.00	1.81	11.46	2.91	0.00
澳大利亚	9.17	11.87	20.00	12.66	10.00	4.82	6.48	2.96	0.00
瑞典	7.42	8.39	11.20	11.70	4.00	6.68	6.45	2.90	10.00
沙特阿拉伯	6.84	12.21	13.50	25.66	2.00	7.69	1.47	2.94	0.00
比利时	6.63	11.85	7.40	37.47	0.00	2.52	1.42	2.83	0.00
南非	6.38	11.29	16.80	27.06	1.00	0.31	1.47	2.95	0.00
芬兰	5.96	5.46	7.90	9.91	0.00	4.04	6.46	2.93	10.00
巴西	5.31	9.23	25.80	9.97	0.00	1.17	1.39	2.78	0.00
希腊	5.04	8.61	2.90	30.83	0.00	0.69	1.47	2.95	0.00
丹麦	4.83	8.19	7.50	22.17	0.00	3.11	1.47	2.94	0.00
葡萄牙	4.69	7.92	4.70	25.74	0.00	1.25	1.46	2.92	0.00
波兰	3.91	6.54	13.00	7.67	3.00	2.50	1.28	2.56	0.00
意大利	3.61	5.77	15.20	5.76	1.00	1.13	1.45	2.91	0.00
奥地利	3.59	5.72	6.10	15.28	0.00	1.48	1.46	2.91	0.00
越南	3.26	4.98	3.60	16.10	0.00	0.22	1.54	3.08	0.00
匈牙利	3.13	4.97	2.20	17.27	0.00	0.43	1.28	2.55	0.00
捷克	2.75	4.20	5.00	7.00	0.00	4.79	1.30	2.60	0.00
爱沙尼亚	2.39	3.32	1.70	5.78	0.00	5.80	1.46	2.92	0.00
塞浦路斯	2.27	3.07	1.10	8.35	0.00	2.84	1.47	2.95	0.00
俄罗斯	2.23	3.01	8.70	2.96	0.00	0.37	1.44	2.89	0.00
克罗地亚	2.17	2.87	0.50	10.38	0.00	0.61	1.47	2.95	0.00
印度尼西亚	2.12	2.77	4.00	7.04	0.00	0.03	1.48	2.95	0.00
马耳他	2.08	2.66	1.00	6.42	0.00	3.23	1.50	2.99	0.00
卢森堡	1.94	2.41	1.00	5.08	1.00	2.57	1.47	2.95	0.00
土耳其	1.86	2.27	6.80	1.90	0.00	0.37	1.46	2.91	0.00
罗马尼亚	1.66	1.91	2.90	4.25	0.00	0.48	1.41	2.83	0.00
阿根廷	1.44	1.41	3.40	2.01	0.00	0.25	1.47	2.95	0.00
斯洛伐克	1.43	1.40	1.50	3.61	0.00	0.51	1.45	2.91	0.00
立陶宛	1.38	1.29	1.70	1.64	0.00	1.83	1.47	2.94	0.00
墨西哥	1.33	2.65	5.90	4.48	0.00	0.23	0.00	0.00	0.00
斯洛文尼亚	1.24	1.00	0.60	2.90	0.00	0.51	1.47	2.94	0.00
拉脱维亚	1.19	0.91	0.80	1.82	0.00	1.01	1.47	2.94	0.00
保加利亚	1.12	0.76	0.90	1.40	0.00	0.75	1.47	2.95	0.00

图6-1 各个参评国家的人工智能产业与应用各级指标得分情况

（注：圆形大小表示指数得分高低）

亚洲国家人工智能产业与行业应用发展势头强劲。产业与应用一级指标排前10位的国家中亚洲国家占一半席位，包括中国、日本、印度、以色列、新加坡。中国和印度在人工智能企业数量、人工智能企业平均融资额等指标上位居前列，新加坡和以色列人工智能从业人口参与率较高，日本的物联网 TOP 100 企业数量较多。

各国呈现出明显不均衡的梯队阵型分布，强者恒强、弱者愈弱的基本格局进一步强化和固化。美国居于领头羊地位，绝大多数指标保持遥遥领先态势。中国整体表现仅次于美国，尤其是 2022 年在人工智能产业排名上后来居上超过美国，但在人工智能应用上尤其是集成电路盈利水平上，落后于大多数人工智能产业与应用排名靠前的国家，存在明显的发展短板。德国、英国、法国、日本、加拿大的人工智能企业数量、平均融资额和集成电路盈利水平都比较靠前。印度 2022 年度人工智能企业数量大幅上升，这也是其 2022 年人工智能指数排名相比 2021 年大幅上升的原因之一。

（二）各地区组别概况

亚洲人工智能产业与应用指标排前 3 位的国家分别是中国、日本、印度。值得关注的是在 10 个参评的亚洲国家中有 40%（4 个）的国家人工智能产业与应用指标排 46 个参评国家的前 10 位，分别为中国、日本、印度和以色列，这一比例在 5 个大洲中排第 1 位，具体如表 6-1 所示。

表 6-1　亚洲国家人工智能产业与应用得分情况

国家	产业与应用	排名
中国	50.16	2
日本	24.26	5
印度	18.53	6
以色列	15.39	9
新加坡	15.13	10
韩国	12.94	11
沙特阿拉伯	6.84	17

续表

国家	产业与应用	排名
越南	3.26	28
印度尼西亚	2.12	35
土耳其	1.86	38

2022 年，全球人工智能产业与应用指标的参评国家中包括了 29 个欧洲国家，占参评国家总数的 63%，参评国家已基本覆盖了欧洲地区经济发展水平和科技发展水平最高的国家，欧洲国家人工智能产业与应用总体指标得分较去年明显下降。欧洲人工智能产业与应用指标排前 3 位的国家分别是德国、英国、法国，且这 3 个国家在 46 个参评国家中的排名居前 10 位。欧洲国家人工智能产业与应用发展水平较为均衡，人工智能产业与应用得分呈现正态分布，排名主要分布在第 10～40 位。在所有的欧洲参评国家中，排前 10 位的国家均来自西欧经济发达国家，分别为德国、英国、法国、荷兰、爱尔兰、西班牙、瑞典、比利时、芬兰、希腊，具体如表 6-2 所示。

表 6-2 欧洲国家人工智能产业与应用得分情况

国家	产业与应用	排名
德国	36.36	3
英国	28.82	4
法国	18.47	7
荷兰	10.46	12
爱尔兰	10.38	13
西班牙	9.80	14
瑞典	7.42	16
比利时	6.63	18
芬兰	5.96	20
希腊	5.04	22

续表

国家	产业与应用	排名
丹麦	4.83	23
葡萄牙	4.69	24
波兰	3.91	25
意大利	3.61	26
奥地利	3.59	27
匈牙利	3.13	29
捷克	2.75	30
爱沙尼亚	2.39	31
塞浦路斯	2.27	32
俄罗斯	2.23	33
克罗地亚	2.17	34
马耳他	2.08	36
卢森堡	1.94	37
罗马尼亚	1.66	39
斯洛伐克	1.43	41
立陶宛	1.38	42
斯洛文尼亚	1.24	44
拉脱维亚	1.19	45
保加利亚	1.12	46

2022年，全球人工智能产业与应用指标的参评国家中包括了5个美洲国家，约占参评国家总数的10%，美洲国家总体发展水平差异较大，分别从南美洲、北美洲选取了代表性的国家进行评测，美洲国家人工智能产业与应用总体得分较去年明显下降。美洲国家人工智能产业与应用排前3位的国家分别是美国、加拿大、巴西，其中美国和加拿大分别排46个参评国家的第1位和第3位。南北美洲国家

第六章 人工智能产业与应用

人工智能产业与应用水平差距较大，南美洲国家在46个参评国家的排名基本处于第24位之后，排名分别为巴西第24位，墨西哥第25位，阿根廷第42位，具体如表6-3所示。

表6-3 美洲国家人工智能产业与应用得分情况

国家	产业与应用	排名
美国	60.10	1
加拿大	18.31	3
巴西	5.31	24
墨西哥	1.33	25
阿根廷	1.44	42

2022年，全球人工智能产业与应用指标的测评分别选取了大洋洲和非洲代表性国家各1个，分别为澳大利亚和南非。它们的得分及排名情况分别为：澳大利亚（9.17），排第15位；南非（6.38），排第19位，具体如表6-4所示。

表6-4 其他地区国家人工智能产业与应用得分情况

国家	产业与应用	排名
澳大利亚	9.17	15
南非	6.38	19

以下是分别从5个不同的三级指标维度对每个地区组别国家的人工智能产业与应用的对比，计算方法是取各地区组别国家的人工智能产业与应用三级指标的均值进行差距分析，其中大洋洲的均值为澳大利亚的各三级指标的得分，非洲的均值为南非的各三级指标的得分（图6-2）。

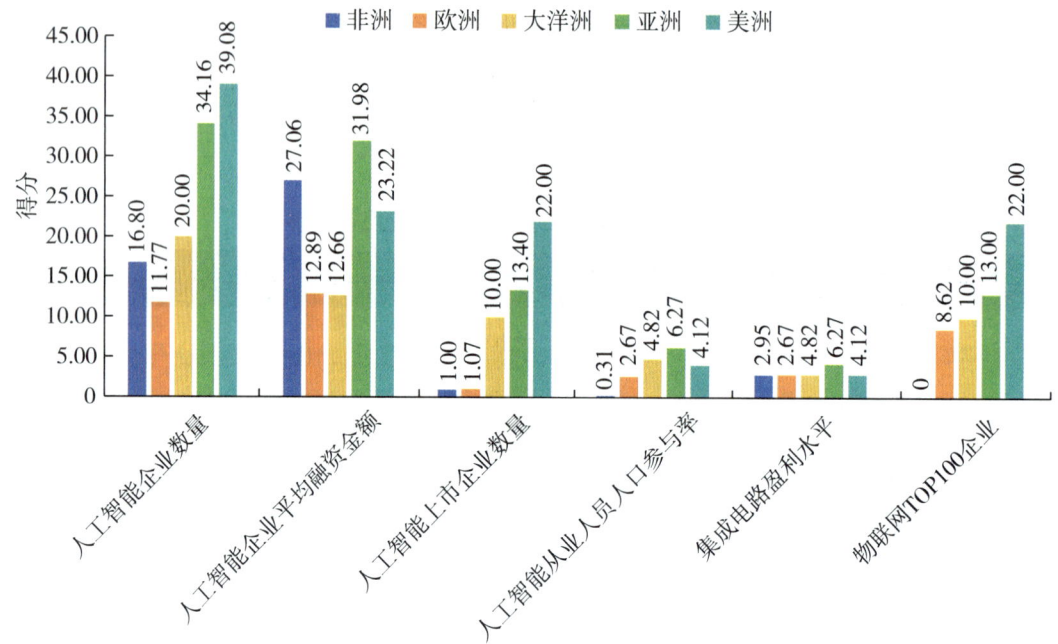

图6-2 各地区组别国家间的人工智能产业与应用三级指标得分

从人工智能企业数量维度分析，各地区组别国家的均值排序分别为美洲、亚洲、大洋洲、非洲、欧洲。除美洲外，亚洲的人工智能企业数量要明显优于其他3个地区，而欧洲是5个地区中人工智能企业数量最少的区域。

从人工智能企业平均融资金额维度分析，各地区组别国家的均值排序分别为亚洲、非洲、美洲、欧洲、大洋洲。亚洲在该项指标上的优势最大，非洲和美洲之间的差距较小，而大洋洲是5个地区中人工智能企业平均融资金额最少的区域。

从人工智能上市企业数量维度分析，各地区组别国家的均值排序分别为美洲、亚洲、大洋洲、欧洲、非洲。其中，美洲国家在该项指标上位于榜首，优势显著。欧洲、非洲2个地区的得分较为接近，差距较小，但是与美洲、亚洲、大洋洲3个地区存在较大的差距。

从人工智能从业人员人口参与率分析，各地区组别国家的均值排序分别为亚洲、大洋洲、美洲、欧洲、非洲。其中，亚洲国家在该项指标上位于榜首，与其他4个地区拉开了一定的差距，而大洋洲和美洲国家在该项指标方面的差距较小。非洲国家是5个地区中最差的区域。

从集成电路盈利水平分析，各地区组别国家的均值排序分别为亚洲、美洲、欧洲、大洋洲、非洲。其中，亚洲的集成电路盈利水平要明显优于其他 4 个地区，美洲、欧洲、大洋洲和非洲在这一指标上的差距较小。

从物联网 TOP 100 企业占比分析，各地区组别国家的均值排序分别为美洲、亚洲、大洋洲、欧洲、非洲。其中，美洲国家的物联网 TOP 100 企业占比远高于其他 4 个地区，非洲在该指标上的得分为 0。

（三）各经济发展水平组别概况

如图 6-3 所示，发展中国家与发达国家相比，在 2 个二级指标方面均存在一定的差距。其中，在人工智能产业方面，发展中国家在该项指标上的得分仅为发达国家的 67.40%；在人工智能应用方面，发展中国家在该项指标上的得分仅为发达国家的 28.68%。

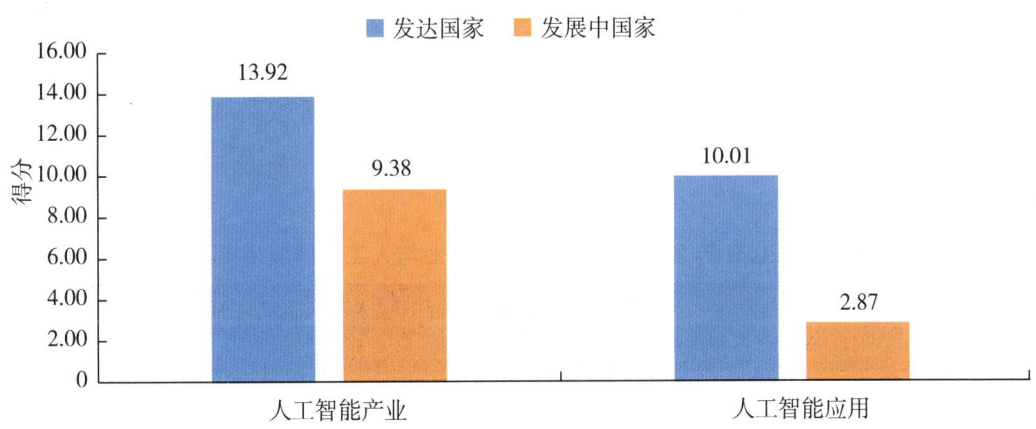

图 6-3　各经济发展水平组别国家间的人工智能产业与人工智能应用指标得分

如图 6-4 所示，发展中国家与发达国家相比，在 6 个三级指标方面均存在一定的差距。其中，在物联网 TOP 100 企业占比方面，发展中国家与发达国家存在的差距最大，发展中国家在该项指标上的得分仅为发达国家的 19.38%；发展中国家与发达国家差距最小的指标为人工智能上市企业数量，发展中国家在该项指标上的得分为发达国家的 87.51%。

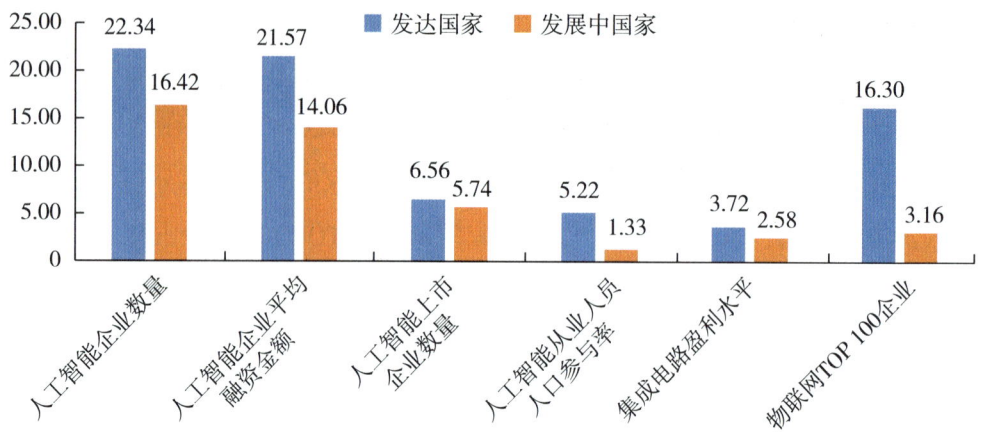

图 6-4 各经济发展水平组别国家间的人工智能产业与人工智能应用二级指标得分

（四）参评国家2019—2022年变化情况

2019—2022年全球人工智能产业与应用排名增幅最大的国家是印度，从2019年第19位上升至2022年第12位，排名上升7位。减幅最大的国家为意大利和墨西哥，排名均下降5位，主要原因在于两国的人工智能从业人口数排名相对靠后，在指标体系调整之后，其人工智能产业部分的劣势被放大（表6-5、图6-5）。

表 6-5 2019—2022年20个国家人工智能产业与人工智能应用得分及排名对比

国家名称	2019得分	2019排名	2020得分	2020排名	2021得分	2021排名	2022得分	2022排名	2021-2022排名对比	2019-2022排名对比
美国	75.41	1	93.4	1	60.60	1	60.1	1	—	—
中国	51.54	2	62.39	3	56.55	2	50.16	2	—	—
英国	50	3	61.5	4	33.79	3	28.82	4	↓1	↓1
法国	45.23	4	50.04	6	28.45	4	18.47	7	↓3	↓3
日本	37.74	5	53.44	5	21.84	8	24.26	5	↑3	—
德国	34.32	6	62.6	2	25.89	5	36.36	3	↑2	↑3
韩国	30.98	7	38.6	12	20.61	9	12.94	10	↓1	↓3
以色列	30.58	8	44.47	9	22.29	7	15.39	9	↓2	↓1
加拿大	28.18	9	49.23	8	24.30	6	18.31	8	↓2	↑1

续表

国家名称	2019得分	2019排名	2020得分	2020排名	2021得分	2021排名	2022得分	2022排名	2021-2022排名对比	2019-2022排名对比
意大利	24.47	10	39.03	11	6.15	15	3.61	15	—	↓5
澳大利亚	23.25	11	39.4	10	10.02	12	9.17	11	↑1	—
印度	21.35	12	49.85	7	15.49	10	18.53	6	↑4	↑6
俄罗斯	18.93	13	29.38	15	10.01	13	2.23	16	↓3	↓3
巴西	18.63	14	30.36	14	6.23	14	5.31	14	—	—
墨西哥	17.43	15	19.23	18	2.48	17	1.33	20	↓3	↓5
土耳其	16.04	16	24	16	2.38	18	1.86	18	—	↓2
南非	13.55	17	31.16	13	11.29	11	6.38	13	↓2	↑4
阿根廷	11.12	18	23.54	17	1.76	20	1.44	19	↑1	↓1
沙特阿拉伯	10.78	19	16.58	20	1.85	19	6.84	12	↑7	↑7
印度尼西亚	1.58	20	18.3	19	3.13	16	2.12	17	↓1	↑3

图 6-5 2019 年与 2022 年 20 个国家人工智能产业与应用得分的对比

综合分析 2022 年各参评国在人工智能产业与应用得分情况及 2019 年以来的排名演变，可以发现以下特点和趋势（图 6-6）。

美中在人工智能产业与应用领域的领头羊地位难以撼动。尤其是美国，2019 年以来高居历年排名第 1 位，体现出全面领先的实力与优势。

全球人工智能产业与应用的国别发展状况，整体呈现层级结构固化情形。4年来排前10位的国家中，80%已成为排前10位的常客，包括美国、中国、德国、英国、法国、日本、加拿大、以色列8个国家，呈现出强者恒强的格局。

人工智能产业与应用的洲际优势方面稳中趋变。从常规的传统八强国家分布看，北美2个，欧洲3个，亚洲3个，呈现出三大洲均衡分布的领先态势。但2021年和2022年排前10位国家数据中，亚洲国家都占据了半壁江山，充分反映出亚洲在人工智能产业与应用上整体呈现出更为迅猛的发展趋势（图6-7）。

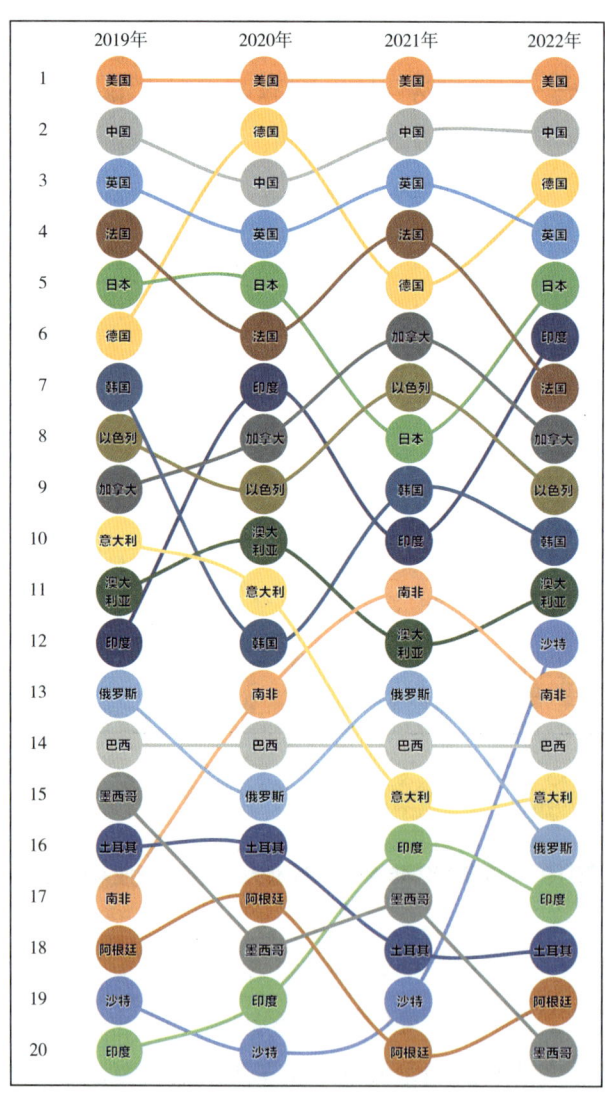

图6-6　2019—2022年20个国家人工智能产业与应用得分的对比趋势

第六章 人工智能产业与应用

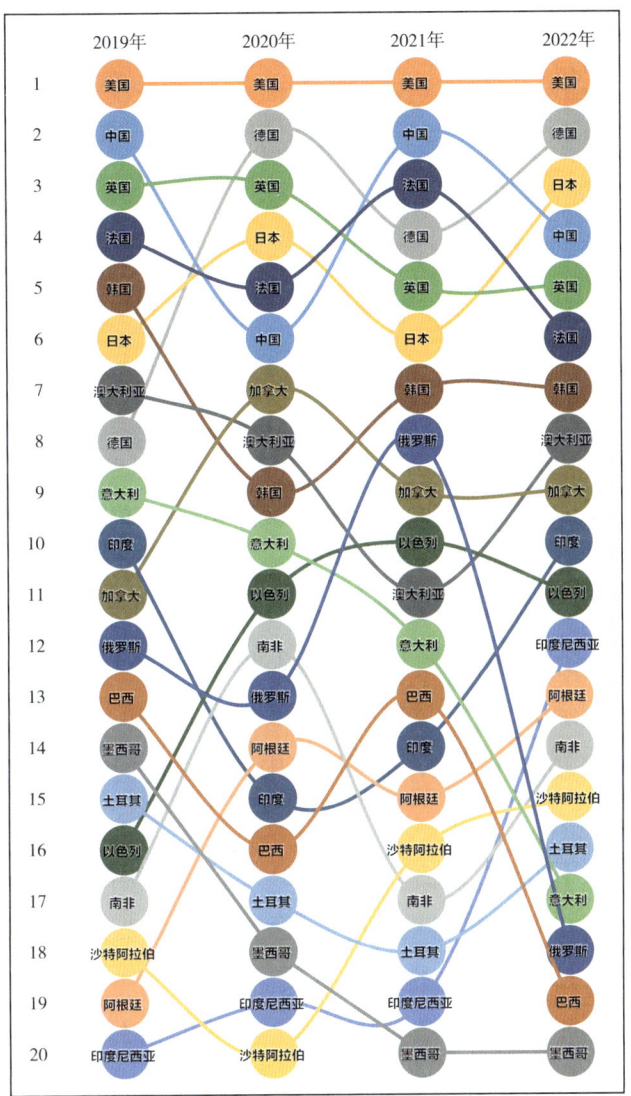

图 6-7 2019—2022 年 20 个国家人工智能产业和人工智能应用领域排名变化

二、人工智能产业

对人工智能产业发展水平的研究，本报告主要从企业和从业人口 2 个层面进行考查。人工智能产业二级指标排前 10 位的国家分别是中国、美国、英国、印度、加拿大、以色列、新加坡、德国、法国和日本（图 6-8）。

163

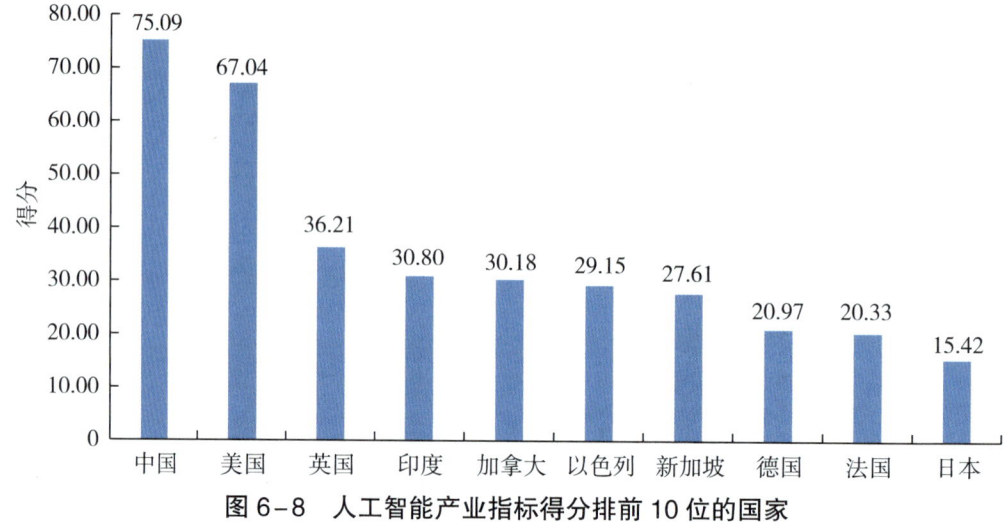

图 6-8 人工智能产业指标得分排前 10 位的国家

排第 1 位的国家 2022 年首次易主，中国 2022 年在人工智能产业排第 1 位。美国自 2019 年以来连续 3 年排第 1 位，2022 年退居次席。中国自 2019 年排第 3 位开始，保持逐年增长超越态势，直到 2022 年上升至首位。这得益于中国人工智能发展政策的成功与持续红利释放，也反映出中国庞大市场的潜力与人工智能产业化发展的持续实践。

优势国家保持稳定的领先地位。自 2019 年以来，中国、美国、加拿大、以色列、英国、德国连续 4 年上榜排前 10 位国家序列，呈现出极强的稳定性，也反映了北美、亚洲、欧洲传统性领先的三洲鼎立趋势。

亚洲人工智能产业发展最有潜力与活力。从 2019 年以来连续 3 年上榜排前 10 位国家看，分别有印度、新加坡、日本、法国 4 个国家，亚洲国家占了 3 席。仅从 2022 年排前 10 位榜单看，亚洲国家分别有中国、以色列、印度、新加坡、日本，数量占了一半，多层面反映出亚洲在全球人工智能产业发展上更具潜力与活力。

（一）人工智能企业数量

人工智能企业数量指一个国家人工智能行业中人员规模大于 10 人的企业数量。人工智能被认为是产业变革的重要驱动力，人工智能产业化是人工智能发展的重要目标之一，也是人工智能服务社会的重要途径。通过对人工智能企业数量进行研究和分析，可以看出一个国家人工智能产业的发展活力和市场化程度（图 6-9）。

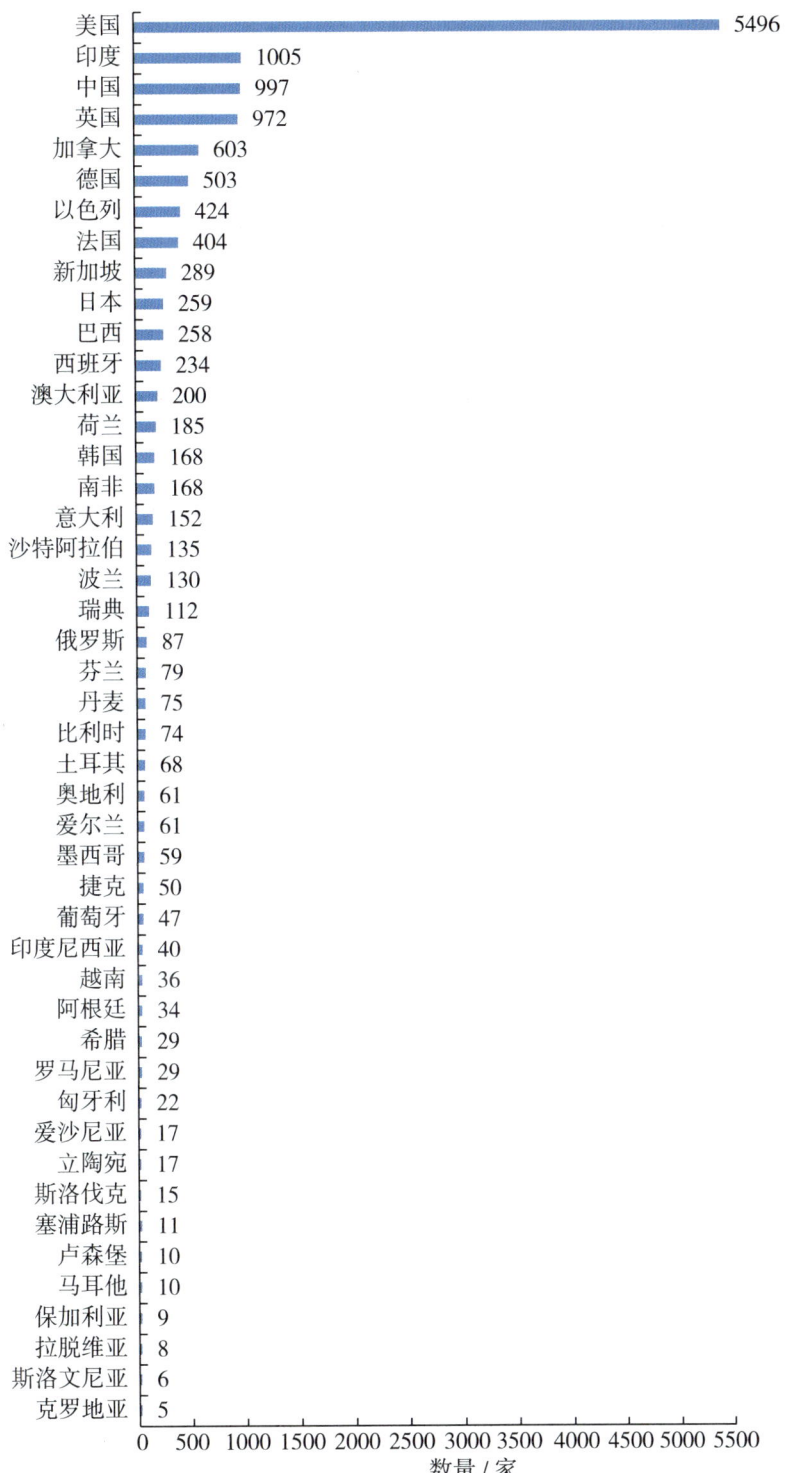

图 6-9 参评国家人工智能企业数量

美国单极化的"一国独大"现象有增无减。在参评国家人工智能企业数量排名中，美国不仅历年独占鳌头，还保持了对第2位国家至少3倍于其数量的绝对优势，且与第2位国家的净增量差距还在逐年扩大（表6-6）。

表6-6 2019—2022年参评国家人工智能企业数量的对比

单位：家

国家	2019企业数量	2019排名	2020企业数量	2020排名	2021企业数量	2021排名	2022企业数量	2022排名	2021—2022排名对比	2019—2022排名对比
阿根廷	16	17	23	17	25	19	34	20	↑1	↑3
澳大利亚	77	10	121	11	137	11	200	11	—	↑1
巴西	117	9	167	10	181	10	258	10	—	↑1
加拿大	270	5	451	5	465	5	603	5	—	—
中国	908	2	823	2	880	2	997	3	↑1	↑1
德国	252	6	373	6	357	6	503	6	—	—
法国	199	8	297	8	297	8	404	8	—	—
英国	588	3	511	4	805	3	972	4	↑1	↑1
印度尼西亚	18	16	22	18	30	17	40	19	↑2	↑3
以色列	201	7	300	7	341	7	424	7	—	—
印度	297	4	662	3	782	4	1005	1	↓3	↓3
意大利	53	11	78	13	105	13	152	14	↑1	↑3
日本	46	12	182	9	214	9	259	9	—	↓3
韩国	41	14	87	12	123	12	168	12	—	↓2
墨西哥	24	15	32	15	42	15	59	18	↑3	↑3
俄罗斯	43	13	56	14	75	14	87	16	↑2	↑3
沙特阿拉伯	3	20	11	20	21	20	135	15	↓5	↓5
土耳其	8	19	27	16	40	16	68	17	↑1	↓2
美国	3137	1	3945	1	4664	1	5496	1	—	—
南非	15	18	17	19	29	18	168	12	↓6	↓6

中国人工智能企业数量徘徊不前。在位次上，2022年中国排名首次从2019年以来连续第2位降到第3位，被印度超越；在平均增长率上，2019年以来连续4年在排前8位的国家中垫底。对照2022年与2019年的八国数据，其中"领头羊"美国增长了75%，印度增长2倍以上，其余5个国家数量皆翻倍，而中国仅增长了10%。

印度作为发展中新兴大国代表增势强劲。2022年，印度人工智能企业数量保持了迅猛增长的势头，以1005家人数大于10人的人工智能企业数量，得分排名从2021年的第4位上升到第1位，成为除美国外全球人工智能企业数量上千的唯一国家。反映出作为新兴经济体代表的发展中大国，印度在人工智能企业的发展方面具有很强的后发优势和增长潜力。印度作为世界人口大国，数字经济的体量发展很快，为其人工智能产业发展和应用提供了坚实支撑。作为传统的欧美IT技术代工和服务外包的重要承接地区，欧美尤其是美国人工智能企业的发展扩张，对印度本国人工智能企业的增长壮大产生重要带动作用。世界性制造产业向低成本地区和国家迁移的热潮，也为印度人工智能企业的迅猛增长赋予了直接有力的助推因素。

全球人工智能企业数量大国保持恒定。美国、中国、印度、英国、加拿大、以色列、法国、德国这8个国家，自2019年以来均连续4年排前8位，仅是相对位次变化，体现了极强的顺位稳定性。且2021年、2022年的前10名榜单完全一致，固化趋势非常明显。这深刻反映出一个国家的人工智能企业发展，必须依托于一定的基数才能更好地规模化增长。这种规模化增长不会是短期爆发式的，只能是长期性、渐进性的稳定增长，所以人工智能企业数量大国的位次轻易不会被撼动。

全球人工智能企业的地理分布格局没有改变。人工智能企业数量排前10位的国家均来自欧洲、亚洲及北美洲，在地理分布上的集中度与2021年基本保持一致。这10个国家拥有人数超过10人的人工智能企业共10 952家，占参评国家企业总数的80.22%，说明全球人工智能企业在地理分布上的不均衡性依然没有改变。一个地区的人工智能企业发展，离不开本地区政策、环境、资源、人才等综合实力的支撑，而人工智能企业的发展本身反过来也更好地推进和优化了各支撑要素的持续提升改进，从而更容易促进新的人工智能企业的落地。这种发展上持续自我强化的功能，造成了全球人工智能企业在地理分布上的固化格局的形成。

全球人工智能企业的集聚密度没有减小。作为拥有人工智能企业数量之最的美国，2022年共有人员规模大于10人的人工智能企业5496家，占到全球人工智能企业数量排前10位的国家总量的50%以上，与2021年同口径所占比例基本一致，反映出人工智能企业的集聚密度没有减小。在疫情扰动与经济减缓的大背景下，作为世界上人工智能企业集聚的代表地区，美国人工智能企业的活跃度并没有因此降低。

（二）人工智能企业平均融资金额

人工智能企业平均融资金额指平均每家人工智能企业的融资额。企业的发展离不开资金的支持，一个国家的人工智能企业融资金额越多，说明社会对企业的支持力度越大，人工智能产业的发展更具潜力。参评国家人工智能企业的融资总额和平均融资金额如图6-10所示。

美国是人工智能企业融资总额排名当之无愧的"霸主"。美国不仅自2019年以来始终高居第1位，而且其人工智能企业融资总额历年都超过了前10名排行榜中其余9个国家的总和，这种绝对数量的差距还在拉大。以2019年以来始终排第2位的中国与之对比，美国2019年、2020年、2021年连续3年融资总额都是中国的2倍左右，2022年则几乎是中国的4倍之多，在2021年如此高基数的基础上又实现了接近50%的高速增长，令任何国家都望尘莫及。

中国在人工智能企业平均融资金额上保持压倒性优势。虽然美国的融资总额与中国的融资总额差距明显在拉大，但从平均水平看，中国人工智能企业的平均融资金额依然保持了对美的压倒性优势，确保了在人工智能企业平均融资金额上中美两强领跑的长期格局不变。

图 6-10 参评国家人工智能企业的融资总额和平均融资金额

人工智能企业融资的国家排名呈现梯队阵型。分析表6-7中2019年以来人工智能企业的平均融资金额与国家对应关系，可以发现人工智能企业融资的国家排名基本呈现梯队阵型：美国、中国居第一梯队，无论是人工智能企业的融资总额还是平均融资金额，均遥遥领先于其余参评国家；以色列单独居第二梯队，常年"霸榜"融资总额前5位，平均融资金额靠前；加拿大、德国、法国、英国居第三梯队，常年"霸榜"融资总额前10位，平均融资金额比较靠前；其余国家可归于第四梯队，融资总额和平均融资金额都相对较小和靠后，虽然其中有些国家出现了单年两者都排名比较靠前，但不具有常态性，依然归于第四梯队之列。梯队阵型的形成，是全球人工智能企业融资的国家位次格局固化的直观结果，也是对全球人工智能企业数量国家格局的对应匹配，体现企业数量要素与融资要素相互促进、相互强化的内在必然逻辑。

人工智能企业融资总额的国家绝对差距在拉大。人工智能企业融资总额在不同国家分配上所体现出的冰火两重天现象，在2022年进一步加剧。从排名首尾差距看，2021年榜单末尾的拉脱维亚融资总额不到100万美元，首尾差1000多亿美元；2022年位于榜单末尾的斯洛文尼亚虽有580万美元，但首尾差已经达到了1600多亿美元，直观反映出人工智能企业融资总额的国家间"贫富差距"在进一步拉大。

人工智能企业平均融资金额波动受到主客观复杂因素影响。2022年，在人工智能企业平均融资金额上，虽然中国排第1位、美国排第2位的长期位次格局未变，但两国在平均融资额波动方向上出现明显反差，中国平均融资额由5300万美元下降到5000万美元，美国则由2400万美元上升到3500万美元，一升一降逐步接近靠拢。这从一定层面反映了中国人工智能企业相对"较贵"的宽融资供给格局正在发生变化，另一层面不排除中国人工智能企业"小而快"融资主观需求所造成的单次融资轻量化态势正在形成，毕竟在平均融资额下降的背景下，中国的全球人工智能上市企业数量依然达到105家，超过了美国的87家。

表6-7　2019—2022年参评国家人工智能企业平均融资金额的对比

国家	2019得分	2019排名	2020得分	2020排名	2021得分	2021排名	2022得分	2022排名	2021—2022排名对比	2019—2022排名对比
阿根廷	8.23	11	1.63	20	2.85	20	2.01	19	↓1	↑8
澳大利亚	9.48	10	10.29	14	33.01	11	12.66	13	↑2	↑3

第六章 人工智能产业与应用

续表

国家	2019 得分	2019 排名	2020 得分	2020 排名	2021 得分	2021 排名	2022 得分	2022 排名	2021—2022 排名对比	2019—2022 排名对比
巴西	0.00	20	10.70	12	15.60	14	9.97	14	—	↓6
加拿大	18.98	9	36.25	6	100.00	1	29.39	7	↑6	↓2
中国	100.00	1	100.00	1	100.00	1	100.00	1	—	—
德国	26.78	5	30.48	9	85.41	7	30.59	6	↓1	↑1
法国	34.95	4	33.87	8	100.00	1	30.83	5	↑4	↑1
英国	23.17	7	50.13	5	100.00	1	28.52	8	↑7	↑1
印度尼西亚	7.14	12	10.51	13	13.67	16	7.04	15	↓1	↑3
以色列	44.04	3	52.62	4	100.00	1	45.58	3	↑2	—
印度	2.84	15	100.00	1	29.14	12	19.67	11	↓1	↓4
意大利	5.25	13	8.93	15	20.56	13	5.76	16	↑3	↑3
日本	26.68	6	19.45	10	63.05	10	19.09	12	↑2	↑6
韩国	21.45	8	17.02	11	82.01	8	37.20	4	↓4	↓4
墨西哥	1.45	16	6.56	16	15.47	15	4.48	17	↑2	↑1
俄罗斯	0.98	18	3.60	17	8.02	17	2.96	18	↑1	—
沙特阿拉伯	0.56	19	2.58	18	3.45	19	25.66	10	↓9	↓9
土耳其	3.27	14	2.50	19	6.36	18	1.90	20	↑2	↑6
美国	56.95	2	100.00	1	100.00	1	70.26	2	↑1	—
南非	1.25	17	34.11	7	78.78	9	27.06	9	—	↓8

（三）人工智能上市企业数量

人工智能上市企业，指的是经证券管理部门批准在证券交易所上市交易的人工智能企业，是人工智能企业的发展代表和最优质资源。人工智能上市企业的数量，可以在一定程度上直观体现出一个国家的人工智能企业发展水平和整体实力，深层次反映出该国人工智能的应用潜力和发展规模。各参评国家人工智能上市企业数量如图6-11所示。

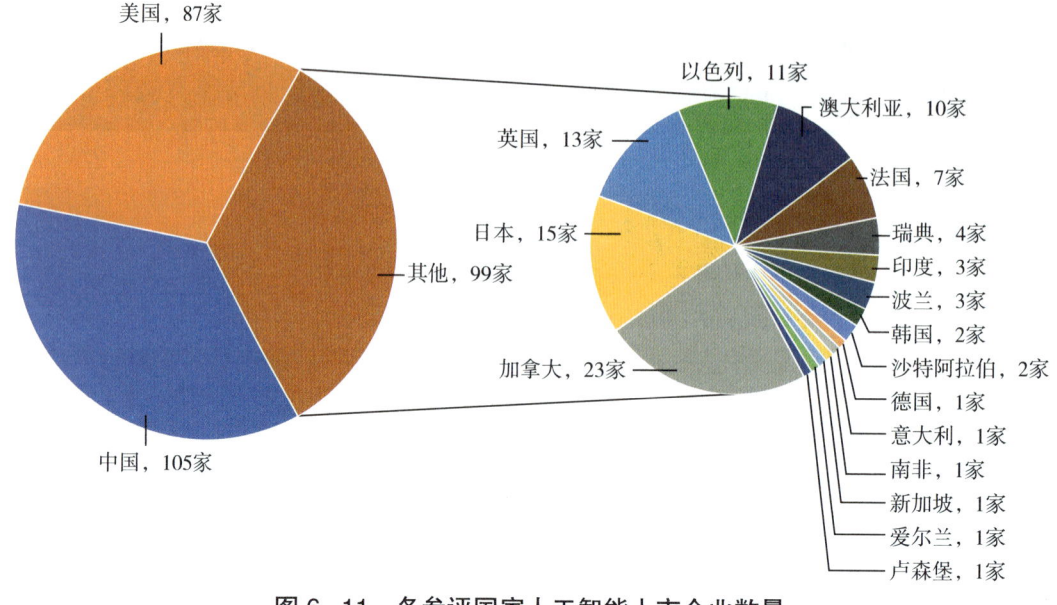

图 6-11 各参评国家人工智能上市企业数量

中美两国成为引领人工智能上市企业数量发展的"双头雁"。2022年，全球人工智能上市企业数量主要集中在中美两国，其中中国 105 家，排第 1 位；美国 87 家，排第 2 位。中美作为前两位排名国家，合计数量 192 家，占到全球人工智能上市企业总量的 66%，几乎占了 2/3，呈现出引领发展的"双头雁"态势。这反映出中美两国分别作为全球人工智能发展成长最快的国家和传统意义上实力最强的国家，可以提供最丰富的上市企业资源、最优质的融资配套保障和最有利的政策环境支持，在确保本国人工智能上市企业根基深厚、蓬勃发展的同时，也代表了行业的风向，引领着世界的潮流。

人工智能上市企业在国家分布上呈现明显"头部效应"。全球人工智能上市企业数量共计 291 家，其中排前 10 位的国家合计数量 278 家，占到全球人工智能上市企业总量的 96%。人工智能上市企业数量靠前的国家，也是人工智能企业数量、人工智能企业融资总额和平均融资额靠前的国家，反映出人工智能产业发展基础雄厚、企业资源丰富、企业融资环境优越的国家，更容易创造和产生出更多的人工智能上市企业。

（四）人工智能从业人员人口参与率

人工智能从业人员人口参与率是指一个国家人工智能企业从业人员的数量与该国以万为单位的劳动人口数量之比，其中人工智能从业人员指人工智能企业中的技术人员、管理人员等。人工智能从业人员是人工智能行业发展和进步的重要驱动力，能在一定程度上反映该国人工智能行业的国民认可度和发达程度。图 6-12 呈现了各参评国家人工智能从业人员人口参与率。

新加坡和以色列的人工智能从业人员人口参与率领先全球。人口基数较小的科技型国家重视科技方面的教育，培养了许多人工智能领域的人才，容易脱颖而出。新加坡在 2017 年出台了"人工智能学徒计划"，开设课程培养新加坡本地的人工智能人才。2018 年，新加坡出台了"工业人工智能计划"，帮助人们正确理解和使用人工智能。以色列的"高级技术培训班"项目旨在帮助企业推动业内现有的开发者和工程师成为人工智能专家，还鼓励信息共享和建设人工智能社区。在相关政策的推动下，两国的人工智能从业人员人口参与率均有所增加，且新加坡的人工智能从业人员人口参与率较上年增长近 1 倍。

发达国家人工智能从业人员人口参与率显著高于发展中国家。在参评国家中，人工智能从业人员人口参与率排名前 50% 的大多数为发达国家，除了美国、英国、加拿大等既有规模又有高比例的国家外，众多劳动人口总量较小的欧洲国家同样跻身前列。发展中国家代表，如中国、印度、巴西等在巨大的人口基数下有一定规模的人工智能从业人员，但是在整个就业市场中的占比优势不足；特别是中国，人工智能从业人员总数较多，且本国行业发展迅猛，人工智能从业人员人口参与率较上一年增幅超过 50%。但由于人口基数庞大，人工智能从业人员人口参与率为 3.22 人/万劳动人口，虽较去年有所增加，仍处于参评国家的中下游位置，仅排第 33 位，不及发达国家的平均水平。

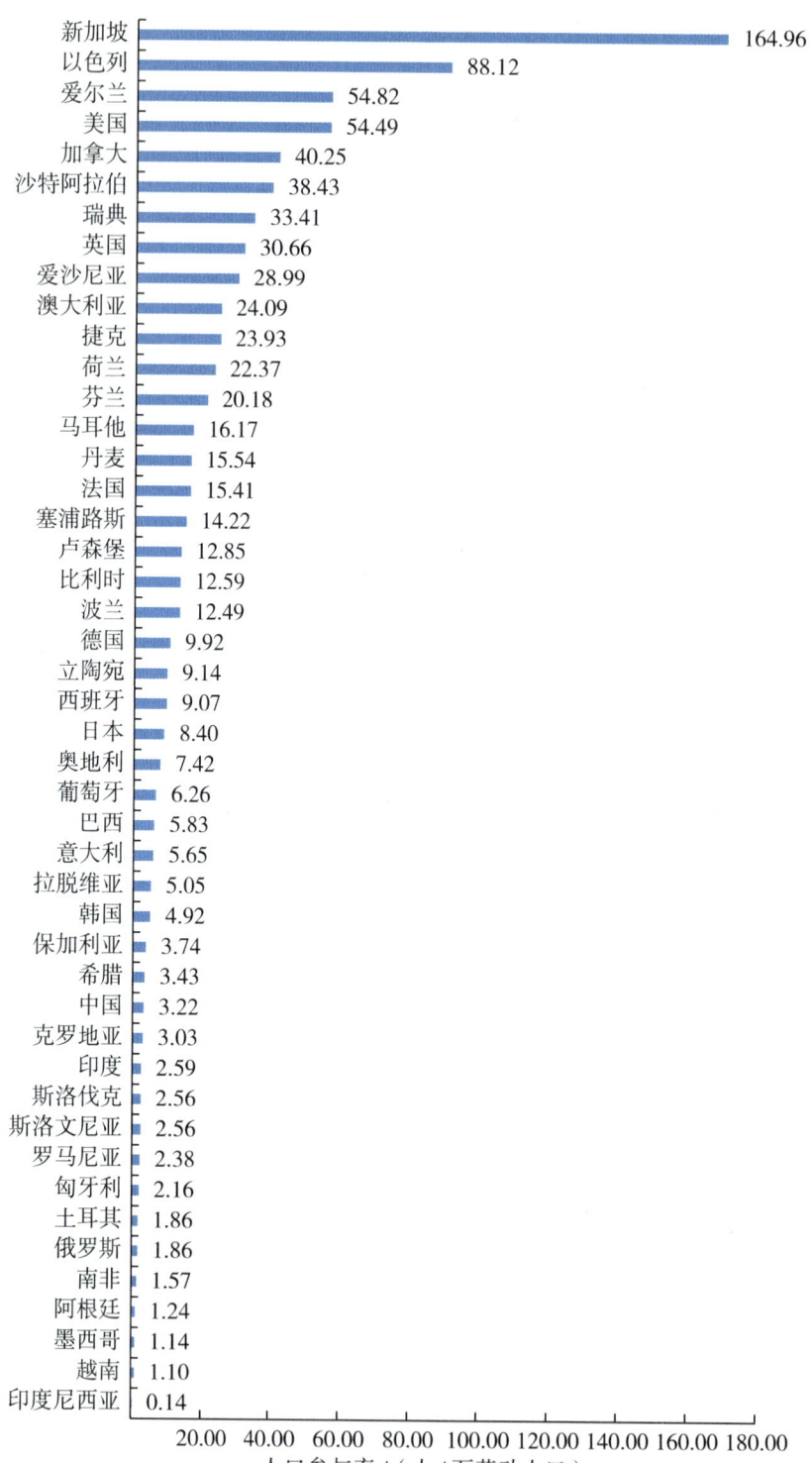

图 6-12 各参评国家人工智能从业人员人口参与率

三、人工智能应用

人工智能在计算机视觉、深度学习、自动驾驶、医疗分析、搜索引擎、虚拟语音助理、图像识别等领域已经有了比较广泛的应用。随着技术迭代发展和场景运用积累，人工智能的应用领域还将不断扩大，难以在现阶段完全确定其应用的边界和全部内容。为此，本书重点考查一个国家的集成电路盈利水平和物联网TOP 100企业占比，以期从中窥见人工智能应用的基础和潜力。人工智能应用指标得分排前10位的国家分别是美国、德国、日本、中国、英国、法国、爱尔兰、韩国、西班牙、荷兰（图6-13）。

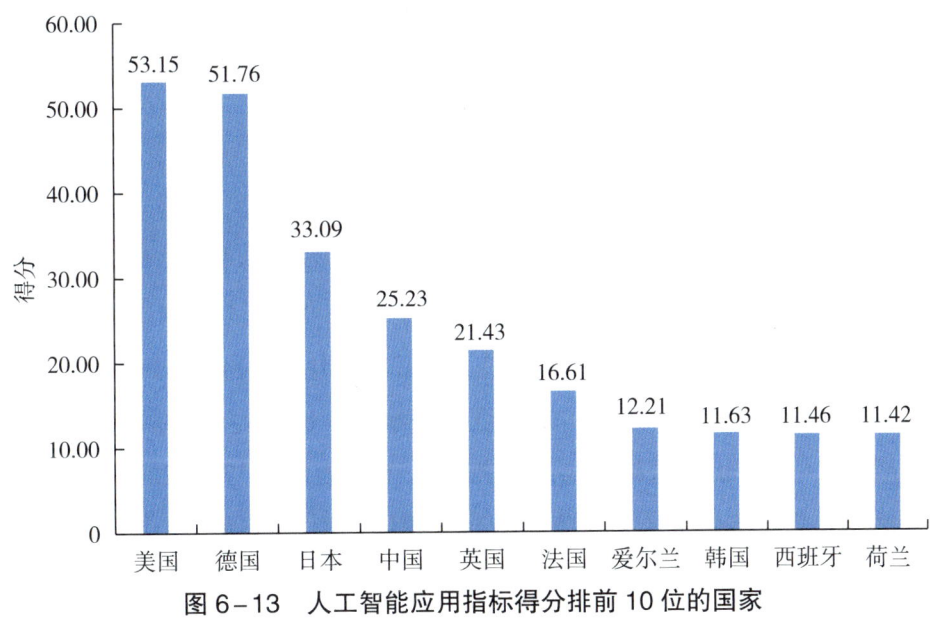

图6-13 人工智能应用指标得分排前10位的国家

美国呈现一枝独秀状态。2019年以来，美国连续4次排名全球人工智能应用第1位，彰显出美国在全球人工智能应用上无与伦比的领先地位与超强实力。上榜第2位的分别是中国2次、德国2次，表现并不稳定，反映出尚无国家可以对美国的"霸榜"地位发出挑战。

中国人工智能应用排名靠前。2022年，中国在全球人工智能行业的排名首次超过美国荣登第1位，但在人工智能应用的排名却由去年的次席下滑到第4位，二者形成鲜明反差，凸显了中国人工智能产业与应用发展的不平衡、不匹配。从历史发

展角度看,中国人工智能应用的全球排名不稳定,近 4 年排名分别为第 2 位、第 7 位、第 2 位、第 4 位。相对于人工智能产业全球排名的逐年上升态势,人工智能应用上下起伏波动大,发展上的短板效应进一步凸显。

北美洲、亚洲、欧洲领先全球发展。2019 年以来,连续 4 年进入人工智能应用排前 10 位的国家包含了北美洲的美国,亚洲的中国与日本,欧洲的德国、英国与法国,并且这 4 年中进入人工智能应用排行榜前 10 位国家中,除了澳洲的澳大利亚,其余都分属于北美洲、亚洲和欧洲地区,反映出这三大洲在人工智能应用方面全球领先发展的态势。

欧洲显示出迅猛崛起趋势。2022 年,人工智能应用排前 10 位国家中,欧洲占了 6 席,分别为德国、英国、法国、爱尔兰、西班牙、荷兰,远高于亚洲的 3 席、北美洲的 1 席,也超过了 2021 年人工智能应用排前 10 位国家中欧洲所占的 4 席,反映出欧洲在人工智能应用上比较迅猛的崛起势头。

(一)集成电路盈利水平

集成电路盈利水平是对一个国家集成电路进出口盈利水平的衡量。作为信息技术产业高速发展的基础和源动力,集成电路盈利水平可以有效反映出该国家人工智能等技术的发展水平和产业竞争力。各参评国家集成电路盈利水平如图 6-14 所示。

韩国继续保持遥遥领先的集成电路盈利水平。这得益于韩国推行《国家人工智能战略》,立足于国家战略层面来推动人工智能产业与应用的长足发展。韩国整合形成并重点扶持电子行业大企业、大集团,围绕韩国三星等进行产业集群式布局,积极协助其拓展国际市场,在高端芯片生产领域长期居于第一梯队发展水平。

美国巩固了其在集成电路发展上的领导力和影响力。在多年积淀基础上,美国形成了深厚的产业基础、雄厚的人才资源与成熟的市场体系,先后制定《国家人工智能研究与发展计划》《2020 年美国人工智能倡议法》《2022 年芯片和科学法案》等国家扶持政策,强力推进集成电路产业本土化、高端化发展。

日本稳定保持了较高的集成电路盈利水平。作为集成电路发展的传统强国,日本把握集成电路全球产业转移机遇,以知识产权研发和专利授权经营为发展双引擎,在集成电路材料和晶圆设备等高端领域居于垄断地位。

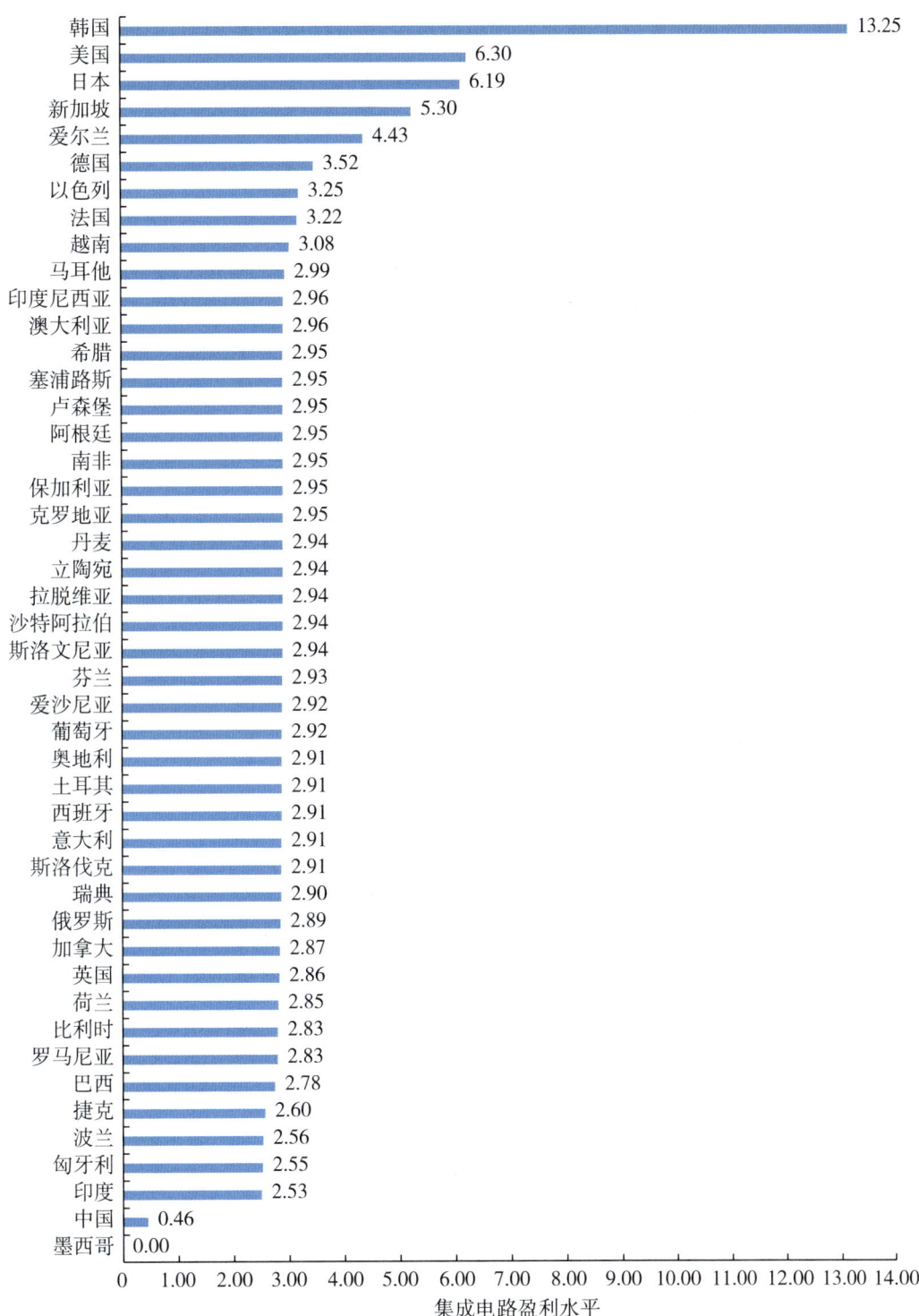

图 6-14 各参评国家集成电路盈利水平

新加坡具有一定的集成电路细分领域产业竞争力和市场影响力。在大力营造集成电路产业与应用的基础硬件环境的同时，新加坡借助其通达全球的航空和航运网络，持续吸引和强化着对大型成熟集成电路企业或其区域性总部的磁吸效应，从而确保了自己在全球产业链的前沿位置。

爱尔兰在集成电路发展上具有不易被替代的特殊优势。爱尔兰充分发挥自己作为世界软件之都的独特优势发展本国集成电路产业，以出口需求作为本国集成电路产业定位和导向，注重发挥自己作为美国产品进入欧洲门户的地理位置优势和语言优势，并承接了脱欧前英国所扮演的欧盟部分行业分工和市场份额，集成电路发展令人刮目相看。

绝大多数参评国家集成电路盈利处在同一水平线。46个参评国家中，39个国家得分比较接近，反映出绝大多数参评国家的集成电路盈利水平处于同一发展层面，没有非常明显的差异。

中国集成电路盈利水平与大多数国家差距较大。中国作为全球最大的集成电路消费市场，在本土政策和国际投资双轮驱动下，正在承接集成电路第三次产业转移，成长为全球集成电路的制造中心。尽管中国在做大方面已经取得了长足进步，但还需要做优做强，持续改进和提升自己的集成电路盈利水平。

（二）物联网 TOP 100 企业占比

物联网 TOP 100 企业占比，是一个国家的企业在全球物联网 TOP 100 榜单中所占比重。物联网 TOP 100 榜单由世界物联网大会发布，对全球的物联网企业进行排名。物联网和人工智能两项技术相辅相成，物联网终端设备是人工智能落地应用的重要载体，人工智能技术的加持也能使物联网更好地发挥其优越性，所以全球物联网 TOP 100 企业能在一定程度上反映人工智能的应用潜力。各参评国家物联网 TOP 100 企业数量如图 6-15 所示。

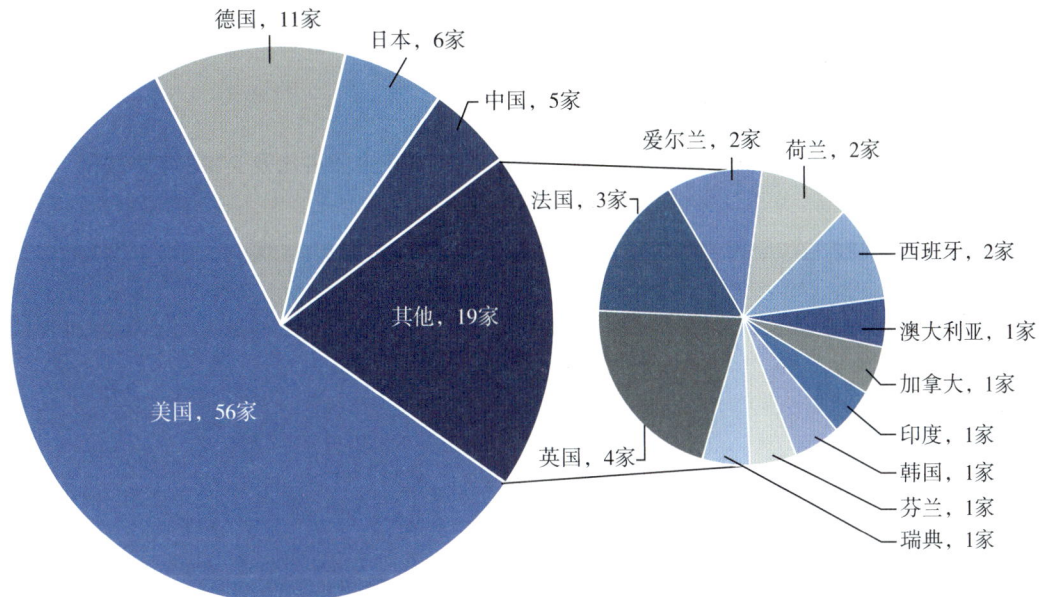

图 6-15　各参评国家物联网 TOP 100 企业数量

美国居于"一国独大"的遥遥领先地位。美国的物联网 TOP 100 企业数量为 56 家，在全球物联网 TOP 100 企业占比为 57.73%，超过了其余参评国家的总和，反映出美国在人工智能技术应用上非常雄厚的企业实力和极为坚实的发展潜力。

北美洲、欧洲、亚洲的物联网企业发展水平全球领先。物联网 TOP 100 企业主要分布在北美洲（57 家）、欧洲（26 家）和亚洲（13 家），反映出这 3 个区域的物联网企业发展水平，远远领先全球其他地区。与之相对应的是欧洲、亚洲及北美洲的全球人工智能企业数量也是位于其他大洲前面，超过参评国家企业总数的 80% 以上，无疑为本区域物联网企业的做大做强、领先发展提供了更好的样本基础和更多的数量保障。

需要指出的是，与 2021 年采用的物联网 TOP 100 企业占比指标相比，2022 年优化采用的物联网 TOP 100 企业占比指标，充分考虑了一国物联网企业数量与质量的对等平衡，更能精准体现出参评国家物联网企业发展的整体水平状况，但不可避免地会对个别国家产生比较剧烈的指标结果影响，最典型的就是中国的排名。去年中国的全球物联网 TOP 100 企业数量为 249 家，占比近一半，在去年的物联网 TOP 100 企业占比指标中高居第 1 位；今年中国的全球物联网 TOP 100 企业数量为 5 家，占比仅有 5%，排名顺序上只是第 4 位，反差比较大，折射出中国人工智能产业在蓬勃发展、迅速做大的现实基础上，还应追求高质量发展，实现更深层次、更强水平上的量的积累和突破（表6-8）。

表6-8 2019—2021年参评国家物联网TOP 100企业占比及2022年物联网TOP 100企业占比的对比

国家	2019得分	2019排名	2020得分	2020排名	2021得分	2021排名	2022得分	2022排名	2021—2022排名对比	2019—2022排名对比
阿根廷	0	15	0	13	0	15	0	11	↓4	↓4
澳大利亚	1	12	8	11	6	11	10	7	↓4	↓5
巴西	1	13	0	13	4	12	0	11	↓1	↓2
加拿大	3	9	26	8	12	9	10	7	↓2	↓2
中国	100	1	52	3	100	1	50	4	↑3	↑3
德国	9	4	92	2	38	4	100	1	↓3	↓3
法国	9	4	32	7	42	3	30	6	↑3	↑2
英国	10	3	38	5	36	5	40	5	—	↑2
印度尼西亚	0	16	0	13	0	15	0	11	↓4	↓5
以色列	2	10	22	9	8	10	0	11	↑1	↑1
印度	1	13	48	4	4	12	10	7	↓5	↓6
意大利	2	11	16	10	4	12	0	11	↓1	—
日本	8	6	38	5	32	6	60	3	↓3	↓3
韩国	6	7	6	12	24	8	10	7	↓1	—
墨西哥	0	16	0	13	0	15	0	11	↓4	↓5
俄罗斯	6	7	0	13	28	7	0	11	↑4	↑4
沙特阿拉伯	0	16	0	13	0	15	0	11	↓4	↓5
土耳其	0	16	0	13	0	15	0	11	↓4	↓5
美国	43	2	100	1	100	1	100	1	—	↓1
南非	0	16	0	13	0	15	0	11	↓4	↓5

第七章
人工智能国际化

当前世界各国都在抢抓人工智能科技浪潮的机遇，力图抢占新一轮科技主导权。争夺人工智能领域的国际影响力，不仅要在人工智能基础理论和前沿技术方面加强引领性、原创性研究，还需要参与或建立对应的人工智能技术标准和测试基准。本章通过人工智能国际活动的参与度衡量各国人工智能国际化水平。

一、人工智能国际化总体情况

人工智能国际化包括人工智能国际标准组织参与度、人工智能国际联盟参与度、人工智能全球顶级会议参与度3个三级指标。国际化排前10位的国家分别是美国、加拿大、英国、瑞典、日本、意大利、法国、中国、德国、荷兰（图7-1）。

美国在人工智能国际化方面"一枝独秀"。美国国际化一级指标得分为87.30分，高出第二名近35分，且在人工智能国际标准组织参与度、国际联盟参与度、全球顶级会议参与度3个三级指标上均排第1位。

排前10位的国家中，除中国外均为发达国家。以美国为首，各发达国家均十分重视人工智能研究与实践的参与，积极主导或参与标准的制定、联盟的建立及顶级会议的主办。在全球经济一体化的今天，先进人工智能技术在国际舞台上的亮相频次高会引起各个国家的关注，国际化成为影响各国人工智能未来发展的重要因素。大部分发展中国家在这一指标排名靠后主要是由于缺乏支撑国际化的实力基础，无法参与和引领议题设定、规则制定或进行国际动员。

	人工智能国际化	人工智能标准和学术研究国际化		
		人工智能国际标准组织参与度	人工智能国际联盟参与度	人工智能全球顶级会议参与度
美国	87.30	71.43	100.00	90.48
加拿大	53.48	42.86	100.00	17.58
英国	50.49	42.86	100.00	8.62
瑞典	48.58	62.86	66.67	16.22
日本	47.69	71.43	66.67	4.97
意大利	46.80	60.00	66.67	13.73
法国	46.50	65.71	66.67	7.11
中国	45.89	60.00	66.67	10.99
德国	45.16	65.71	66.67	3.11
荷兰	42.81	60.00	66.67	1.76
印度	42.43	60.00	66.67	0.62
比利时	42.28	60.00	66.67	0.16
韩国	41.53	57.14	66.67	0.80
爱尔兰	39.46	51.43	66.67	0.30
以色列	39.45	42.86	66.67	8.83
丹麦	39.40	51.43	66.67	0.12
澳大利亚	39.14	40.00	66.67	10.76
印度尼西亚	38.41	48.57	66.67	0.00
波兰	37.49	45.71	66.67	0.08
墨西哥	36.51	42.86	66.67	0.01
西班牙	36.08	40.00	66.67	1.58
新加坡	35.88	40.00	66.67	0.98
南非	34.60	37.14	66.67	0.00
巴西	31.77	28.57	66.67	0.08
芬兰	30.26	57.14	33.33	0.29
奥地利	27.36	48.57	33.33	0.16
葡萄牙	25.43	42.86	33.33	0.09
罗马尼亚	24.46	40.00	33.33	0.05
卢森堡	23.50	37.14	33.33	0.01
沙特阿拉伯	22.58	34.29	33.33	0.11
希腊	21.61	31.43	33.33	0.07
斯洛文尼亚	20.64	28.57	33.33	0.02
塞浦路斯	17.78	20.00	33.33	0.01
越南	17.78	20.00	33.33	0.00
匈牙利	14.30	42.86	0.00	0.03
捷克	13.97	8.57	33.33	0.00
土耳其	13.04	5.71	33.33	0.07
斯洛伐克	12.38	37.14	0.00	0.00
保加利亚	11.43	34.29	0.00	0.00
拉脱维亚	11.11	0.00	33.33	0.00
立陶宛	9.52	28.57	0.00	0.00
克罗地亚	8.58	25.71	0.00	0.02
阿根廷	8.57	25.71	0.00	0.00
马耳他	7.62	22.86	0.00	0.00
爱沙尼亚	6.67	20.00	0.00	0.01
俄罗斯	2.90	8.57	0.00	0.14

图 7-1 参评国家的人工智能国际化各级指标得分情况

（注：圆形大小表示指数得分高低）

多个发达国家在"人有我优"的标准中占主导地位。例如,日本为可穿戴设备领域标准的组织者,瑞典作为智能制造强国是 ISO/TC 299 标准的组织者。高国际化能够促进本国具备竞争力的细分领域保持优势,在国际事务中积极施展本国的影响,通过锁定技术优势、主导底层逻辑而进行全球产业布局,扩大全球利益,进而提升国家综合实力。

具备特定领先技术的国家在这一指标中表现较好。印度、以色列等国家已在一定技术领域形成积累,其他国家发展相关技术的研究与实践需要借鉴参考核心技术,就需要遵循该国主导或参与的标准及研究成果。同时,部分发展中国家通过机制化合作建立功能性联盟,在部分领域获取超越自身政治实力的影响力,并参与新的国际规则制定过程,进一步巩固和提升自身的国际化。

二、人工智能标准和学术研究国际化

(一)人工智能国际标准组织参与度

国家在追求技术的革新之外,也同样注重对于标准的制定与协调,增强国家软实力,提高国际地位,为本国发展取得优势。各个国家在国际标准的制定中争取有一席之地,以期维护本国利益,打开国际市场,提高国际影响力。鉴于人工智能技术在经济和社会发展中的重要战略意义,目前全球知名标准组织都在人工智能领域有所布局,其中最具有代表性的有国际标准化组织(ISO)、国际标准化组织和国际电工委员会第一联合技术委员会(ISO/IEC JTC 1)、国际电信联盟(ITU)和国际电工委员会(IEC)。

本书选择国际标准化组织机器人技术委员会(ISO/TC 299)、国际标准化组织金融服务技术委员会(ISO/TC 68)、国际标准化组织道路车辆技术委员会(ISO/TC 22)、国际标准化组织与国际电工委员会第一联合技术委员会(ISO/IEC JTC1)、国际电工委员会音频、视频及多媒体系统与设备技术委员会(IEC/TC 100)、国际电工委员会可穿戴电子设备和技术委员会(IEC/TC 124)、国际电信联盟(ITU)共 7 个较具权威性的人工智能国际标准制定机构,主要分析了各国在 7 个国际标准组织中的参与情况,包括担任秘书处、参与、观察(图 7-2)。

发达国家国际标准组织参与度较高。人工智能国际标准组织参与度指标排前

5位的均为发达国家，分别是美国、日本、法国、德国、瑞典，在相关的国际标准组织技术委员会中担任秘书处职位的也基本为发达国家。例如，美国担任国际标准化组织与国际电工委员会第一联合技术委员会（ISO/IEC JTC1）的秘书处，瑞典担任国际标准化组织机器人技术委员会（ISO/TC 299）的秘书处，韩国担任国际电工委员会可穿戴技术委员会（IEC/TC 124）的秘书处。中国、印度等发展中国家虽然积极参与人工智能相关国际标准组织，但影响力有限，均未担任秘书处职位。

（二）人工智能国际联盟参与度

本书选择全球人工智能合作伙伴关系（GPAI）、世界经济论坛全球人工智能行动联盟（Global AI Action Alliance）及负责任人工智能研究所（RAII）共3个联盟，考查参评国家的国际联盟参与度情况（图7-3）。

GPAI于2020年6月启动，是七国集团（G7）内部在加拿大和法国担任主席国期间提出想法的成果。GPAI建立在对经合组织关于人工智能建议的共同承诺的基础上，旨在推动人工智能相关优先事项的国际合作。Global AI Action Alliance建立在论坛的全球多方利益相关者社区的基础上，由积极参与人工智能的领先企业、政府和民间社会组织组成。该联盟与世界经济论坛的行业行动小组密切合作，并在全球和跨行业部门进行交流。RAII是一个非营利性研究机构，通过首创的AI认证计划，该联盟为人工智能从业者、人工智能政策制定者和公众提供了参考，以促进研发应用值得信赖的人工智能系统。

美国、英国、加拿大3个国家在这3个联盟中都有参与，大部分国家基于各自的战略考量，只参与了其中部分联盟，斯洛伐克、马耳他、俄罗斯等9个国家参与度较低，未参与其中任何一个联盟。

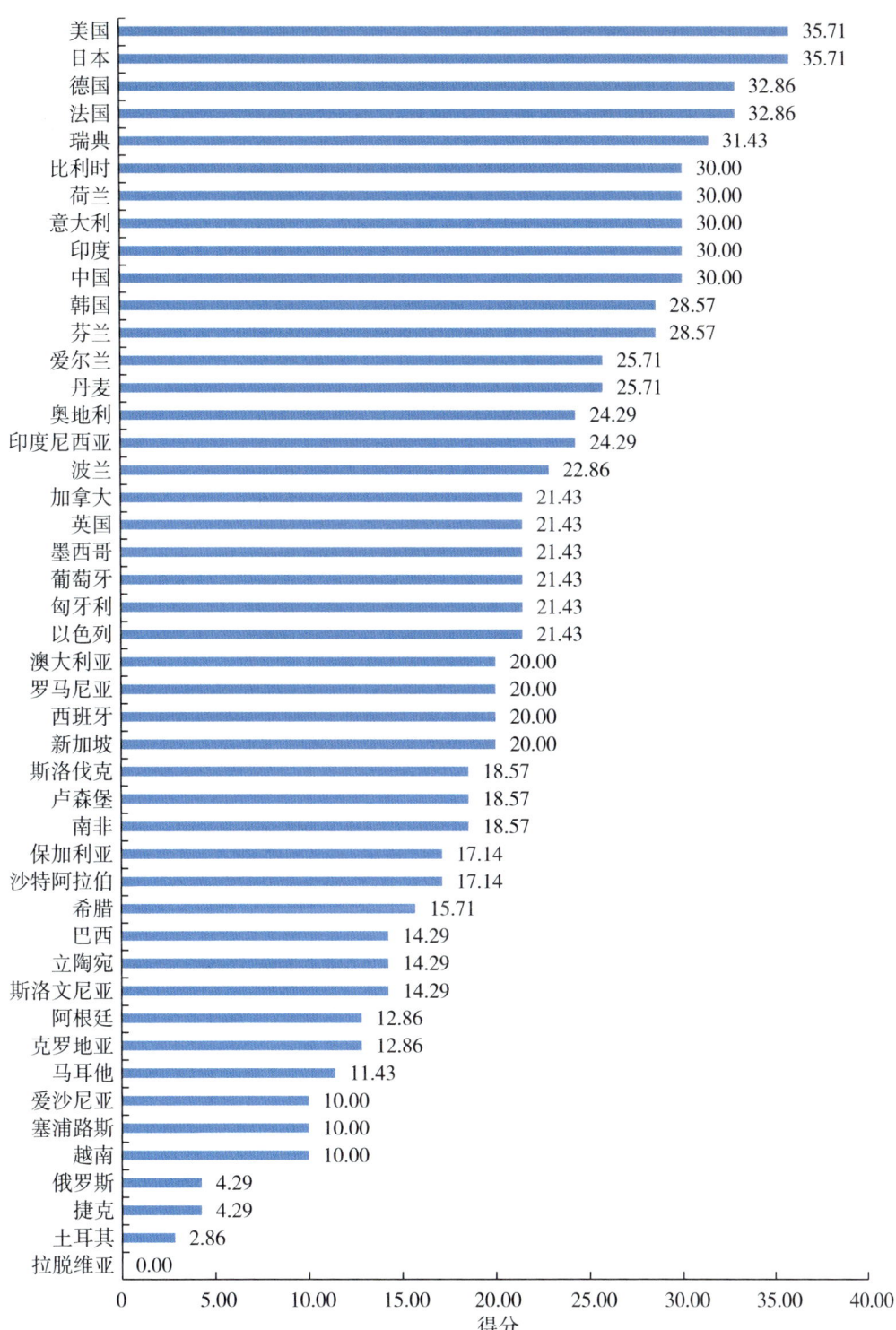

图 7-2 参评国家人工智能国际标准组织参与度得分

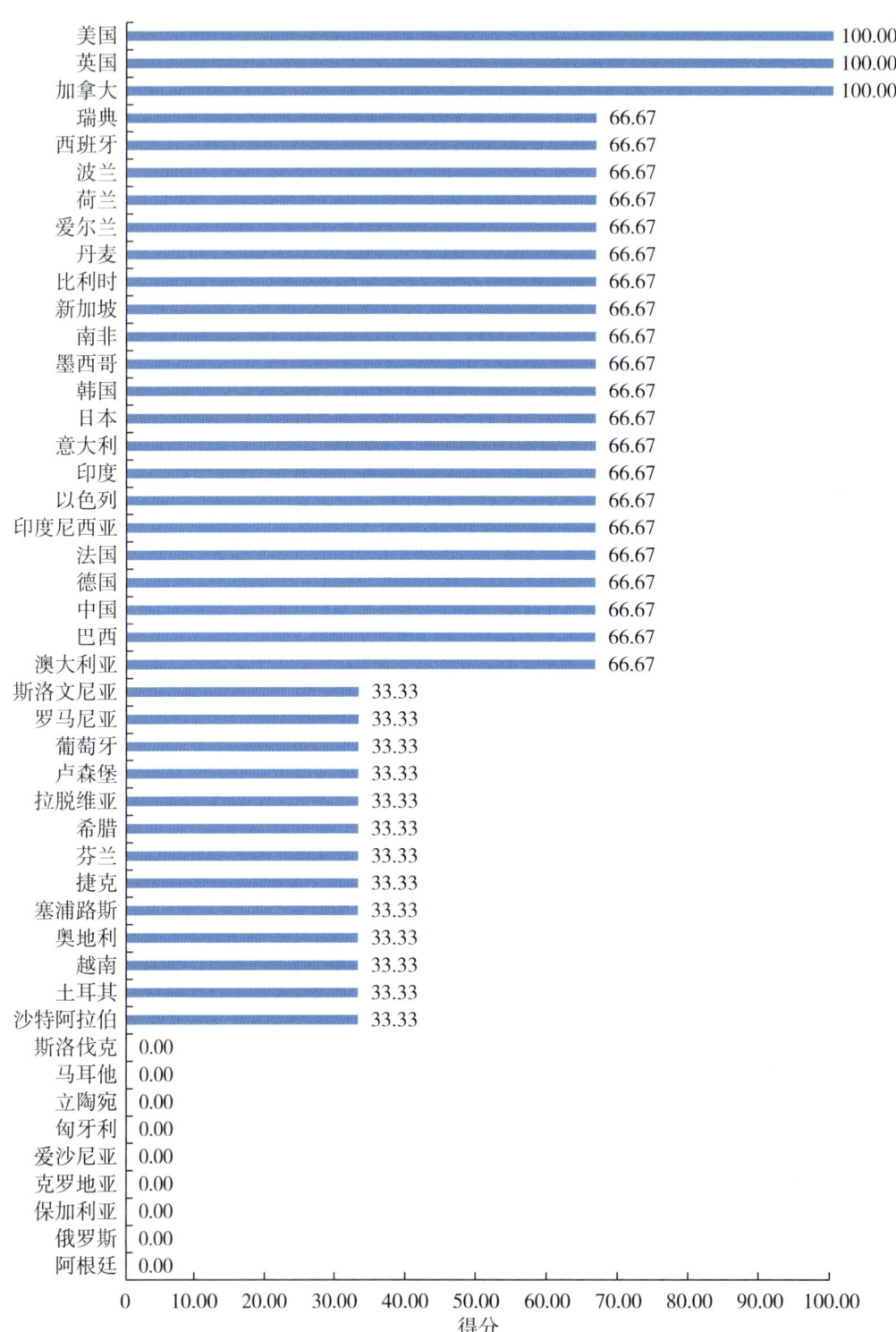

图 7-3 参评国家人工智能联盟参与度得分

（三）人工智能全球顶级会议参与度

人工智能顶级会议选取了中国计算机学会推荐的七大人工智能 A 类会议，包括美国人工智能协会年会（AAAI）、IEEE 国际计算机视觉与模式识别会议（CVPR）、国际计算机视觉大会（ICCV）、国际机器学习大会（ICML）、国际人工智能联合会议（IJCAI）、神经信息处理系统进展大会（NIPS）和计算语言学协会年会（ACL）。

人工智能全球顶级会议参与度排前 10 位的国家得分如图 7-4 所示，按顺序分别为美国（45.24）、加拿大（8.79）、瑞典（8.11）、意大利（6.86）、中国（5.50）、澳大利亚（5.38）、以色列（4.42）、英国（4.31）、法国（3.55）、日本（2.49）。

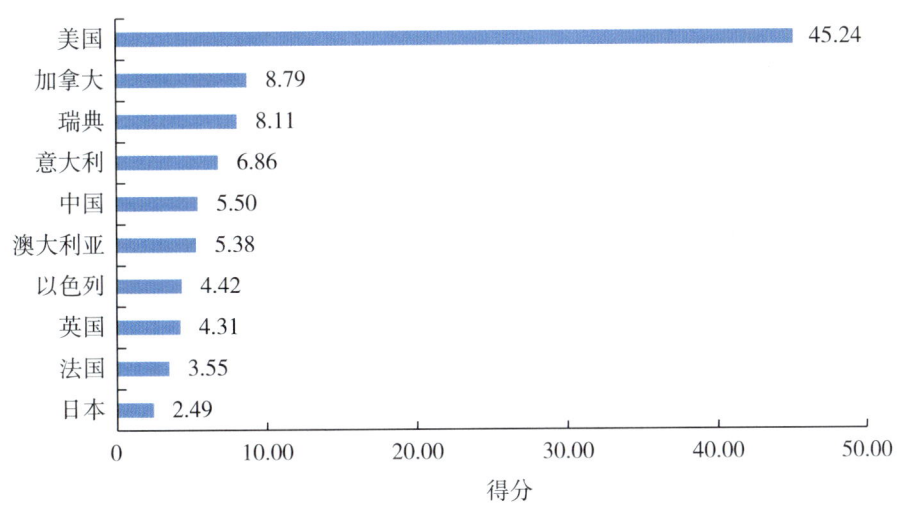

图 7-4　人工智能全球顶级会议参与度得分排前 10 位的国家

为了衡量各个国家在国际会议上的参与度，根据上述七大顶级会议实际情况，计算会议主办国、主席、理事、演讲学者、最佳文章得主和参会人数这 6 个要素，各个国家在 6 个要素的表现如图 7-5 所示。

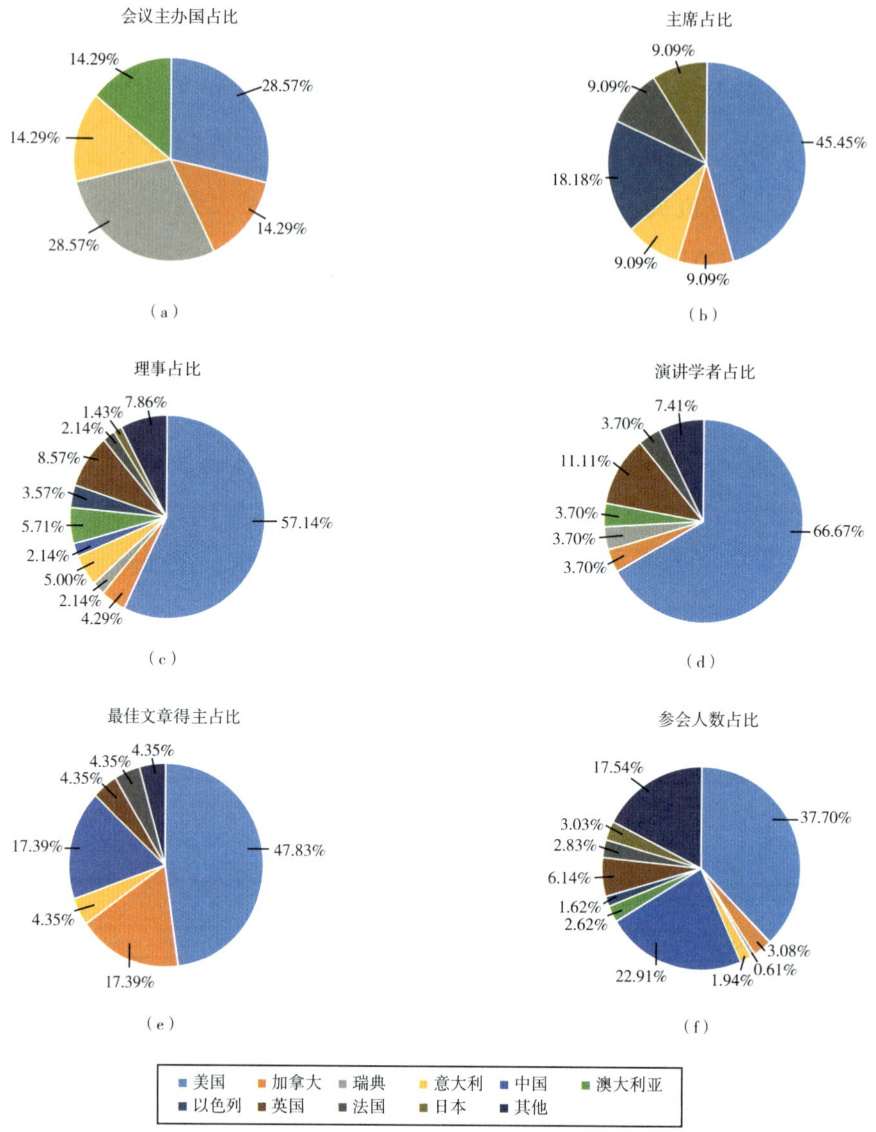

图7-5 参评国家人工智能顶级会议计算要素占比

美国的人工智能全球顶级会议参与度的分值遥遥领先其他参评国家，且在每个计算要素上都排第1位。在理事和演讲学者这2个计算要素中，美国获得了超过一半的比重；在主席和最佳文章得主这2个计算要素中，美国也获得了接近一半的比重，且大幅度领先其他国家；在主办和参会这两个计算要素中，美国未能获得绝对的优势。美国顶级会议参与度的领先，与其人工智能产业界的实力密不可分。顶级会议的委员会成员（包括主席与理事）与受邀演讲的学者，有不少均来自于美国人工智能产业界。例如，2018年的NIPS会议上，主席来自于美国的谷歌，理事中有3位来自谷歌，4位来自微软。

加拿大和瑞典在顶级会议上的参与度仅次于美国。加拿大举办了7次顶级会议中的一次，且在最佳文章得主中占有可观的比重（17.39%）。而瑞典举办了7次顶级会议中的2次，在主办国家这个占比最高的计算要素上，与美国并列第一名。

中国在顶级会议上的参与度仍然有待提升。在6个计算要素中，中国的最佳文章占比达到了17.39%，与第2位加拿大持平；参会人数占比为22.91%，在该计算要素上排第2位，仅次于美国。但是，中国在主办、主席、理事、演讲这4个计算要素中均占比较低。除理事之外，其余3个计算要素中国的得分为0。

中国在顶级会议上的参与度主要来自于最佳文章与参会人数。在顶级会议发表的文章中，中国学者在数量与质量这2个维度上均有不错的表现。

第八章
全球人工智能发展主要趋势观察

通过对比近几年的人工智能创新指数评价结果，可以看到人工智能已然成为全球科技创新的焦点之一，支撑人工智能研发应用的政策环境和基础条件不断完善，全球人工智能处于加速发展期，并呈现出几点主要趋势。

一、政策制度环境日益完善

随着人工智能发展潜力和应用价值的持续显现，以国家战略引领人工智能创新已经成为全球人工智能发展的重要趋势之一。各国不断完善顶层设计，不断出台人工智能发展的战略规划和支持性政策。同时，为规范人工智能的发展，各国政府、国际组织、学术和产业界等纷纷加快人工智能治理问题研究与实践。

在人工智能创新制度方面，本书重点考查了各国人工智能政策规划的完备性及对人工智能治理的重视程度2个方面。相比2021年，无论是人工智能创新制度二级指标，还是政策规划和治理2个二级指标，2022年几乎所有参评国家的分数都有所增加。从平均分看，人工智能创新制度二级指标平均得分从2021年的15.36分上升至2022年的19.96分，政策规划二级指标平均得分从2021年的13.70分上升至2022年的19.55分，治理二级指标平均得分从2021年的17.03分上升至2022年的20.38分（图8-1）。

第八章 全球人工智能发展主要趋势观察

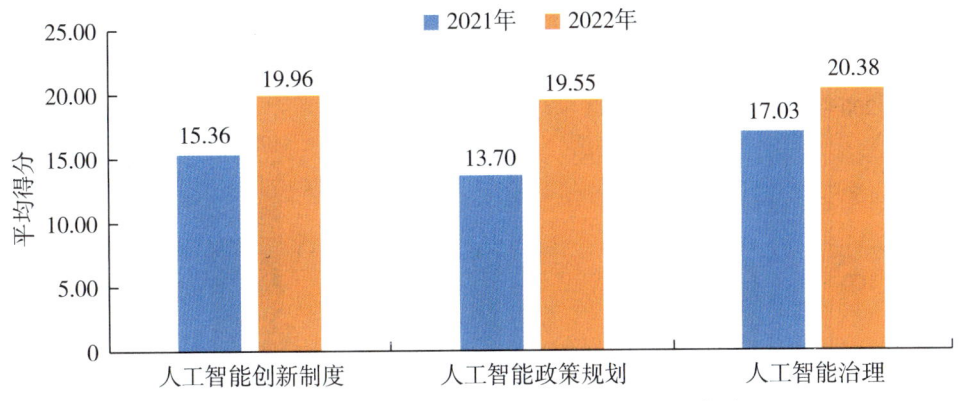

图 8-1 参评国家人工智能创新制度平均得分

二、基础设施建设持续推进

数据和算力是支撑人工智能创新和应用必不可少的要素之一。当前,"大算力+大数据+强算法"的人工智能主流技术路线进一步提高了对先进算力的需求。适应新形势新需求,各国正在加快推进人工智能数据和算力基础设施建设。

从数据中心数量看,近 3 年参评国家托管型数据中心总量持续增长,从 2020 年的 4096 个增长到 2022 年的 4297 个。相比 2020 年,有 1/3 国家的托管型数据中心数量增长了 10% 以上。

从超算中心数量看,随着越来越多的国家加大算力基础设施建设力度,全球超算 500 强排行榜争夺激烈,中国在超算上的优势有所减弱。2020—2022 年,中国进入全球 500 强的超算中心数量逐年减少,从 2020 年的 226 个下降到 2022 年的 173 个,占全球比重从 2020 年的 45% 下降到 2022 年的 35%。美国、英国、德国等国家进入全球 500 强的超算数量则持续增加。美国从 2020 年的 113 个增长到 2022 年的 128 个,英国从 2020 年的 10 个增长到 2022 年的 12 个,德国从 2020 年的 16 个增长到 2022 年的 31 个(图 8-2)。

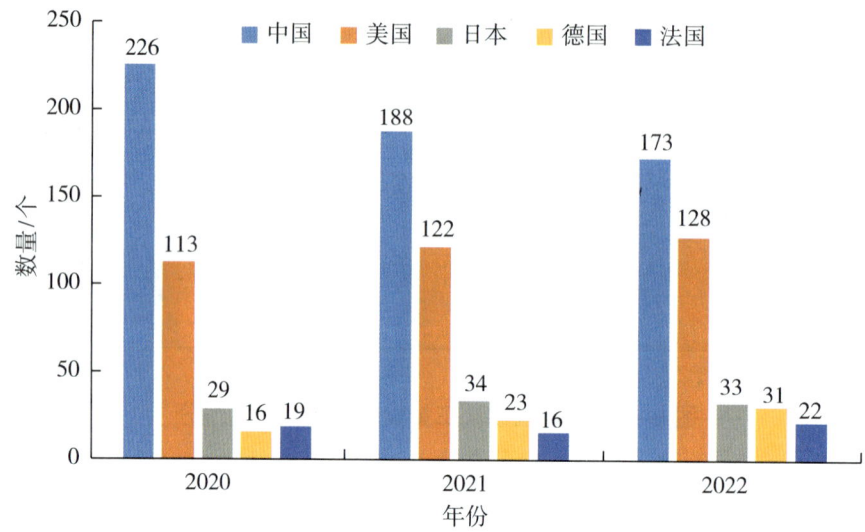

图 8-2 主要国家进入全球 500 强超算中心数量

三、人工智能产业进程加快

在新技术与新场景的催生下，人工智能正进入规模化落地应用阶段。从企业数量和从业人口规模看，全球人工智能产业加快发展。2022 年，参评国家的人工智能企业总数和人工智能从业人口总数继续增长，且增幅均有所扩大。

据统计，2022 年参评国家的人工智能企业总数达到 13 653 家，同比增长 25%，增幅进一步扩大（2021 年为 18%）（图 8-3）。其中，相比 2020 年，有一半以上的参评国家人工智能企业数量增幅超 50%。例如，英国从 2020 年的 511 家增

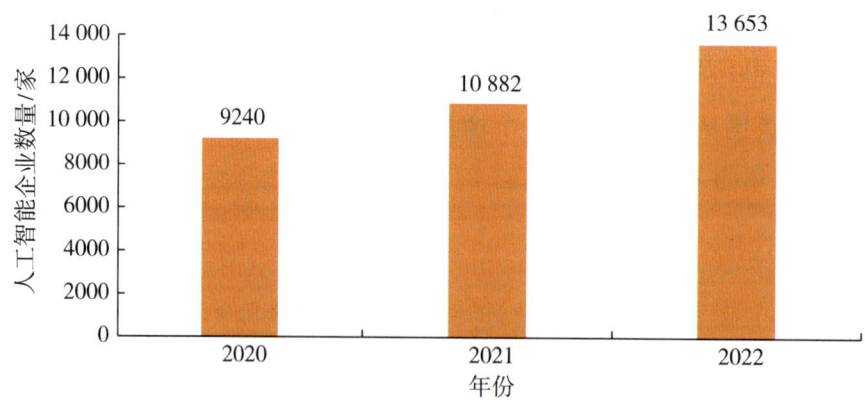

图 8-3 2020—2022 年参评国家人工智能企业数量

长至 2022 年的 972 家，人工智能企业数量几乎翻番。

2022 年，参评国家的人工智能从业人口总数达到 207 万人，同比增长 53%，增幅显著高于 2021 年（10%）。其中，相比 2020 年，有 65% 以上的参评国家人工智能从业人口数量增幅超过 50%。例如，新加坡人工智能从业人口从 2020 年的 2.5 万人扩大到 2022 年的 5.4 万人。

四、人工智能赋能科学研究

在新的模型能力支撑下，人工智能快速进入科学领域，传统科研成为人工智能大显身手的新领域，AI for Science（AI4S）成为近几年兴起的一个前沿而激动人心的研究方向。从人工智能论文涉及的学科主题看，跨学科、多领域融合的研究正在增多。

人工智能论文的学科主题分布较为广泛，除电子、通信、计算机科学等信息技术主题外，也涉及环境科学、地理科学、材料科学、能源燃烧、应用物理等基础学科主题。2020—2022 年，涉及环境科学、地理科学、材料科学等基础学科主题的人工智能论文数量不断增长，占人工智能论文总量的比重从 2020 年的 4.94% 上升到 2022 年的 10.01%（图 8-4）。

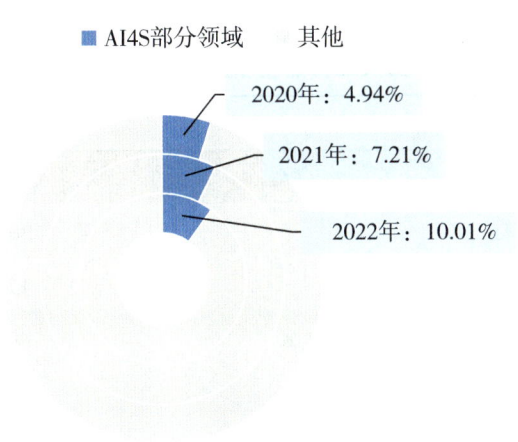

图 8-4　涉及传统科研领域的人工智能期刊论文占比

第九章
中国人工智能创新发展情况分析

一、总体位势

当前，中国人工智能整体发展水平已跻身世界前列，连续 3 年保持全球第 2 位的水平，仅次于美国。在基础支撑、创新资源与环境、科技研发、产业与应用、国际化等方面，中国均表现良好（表 9-1）。中国也是唯一一个在人工智能领域处于世界先进水平的发展中国家，在人工智能创新指数综合得分排前 10 位的国家中，其余 9 个均为发达国家。

表 9-1 中国人工智能创新指数各级指标得分明细

指标序号	指标名称	得分	排名
1	**人工智能基础支撑**	39.63	14
1.1	**计算基础**	36.97	6
1.1.1	数据中心保有率	17.73	9
1.1.2	全球 TOP 500 超算中心占比▲	69.20	1
1.1.3	人均发电量	25.84	21
1.1.4	开放数据指数	35.10	46
1.2	**网络基础**	42.30	32
1.2.1	移动蜂窝电话订阅率	27.59	25

续表

指标序号	指标名称	得分	排名
1.2.2	互联网使用率	57.71	41
1.2.3	固定宽带订阅率	67.20	21
1.2.4	5G 建设水平▲	16.69	5
2	**人工智能创新资源与环境**	**51.21**	**4**
2.1	**人工智能人才**	47.09	3
2.1.1	人工智能顶级学者人口参与率	5.32	14
2.1.2	人工智能开源代码贡献量▲	75.33	2
2.1.3	人工智能高收藏量开源代码占比	60.62	18
2.2	**人工智能教育**	67.38	2
2.2.1	高水平人工智能核心专业开设率	3.53	26
2.2.2	全日制科学和工程博士生占比▲	100.00	1
2.2.3	PISA 测试成绩▲	98.60	1
2.3	**国家研发投入**	48.02	11
2.4	**人工智能创新制度**	42.38	6
2.4.1	国家人工智能发展政策与规划▲	43.25	5
2.4.2	国家人工智能社会治理	41.50	6
3	**人工智能科技研发**	**89.09**	**2**
3.1	**人工智能学术论文**	78.18	2
3.1.1	人均人工智能论文产出量	34.53	29
3.1.2	人工智能顶级论文量▲	100.00	1
3.1.3	人工智能全球 TOP 100 高被引论文占比▲	100.00	1
3.2	**人工智能专利**	100.00	1
3.2.1	人均人工智能专利申请量▲	100.00	1
3.2.2	人均人工智能专利授权量▲	100.00	1
3.2.3	人均 5G 专利申请量▲	100.00	1
3.2.4	人均 5G 专利授权量▲	100.00	1

续表

指标序号	指标名称	得分	排名
4	人工智能产业与应用	50.16	2
4.1	人工智能产业	75.09	1
4.1.1	人工智能企业数量▲	99.70	3
4.1.2	人工智能企业平均融资金额▲	100.00	1
4.1.3	人工智能上市企业数量▲	100.00	1
4.1.4	人工智能从业人员人口参与率	0.64	33
4.2	人工智能应用	25.23	4
4.2.1	集成电路盈利水平	0.46	45
4.2.2	物联网 TOP 100 企业占比▲	50.00	4
5	人工智能国际化	45.89	8
5.1	人工智能标准和学术研究国际化	45.89	8
5.1.1	人工智能国际标准组织参与度	60.00	6
5.1.2	人工智能国际联盟参与度▲	66.67	4
5.1.3	人工智能全球顶级会议参与度▲	10.99	5

注：▲为排前 5 位的三级指标。

对比近几年的评价结果，可以看到中国人工智能发展成效显著。相比 2021 年，33 个[①]三级指标中有 10 个指标的名次都有所上升，主要集中在网络基础、人工智能人才、人工智能教育、人工智能创新制度、人工智能专利等方面。排前 5 位的指标数量不断增长，2020—2022 年分别为 12 个、15 个、18 个。

与美国相比，中国在很多方面仍存在一定差距。从指标排名看，5 个一级指标中，美国均位居第 1 位，中国却未有排第 1 位的一级指标；11 个二级指标中，中国有 9 个指标落后美国（图 9-1）；33 个三级指标中，中国有 24 个指标表现不如美国。从指标绝对值看，中国的托管型数据中心、从业人员及人工智能企业的数量规模都与美国有差距。中国的托管型数据中心数量不到美国的 1/20，人工智能从业人员规模不到美国的 1/3，人工智能企业数量不到美国的 1/5。

---

① 其中"国家研发投入"二级指标下设只有一个三级指标为"国家研发投入强度"，指标得分明细表中只标二级指标。

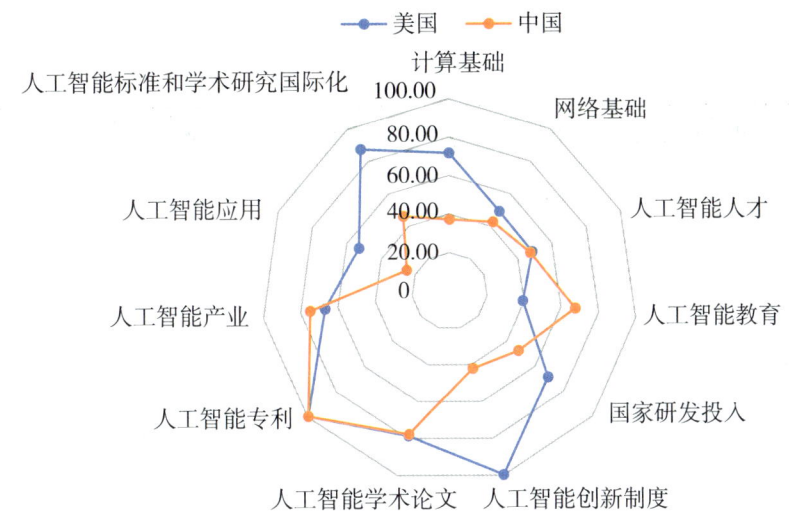

图9-1 中美二级指标得分情况对比

二、发展成效

中国的优势指标从2021年的15个增加到2022年的18个，保持原有优势的同时，在人工智能顶级学者人口参与率、人均人工智能专利授权量、人均5G专利申请量、人均5G专利授权量、人工智能上市企业数量等指标的表现有明显上升。

开源项目影响力明显上升。截至2022年7月，中国的人工智能开源代码量达到226项，仅次于美国，相比2021年的158项有所增长。其中，收藏数量达到200项的人工智能开源代码达到137项，约为2021年的1.5倍。反映出中国的人工智能开源项目无论是数量还是质量都有显著提升。

全球TOP 500超算中心数量连年保持首位。规模庞大的高水平超算中心为中国人工智能技术研发奠定了强大的算力基础。2019—2022年，中国进入全球TOP 500的超算中心数量一直保持全球第一。2022年6月的评价结果显示，中国共有173个超算中心进入全球TOP 500行列，占总量的34.6%。

人工智能企业队伍不断壮大。蓬勃发展的人工智能企业将推动中国的人工智能产业走向成熟。截至2022年9月，中国共有997家人员规模大于10的人工智能企业，相比2021年同比增长约13%；人工智能企业累计共获得439.78亿美元的投资，排第2位，平均每家企业融资额为0.50亿美元，排第1位。

论文和专利总量遥遥领先。中国论文和专利的突出成绩展示出中国已经成为全球人工智能领域一支重要的研究力量。2021年，中国学者共发表7.9万篇人工智能相关论文，其中在人工智能顶级期刊和顶级会议上发表的论文共4181篇，均排全球第1位。人工智能专利授权量快速增长，2021年达6.5万件，约为2020年的3倍。

三、创新挑战

从三级指标排名看，中国在移动蜂窝电话订阅率、互联网使用率、高水平人工智能专业开设率、人工智能从业人员人口参与率、集成电路盈利水平等指标上处于参评国家中等水平。

数据资源建设有待提高。中国的开放数据指数总得分为35.10分，排名末尾，与该指数排第1位的新加坡（开放数据指数得分为92.00分）差距较大。具体来看，数据全面性指数和数据开放性指数分别为44.40分和27.20分，分别排第43位和第46位，均处于参评国家下游位置。

网络普及率还有较大进步空间。中国在移动蜂窝电话订阅率、互联网使用率、固定宽带订阅率等反映网络普及情况的指标上均排在中等水平。2021年，中国移动蜂窝电话订阅率为118.99%，尚未达到参评国家的平均水平（121.44%）；互联网使用率约为70.40%，也低于参评国家的平均水平（84.32%）。根据国际电联公布的数据，2021年全球移动蜂窝电话订阅率为109.90%，发达国家为134.80%，发展中国家为105.10%。当前中国的移动蜂窝电话订阅率已超过全球平均水平和发展中国家的平均水平，但离发达国家的平均水平还有一定差距。

数学、物理、神经科学等人工智能基础学科教育水平有待提高。从高校实力看，中国在人工智能基础学科方面不及美国。美国在数学、物理、神经科学3个专业上排名世界前200的高校分别有47所、59所、65所，中国则分别有44所、16所、6所。

为此，还需要进一步夯实创新基础，为我国人工智能高质量发展提供源源不断的动力。一是持续推进数据和算力资源建设，支撑人工智能技术研发和落地应用。二是加大人才培育，建立全方位多层次的人才培养体系，储备更多高层次人才。三是加快技术创新，尽快弥补我国在基础软硬件上的短板，同时重视前瞻布局，争取在大模型等领域取得更大突破。四是充分发挥我国的市场优势，强化场景牵引，推动人工智能与实体经济、科学研究等深度融合，开辟发展新领域新赛道。五是深化国际合作，主动搭建更多合作平台，推动人工智能国际学术交流和全球治理协作。

附录

全球人工智能创新指数各国概况

1. 美国各指标详细得分及排名情况

全球人工智能创新指数—第 1 名

指标序号	指标名称	得分	排名
1	**人工智能基础支撑**	**60.15**	**1**
1.1	计算基础	71.50	1
1.1.1	数据中心保有率	100.00	1
1.1.2	全球 TOP 500 超算中心占比	51.20	2
1.1.3	人均发电量	64.40	3
1.1.4	开放数据指数	70.40	14
1.2	网络基础	48.81	15
1.2.1	移动蜂窝电话订阅率	22.23	38
1.2.2	互联网使用率	87.00	14
1.2.3	固定宽带订阅率	73.22	15
1.2.4	5G 建设水平	12.78	12
2	**人工智能创新资源与环境**	**64.12**	**1**
2.1	人工智能人才	48.31	2
2.1.1	人工智能顶级学者人口参与率	15.80	3
2.1.2	人工智能开源代码贡献量	100.00	1
2.1.3	人工智能高收藏量开源代码占比	29.12	40

续表

指标序号	指标名称	得分	排名
2.2	人工智能教育	39.17	25
2.2.1	高水平人工智能核心专业开设率	3.45	27
2.2.2	全日制科学和工程博士生占比	79.88	25
2.2.3	PISA 测试成绩	34.20	15
2.3	国家研发投入	69.00	5
2.4	人工智能创新制度	100.00	1
2.4.1	国家人工智能发展政策与规划	100.00	1
2.4.2	国家人工智能社会治理	100.00	1
3	人工智能科技研发	89.47	1
3.1	人工智能学术论文	78.93	1
3.1.1	人均人工智能论文产出量	36.80	26
3.1.2	人工智能顶级论文量	100.00	1
3.1.3	人工智能全球 TOP 100 高被引论文占比	100.00	1
3.2	人工智能专利	100.00	1
3.2.1	人均人工智能专利申请量	100.00	1
3.2.2	人均人工智能专利授权量	100.00	1
3.2.3	人均 5G 专利申请量	100.00	1
3.2.4	人均 5G 专利授权量	100.00	1
4	人工智能产业与应用	60.10	1
4.1	人工智能产业	67.04	2
4.1.1	人工智能企业数量	100.00	1
4.1.2	人工智能企业平均融资金额	70.26	2
4.1.3	人工智能上市企业数量	87.00	2
4.1.4	人工智能从业人员人口参与率	10.90	4
4.2	人工智能应用	53.15	1
4.2.1	集成电路盈利水平	6.30	2
4.2.2	物联网 TOP 100 企业占比	100.00	1
5	人工智能国际化	87.30	1
5.1	人工智能标准和学术研究国际化	87.30	1
5.1.1	人工智能国际标准组织参与度	71.43	1
5.1.2	人工智能国际联盟参与度	100.00	1
5.1.3	人工智能全球顶级会议参与度	90.48	1

2. 中国各指标详细得分及排名情况

全球人工智能创新指数—第 2 名

指标序号	指标名称	得分	排名
1	**人工智能基础支撑**	**39.63**	**14**
1.1	计算基础	36.97	6
1.1.1	数据中心保有率	17.73	9
1.1.2	全球 TOP 500 超算中心占比	69.20	1
1.1.3	人均发电量	25.84	21
1.1.4	开放数据指数	35.10	46
1.2	网络基础	42.30	32
1.2.1	移动蜂窝电话订阅率	27.59	25
1.2.2	互联网使用率	57.71	41
1.2.3	固定宽带订阅率	67.20	21
1.2.4	5G 建设水平	16.69	5
2	**人工智能创新资源与环境**	**51.21**	**4**
2.1	人工智能人才	47.09	3
2.1.1	人工智能顶级学者人口参与率	5.32	14
2.1.2	人工智能开源代码贡献量	75.33	2
2.1.3	人工智能高收藏量开源代码占比	60.62	18
2.2	人工智能教育	67.38	2
2.2.1	高水平人工智能核心专业开设率	3.53	26
2.2.2	全日制科学和工程博士生占比	100.00	1
2.2.3	PISA 测试成绩	98.60	1
2.3	国家研发投入	48.02	11
2.4	人工智能创新制度	42.38	6
2.4.1	国家人工智能发展政策与规划	43.25	5
2.4.2	国家人工智能社会治理	41.50	6

续表

指标序号	指标名称	得分	排名
3	**人工智能科技研发**	89.09	2
3.1	人工智能学术论文	78.18	2
3.1.1	人均人工智能论文产出量	34.53	29
3.1.2	人工智能顶级论文量	100.00	1
3.1.3	人工智能全球TOP 100高被引论文占比	100.00	1
3.2	人工智能专利	100.00	1
3.2.1	人均人工智能专利申请量	100.00	1
3.2.2	人均人工智能专利授权量	100.00	1
3.2.3	人均5G专利申请量	100.00	1
3.2.4	人均5G专利授权量	100.00	1
4	**人工智能产业与应用**	50.16	2
4.1	人工智能产业	75.09	1
4.1.1	人工智能企业数量	99.70	3
4.1.2	人工智能企业平均融资金额	100.00	1
4.1.3	人工智能上市企业数量	100.00	1
4.1.4	人工智能从业人员人口参与率	0.64	33
4.2	人工智能应用	25.23	4
4.2.1	集成电路盈利水平	0.46	45
4.2.2	物联网TOP 100企业占比	50.00	4
5	**人工智能国际化**	45.89	8
5.1	人工智能标准和学术研究国际化	45.89	8
5.1.1	人工智能国际标准组织参与度	60.00	6
5.1.2	人工智能国际联盟参与度	66.67	4
5.1.3	人工智能全球顶级会议参与度	10.99	5

3. 英国各指标详细得分及排名情况

全球人工智能创新指数—第 3 名

指标序号	指标名称	得分	排名
1	人工智能基础支撑	43.14	10
1.1	计算基础	34.02	11
1.1.1	数据中心保有率	54.82	2
1.1.2	全球 TOP 500 超算中心占比	4.80	7
1.1.3	人均发电量	18.65	31
1.1.4	开放数据指数	57.80	38
1.2	网络基础	52.27	8
1.2.1	移动蜂窝电话订阅率	26.33	30
1.2.2	互联网使用率	92.60	6
1.2.3	固定宽带订阅率	80.52	12
1.2.4	5G 建设水平	9.61	18
2	人工智能创新资源与环境	55.42	3
2.1	人工智能人才	38.11	4
2.1.1	人工智能顶级学者人口参与率	13.83	4
2.1.2	人工智能开源代码贡献量	40.67	5
2.1.3	人工智能高收藏量开源代码占比	59.84	20
2.2	人工智能教育	58.85	5
2.2.1	高水平人工智能核心专业开设率	52.83	3
2.2.2	全日制科学和工程博士生占比	84.91	16
2.2.3	PISA 测试成绩	38.80	9
2.3	国家研发投入	34.16	19
2.4	人工智能创新制度	90.58	2
2.4.1	国家人工智能发展政策与规划	88.42	2
2.4.2	国家人工智能社会治理	92.75	2

续表

指标序号	指标名称	得分	排名
3	人工智能科技研发	55.05	10
3.1	人工智能学术论文	38.32	4
3.1.1	人均人工智能论文产出量	49.19	17
3.1.2	人工智能顶级论文量	15.76	3
3.1.3	人工智能全球 TOP 100 高被引论文占比	50.00	4
3.2	人工智能专利	71.78	14
3.2.1	人均人工智能专利申请量	70.53	18
3.2.2	人均人工智能专利授权量	83.34	12
3.2.3	人均 5G 专利申请量	44.38	15
3.2.4	人均 5G 专利授权量	88.88	18
4	人工智能产业与应用	28.82	4
4.1	人工智能产业	36.21	3
4.1.1	人工智能企业数量	97.20	4
4.1.2	人工智能企业平均融资金额	28.52	11
4.1.3	人工智能上市企业数量	13.00	5
4.1.4	人工智能从业人员人口参与率	6.13	8
4.2	人工智能应用	21.43	5
4.2.1	集成电路盈利水平	2.86	36
4.2.2	物联网 TOP 100 企业占比	40.00	5
5	人工智能国际化	50.49	3
5.1	人工智能标准和学术研究国际化	50.49	3
5.1.1	人工智能国际标准组织参与度	42.86	18
5.1.2	人工智能国际联盟参与度	100.00	1
5.1.3	人工智能全球顶级会议参与度	8.62	8

4. 德国各指标详细得分及排名情况

全球人工智能创新指数—第 4 名

指标序号	指标名称	得分	排名
1	**人工智能基础支撑**	47.48	4
1.1	**计算基础**	41.84	4
1.1.1	数据中心保有率	46.26	3
1.1.2	全球 TOP 500 超算中心占比	12.40	4
1.1.3	人均发电量	31.40	18
1.1.4	开放数据指数	77.30	9
1.2	**网络基础**	53.12	7
1.2.1	移动蜂窝电话订阅率	31.20	17
1.2.2	互联网使用率	85.44	19
1.2.3	固定宽带订阅率	86.44	6
1.2.4	5G 建设水平	9.41	19
2	**人工智能创新资源与环境**	36.17	15
2.1	**人工智能人才**	36.89	5
2.1.1	人工智能顶级学者人口参与率	9.71	7
2.1.2	人工智能开源代码贡献量	46.67	4
2.1.3	人工智能高收藏量开源代码占比	54.29	26
2.2	**人工智能教育**	42.49	16
2.2.1	高水平人工智能核心专业开设率	13.03	15
2.2.2	全日制科学和工程博士生占比	76.23	27
2.2.3	PISA 测试成绩	38.20	12
2.3	**国家研发投入**	62.89	8
2.4	**人工智能创新制度**	2.42	43
2.4.1	国家人工智能发展政策与规划	2.33	42
2.4.2	国家人工智能社会治理	2.50	43

续表

指标序号	指标名称	得分	排名
3	人工智能科技研发	57.08	9
3.1	人工智能学术论文	28.16	9
3.1.1	人均人工智能论文产出量	50.40	15
3.1.2	人工智能顶级论文量	14.08	5
3.1.3	人工智能全球TOP 100高被引论文占比	20.00	5
3.2	人工智能专利	85.99	9
3.2.1	人均人工智能专利申请量	91.48	15
3.2.2	人均人工智能专利授权量	100.00	1
3.2.3	人均5G专利申请量	52.50	13
3.2.4	人均5G专利授权量	100.00	1
4	人工智能产业与应用	36.36	3
4.1	人工智能产业	20.97	8
4.1.1	人工智能企业数量	50.30	6
4.1.2	人工智能企业平均融资金额	30.59	9
4.1.3	人工智能上市企业数量	1.00	14
4.1.4	人工智能从业人员人口参与率	1.98	21
4.2	人工智能应用	51.76	2
4.2.1	集成电路盈利水平	3.52	6
4.2.2	物联网TOP 100企业占比	100.00	1
5	人工智能国际化	45.16	9
5.1	人工智能标准和学术研究国际化	45.16	9
5.1.1	人工智能国际标准组织参与度	65.71	3
5.1.2	人工智能国际联盟参与度	66.67	4
5.1.3	人工智能全球顶级会议参与度	3.11	11

5. 新加坡各指标详细得分及排名情况

全球人工智能创新指数—第 5 名

指标序号	指标名称	得分	排名
1	**人工智能基础支撑**	41.87	11
1.1	计算基础	36.42	7
1.1.1	数据中心保有率	7.95	21
1.1.2	全球 TOP 500 超算中心占比	1.20	18
1.1.3	人均发电量	44.51	8
1.1.4	开放数据指数	92.00	1
1.2	网络基础	47.32	21
1.2.1	移动蜂窝电话订阅率	37.25	6
1.2.2	互联网使用率	88.57	10
1.2.3	固定宽带订阅率	51.62	34
1.2.4	5G 建设水平	11.84	14
2	**人工智能创新资源与环境**	58.97	2
2.1	人工智能人才	61.26	1
2.1.1	人工智能顶级学者人口参与率	100.00	1
2.1.2	人工智能开源代码贡献量	6.00	18
2.1.3	人工智能高收藏量开源代码占比	77.78	8
2.2	人工智能教育	63.32	4
2.2.1	高水平人工智能核心专业开设率	20.59	11
2.2.2	全日制科学和工程博士生占比	82.78	22
2.2.3	PISA 测试成绩	86.60	2
2.3	国家研发投入	37.81	16
2.4	人工智能创新制度	73.48	4
2.4.1	国家人工智能发展政策与规划	74.53	3
2.4.2	国家人工智能社会治理	72.42	4

续表

指标序号	指标名称	得分	排名
3	人工智能科技研发	68.13	3
3.1	人工智能学术论文	36.25	5
3.1.1	人均人工智能论文产出量	100.00	1
3.1.2	人工智能顶级论文量	8.76	9
3.1.3	人工智能全球TOP 100高被引论文占比	0.00	17
3.2	人工智能专利	100.00	1
3.2.1	人均人工智能专利申请量	100.00	1
3.2.2	人均人工智能专利授权量	100.00	1
3.2.3	人均5G专利申请量	100.00	1
3.2.4	人均5G专利授权量	100.00	1
4	人工智能产业与应用	15.13	10
4.1	人工智能产业	27.61	7
4.1.1	人工智能企业数量	28.90	9
4.1.2	人工智能企业平均融资金额	47.57	3
4.1.3	人工智能上市企业数量	1.00	14
4.1.4	人工智能从业人员人口参与率	32.99	1
4.2	人工智能应用	2.65	16
4.2.1	集成电路盈利水平	5.30	4
4.2.2	物联网TOP 100企业占比	0.00	16
5	人工智能国际化	35.88	22
5.1	人工智能标准和学术研究国际化	35.88	22
5.1.1	人工智能国际标准组织参与度	40.00	24
5.1.2	人工智能国际联盟参与度	66.67	4
5.1.3	人工智能全球顶级会议参与度	0.98	14

6. 加拿大各指标详细得分及排名情况

全球人工智能创新指数—第 6 名

指标序号	指标名称	得分	排名
1	人工智能基础支撑	50.47	2
1.1	计算基础	50.36	2
1.1.1	数据中心保有率	36.48	4
1.1.2	全球 TOP 500 超算中心占比	5.60	6
1.1.3	人均发电量	83.35	1
1.1.4	开放数据指数	76.00	11
1.2	网络基础	50.59	11
1.2.1	移动蜂窝电话订阅率	14.00	45
1.2.2	互联网使用率	95.67	3
1.2.3	固定宽带订阅率	83.86	7
1.2.4	5G 建设水平	8.82	20
2	人工智能创新资源与环境	38.26	12
2.1	人工智能人才	34.70	8
2.1.1	人工智能顶级学者人口参与率	13.02	5
2.1.2	人工智能开源代码贡献量	33.67	6
2.1.3	人工智能高收藏量开源代码占比	57.43	22
2.2	人工智能教育	57.24	6
2.2.1	高水平人工智能核心专业开设率	26.04	9
2.2.2	全日制科学和工程博士生占比	97.47	4
2.2.3	PISA 测试成绩	48.20	4
2.3	国家研发投入	33.96	20
2.4	人工智能创新制度	27.13	8
2.4.1	国家人工智能发展政策与规划	27.00	8
2.4.2	国家人工智能社会治理	27.25	10

续表

指标序号	指标名称	得分	排名
3	人工智能科技研发	58.56	8
3.1	人工智能学术论文	30.86	7
3.1.1	人均人工智能论文产出量	60.97	8
3.1.2	人工智能顶级论文量	11.60	6
3.1.3	人工智能全球TOP 100高被引论文占比	20.00	5
3.2	人工智能专利	86.26	8
3.2.1	人均人工智能专利申请量	99.46	14
3.2.2	人均人工智能专利授权量	100.00	1
3.2.3	人均5G专利申请量	45.59	14
3.2.4	人均5G专利授权量	100.00	1
4	人工智能产业与应用	18.31	8
4.1	人工智能产业	30.18	5
4.1.1	人工智能企业数量	60.30	5
4.1.2	人工智能企业平均融资金额	29.39	10
4.1.3	人工智能上市企业数量	23.00	3
4.1.4	人工智能从业人员人口参与率	8.05	5
4.2	人工智能应用	6.44	14
4.2.1	集成电路盈利水平	2.87	35
4.2.2	物联网TOP 100企业占比	10.00	10
5	人工智能国际化	53.48	2
5.1	人工智能标准和学术研究国际化	53.48	2
5.1.1	人工智能国际标准组织参与度	42.86	18
5.1.2	人工智能国际联盟参与度	100.00	1
5.1.3	人工智能全球顶级会议参与度	17.58	2

7. 日本各指标详细得分及排名情况

全球人工智能创新指数—第 7 名

指标序号	指标名称	得分	排名
1	**人工智能基础支撑**	**41.84**	**12**
1.1	计算基础	32.43	13
1.1.1	数据中心保有率	11.00	16
1.1.2	全球 TOP 500 超算中心占比	13.20	3
1.1.3	人均发电量	37.31	13
1.1.4	开放数据指数	68.20	21
1.2	网络基础	51.26	10
1.2.1	移动蜂窝电话订阅率	41.90	3
1.2.2	互联网使用率	86.03	16
1.2.3	固定宽带订阅率	69.58	18
1.2.4	5G 建设水平	7.53	29
2	**人工智能创新资源与环境**	**42.44**	**8**
2.1	人工智能人才	25.39	21
2.1.1	人工智能顶级学者人口参与率	4.49	18
2.1.2	人工智能开源代码贡献量	11.67	12
2.1.3	人工智能高收藏量开源代码占比	60.00	19
2.2	人工智能教育	36.11	30
2.2.1	高水平人工智能核心专业开设率	2.30	31
2.2.2	全日制科学和工程博士生占比	59.44	43
2.2.3	PISA 测试成绩	46.60	5
2.3	国家研发投入	65.26	6
2.4	人工智能创新制度	43.00	5
2.4.1	国家人工智能发展政策与规划	43.00	6
2.4.2	国家人工智能社会治理	43.00	5

续表

指标序号	指标名称	得分	排名
3	人工智能科技研发	58.90	7
3.1	人工智能学术论文	17.81	21
3.1.1	人均人工智能论文产出量	36.78	27
3.1.2	人工智能顶级论文量	6.64	11
3.1.3	人工智能全球 TOP 100 高被引论文占比	10.00	9
3.2	人工智能专利	100.00	1
3.2.1	人均人工智能专利申请量	100.00	1
3.2.2	人均人工智能专利授权量	100.00	1
3.2.3	人均 5G 专利申请量	100.00	1
3.2.4	人均 5G 专利授权量	100.00	1
4	人工智能产业与应用	24.26	5
4.1	人工智能产业	15.42	10
4.1.1	人工智能企业数量	25.90	10
4.1.2	人工智能企业平均融资金额	19.09	17
4.1.3	人工智能上市企业数量	15.00	4
4.1.4	人工智能从业人员人口参与率	1.68	24
4.2	人工智能应用	33.09	3
4.2.1	集成电路盈利水平	6.19	3
4.2.2	物联网 TOP 100 企业占比	60.00	3
5	人工智能国际化	47.69	5
5.1	人工智能标准和学术研究国际化	47.69	5
5.1.1	人工智能国际标准组织参与度	71.43	1
5.1.2	人工智能国际联盟参与度	66.67	4
5.1.3	人工智能全球顶级会议参与度	4.97	10

8. 韩国各指标详细得分及排名情况

全球人工智能创新指数—第 8 名

指标序号	指标名称	得分	排名
1	**人工智能基础支撑**	**46.64**	**5**
1.1	计算基础	33.30	12
1.1.1	数据中心保有率	4.08	31
1.1.2	全球 TOP 500 超算中心占比	2.40	9
1.1.3	人均发电量	56.32	5
1.1.4	开放数据指数	70.40	14
1.2	网络基础	59.99	1
1.2.1	移动蜂窝电话订阅率	34.97	10
1.2.2	互联网使用率	95.01	5
1.2.3	固定宽带订阅率	87.10	5
1.2.4	5G 建设水平	22.87	1
2	**人工智能创新资源与环境**	**44.34**	**7**
2.1	人工智能人才	26.86	17
2.1.1	人工智能顶级学者人口参与率	7.71	12
2.1.2	人工智能开源代码贡献量	7.67	15
2.1.3	人工智能高收藏量开源代码占比	65.22	15
2.2	人工智能教育	43.21	15
2.2.1	高水平人工智能核心专业开设率	6.40	22
2.2.2	全日制科学和工程博士生占比	70.03	34
2.2.3	PISA 测试成绩	53.20	3
2.3	国家研发投入	96.29	2
2.4	人工智能创新制度	11.00	27
2.4.1	国家人工智能发展政策与规划	11.00	26
2.4.2	国家人工智能社会治理	11.00	28

续表

指标序号	指标名称	得分	排名
3	人工智能科技研发	63.51	5
3.1	人工智能学术论文	27.03	10
3.1.1	人均人工智能论文产出量	56.33	11
3.1.2	人工智能顶级论文量	14.76	4
3.1.3	人工智能全球 TOP 100 高被引论文占比	10.00	9
3.2	人工智能专利	100.00	1
3.2.1	人均人工智能专利申请量	100.00	1
3.2.2	人均人工智能专利授权量	100.00	1
3.2.3	人均 5G 专利申请量	100.00	1
3.2.4	人均 5G 专利授权量	100.00	1
4	人工智能产业与应用	12.94	11
4.1	人工智能产业	14.24	11
4.1.1	人工智能企业数量	16.80	15
4.1.2	人工智能企业平均融资金额	37.20	6
4.1.3	人工智能上市企业数量	2.00	12
4.1.4	人工智能从业人员人口参与率	0.98	30
4.2	人工智能应用	11.63	8
4.2.1	集成电路盈利水平	13.25	1
4.2.2	物联网 TOP 100 企业占比	10.00	10
5	人工智能国际化	41.53	13
5.1	人工智能标准和学术研究国际化	41.53	13
5.1.1	人工智能国际标准组织参与度	57.14	11
5.1.2	人工智能国际联盟参与度	66.67	4
5.1.3	人工智能全球顶级会议参与度	0.80	15

9. 以色列各指标详细得分及排名情况

全球人工智能创新指数—第 9 名

指标序号	指标名称	得分	排名
1	**人工智能基础支撑**	35.97	25
1.1	计算基础	24.81	26
1.1.1	数据中心保有率	2.24	42
1.1.2	全球 TOP 500 超算中心占比	0.00	27
1.1.3	人均发电量	38.81	10
1.1.4	开放数据指数	58.20	35
1.2	网络基础	47.13	22
1.2.1	移动蜂窝电话订阅率	35.84	9
1.2.2	互联网使用率	85.90	17
1.2.3	固定宽带订阅率	60.12	28
1.2.4	5G 建设水平	6.65	33
2	**人工智能创新资源与环境**	45.63	6
2.1	人工智能人才	22.82	28
2.1.1	人工智能顶级学者人口参与率	28.29	2
2.1.2	人工智能开源代码贡献量	2.67	29
2.1.3	人工智能高收藏量开源代码占比	37.50	38
2.2	人工智能教育	47.11	12
2.2.1	高水平人工智能核心专业开设率	19.05	12
2.2.2	全日制科学和工程博士生占比	91.87	9
2.2.3	PISA 测试成绩	30.40	22
2.3	国家研发投入	100.00	1
2.4	人工智能创新制度	12.58	23
2.4.1	国家人工智能发展政策与规划	12.17	23
2.4.2	国家人工智能社会治理	13.00	21

续表

指标序号	指标名称	得分	排名
3	人工智能科技研发	60.05	6
3.1	人工智能学术论文	20.10	18
3.1.1	人均人工智能论文产出量	54.97	12
3.1.2	人工智能顶级论文量	5.32	12
3.1.3	人工智能全球 TOP 100 高被引论文占比	0.00	17
3.2	人工智能专利	100.00	1
3.2.1	人均人工智能专利申请量	100.00	1
3.2.2	人均人工智能专利授权量	100.00	1
3.2.3	人均 5G 专利申请量	100.00	1
3.2.4	人均 5G 专利授权量	100.00	1
4	人工智能产业与应用	15.39	9
4.1	人工智能产业	29.15	6
4.1.1	人工智能企业数量	42.40	7
4.1.2	人工智能企业平均融资金额	45.58	4
4.1.3	人工智能上市企业数量	11.00	6
4.1.4	人工智能从业人员人口参与率	17.62	2
4.2	人工智能应用	1.62	17
4.2.1	集成电路盈利水平	3.25	7
4.2.2	物联网 TOP 100 企业占比	0.00	16
5	人工智能国际化	39.45	15
5.1	人工智能标准和学术研究国际化	39.45	15
5.1.1	人工智能国际标准组织参与度	42.86	18
5.1.2	人工智能国际联盟参与度	66.67	4
5.1.3	人工智能全球顶级会议参与度	8.83	7

10. 瑞典各指标详细得分及排名情况

全球人工智能创新指数—第 10 名

指标序号	指标名称	得分	排名
1	人工智能基础支撑	50.24	3
1.1	计算基础	45.17	3
1.1.1	数据中心保有率	12.02	14
1.1.2	全球 TOP 500 超算中心占比	2.00	14
1.1.3	人均发电量	82.75	2
1.1.4	开放数据指数	83.90	5
1.2	网络基础	55.31	5
1.2.1	移动蜂窝电话订阅率	30.36	18
1.2.2	互联网使用率	92.20	7
1.2.3	固定宽带订阅率	82.76	8
1.2.4	5G 建设水平	15.90	7
2	人工智能创新资源与环境	40.15	11
2.1	人工智能人才	25.35	22
2.1.1	人工智能顶级学者人口参与率	5.09	16
2.1.2	人工智能开源代码贡献量	7.33	17
2.1.3	人工智能高收藏量开源代码占比	63.64	16
2.2	人工智能教育	51.81	9
2.2.1	高水平人工智能核心专业开设率	33.33	6
2.2.2	全日制科学和工程博士生占比	83.29	18
2.2.3	PISA 测试成绩	38.80	9
2.3	国家研发投入	70.54	3
2.4	人工智能创新制度	12.90	22
2.4.1	国家人工智能发展政策与规划	12.96	21
2.4.2	国家人工智能社会治理	12.83	22

续表

指标序号	指标名称	得分	排名
3	人工智能科技研发	49.54	12
3.1	人工智能学术论文	21.12	16
3.1.1	人均人工智能论文产出量	62.00	7
3.1.2	人工智能顶级论文量	1.36	18
3.1.3	人工智能全球 TOP 100 高被引论文占比	0.00	17
3.2	人工智能专利	77.97	11
3.2.1	人均人工智能专利申请量	100.00	1
3.2.2	人均人工智能专利授权量	11.87	19
3.2.3	人均 5G 专利申请量	100.00	1
3.2.4	人均 5G 专利授权量	100.00	1
4	人工智能产业与应用	7.42	16
4.1	人工智能产业	8.39	20
4.1.1	人工智能企业数量	11.20	20
4.1.2	人工智能企业平均融资金额	11.70	24
4.1.3	人工智能上市企业数量	4.00	9
4.1.4	人工智能从业人员人口参与率	6.68	7
4.2	人工智能应用	6.45	13
4.2.1	集成电路盈利水平	2.90	33
4.2.2	物联网 TOP 100 企业占比	10.00	10
5	人工智能国际化	48.58	4
5.1	人工智能标准和学术研究国际化	48.58	4
5.1.1	人工智能国际标准组织参与度	62.86	5
5.1.2	人工智能国际联盟参与度	66.67	4
5.1.3	人工智能全球顶级会议参与度	16.22	3

11. 法国各指标详细得分及排名情况

全球人工智能创新指数—第 11 名

指标序号	指标名称	得分	排名
1	人工智能基础支撑	43.76	8
1.1	计算基础	35.59	8
1.1.1	数据中心保有率	32.81	5
1.1.2	全球 TOP 500 超算中心占比	8.80	5
1.1.3	人均发电量	38.75	11
1.1.4	开放数据指数	62.00	32
1.2	网络基础	51.93	9
1.2.1	移动蜂窝电话订阅率	24.48	32
1.2.2	互联网使用率	78.29	28
1.2.3	固定宽带订阅率	93.84	2
1.2.4	5G 建设水平	11.10	16
2	人工智能创新资源与环境	42.22	9
2.1	人工智能人才	26.79	18
2.1.1	人工智能顶级学者人口参与率	4.02	20
2.1.2	人工智能开源代码贡献量	28.67	7
2.1.3	人工智能高收藏量开源代码占比	47.67	31
2.2	人工智能教育	56.03	7
2.2.1	高水平人工智能核心专业开设率	43.75	5
2.2.2	全日制科学和工程博士生占比	92.53	8
2.2.3	PISA 测试成绩	31.80	17
2.3	国家研发投入	47.10	12
2.4	人工智能创新制度	38.96	7
2.4.1	国家人工智能发展政策与规划	38.00	7
2.4.2	国家人工智能社会治理	39.92	7

续表

指标序号	指标名称	得分	排名
3	人工智能科技研发	39.13	17
3.1	人工智能学术论文	21.02	17
3.1.1	人均人工智能论文产出量	36.23	28
3.1.2	人工智能顶级论文量	6.84	10
3.1.3	人工智能全球TOP 100高被引论文占比	20.00	5
3.2	人工智能专利	57.24	18
3.2.1	人均人工智能专利申请量	52.37	20
3.2.2	人均人工智能专利授权量	36.55	16
3.2.3	人均5G专利申请量	40.04	17
3.2.4	人均5G专利授权量	100.00	1
4	人工智能产业与应用	18.47	7
4.1	人工智能产业	20.33	9
4.1.1	人工智能企业数量	40.40	8
4.1.2	人工智能企业平均融资金额	30.83	7
4.1.3	人工智能上市企业数量	7.00	8
4.1.4	人工智能从业人员人口参与率	3.08	16
4.2	人工智能应用	16.61	6
4.2.1	集成电路盈利水平	3.22	8
4.2.2	物联网TOP 100企业占比	30.00	6
5	人工智能国际化	46.50	7
5.1	人工智能标准和学术研究国际化	46.50	7
5.1.1	人工智能国际标准组织参与度	65.71	3
5.1.2	人工智能国际联盟参与度	66.67	4
5.1.3	人工智能全球顶级会议参与度	7.11	9

12. 澳大利亚各指标详细得分及排名情况

全球人工智能创新指数—第 12 名

指标序号	指标名称	得分	排名
1	人工智能基础支撑	41.80	13
1.1	计算基础	35.18	9
1.1.1	数据中心保有率	26.29	7
1.1.2	全球 TOP 500 超算中心占比	2.00	14
1.1.3	人均发电量	49.33	6
1.1.4	开放数据指数	63.10	29
1.2	网络基础	48.42	17
1.2.1	移动蜂窝电话订阅率	22.58	37
1.2.2	互联网使用率	85.14	20
1.2.3	固定宽带订阅率	71.36	17
1.2.4	5G 建设水平	14.59	9
2	人工智能创新资源与环境	50.31	5
2.1	人工智能人才	25.27	23
2.1.1	人工智能顶级学者人口参与率	12.48	6
2.1.2	人工智能开源代码贡献量	13.33	10
2.1.3	人工智能高收藏量开源代码占比	50.00	28
2.2	人工智能教育	65.64	3
2.2.1	高水平人工智能核心专业开设率	73.81	2
2.2.2	全日制科学和工程博士生占比	85.30	15
2.2.3	PISA 测试成绩	37.80	13
2.3	国家研发投入	36.59	17
2.4	人工智能创新制度	73.75	3
2.4.1	国家人工智能发展政策与规划	70.17	4
2.4.2	国家人工智能社会治理	77.33	3

续表

指标序号	指标名称	得分	排名
3	人工智能科技研发	49.47	13
3.1	人工智能学术论文	38.81	3
3.1.1	人均人工智能论文产出量	46.51	21
3.1.2	人工智能顶级论文量	9.92	7
3.1.3	人工智能全球 TOP 100 高被引论文占比	60.00	3
3.2	人工智能专利	60.12	17
3.2.1	人均人工智能专利申请量	60.94	19
3.2.2	人均人工智能专利授权量	100.00	1
3.2.3	人均 5G 专利申请量	26.08	20
3.2.4	人均 5G 专利授权量	53.47	21
4	人工智能产业与应用	9.17	15
4.1	人工智能产业	11.87	13
4.1.1	人工智能企业数量	20.00	13
4.1.2	人工智能企业平均融资金额	12.66	23
4.1.3	人工智能上市企业数量	10.00	7
4.1.4	人工智能从业人员人口参与率	4.82	10
4.2	人工智能应用	6.48	11
4.2.1	集成电路盈利水平	2.96	12
4.2.2	物联网 TOP 100 企业占比	10.00	10
5	人工智能国际化	39.14	17
5.1	人工智能标准和学术研究国际化	39.14	17
5.1.1	人工智能国际标准组织参与度	40.00	24
5.1.2	人工智能国际联盟参与度	66.67	4
5.1.3	人工智能全球顶级会议参与度	10.76	6

13. 荷兰各指标详细得分及排名情况

全球人工智能创新指数—第 13 名

指标序号	指标名称	得分	排名
1	**人工智能基础支撑**	**44.69**	**6**
1.1	计算基础	35.09	10
1.1.1	数据中心保有率	24.45	8
1.1.2	全球 TOP 500 超算中心占比	2.40	9
1.1.3	人均发电量	32.01	17
1.1.4	开放数据指数	81.50	6
1.2	网络基础	54.29	6
1.2.1	移动蜂窝电话订阅率	29.89	20
1.2.2	互联网使用率	87.61	13
1.2.3	固定宽带订阅率	87.84	4
1.2.4	5G 建设水平	11.80	15
2	**人工智能创新资源与环境**	**34.94**	**16**
2.1	人工智能人才	25.24	24
2.1.1	人工智能顶级学者人口参与率	5.17	15
2.1.2	人工智能开源代码贡献量	15.00	8
2.1.3	人工智能高收藏量开源代码占比	55.56	24
2.2	人工智能教育	47.32	10
2.2.1	高水平人工智能核心专业开设率	27.78	7
2.2.2	全日制科学和工程博士生占比	70.59	33
2.2.3	PISA 测试成绩	43.60	6
2.3	国家研发投入	45.88	13
2.4	人工智能创新制度	21.29	14
2.4.1	国家人工智能发展政策与规划	20.17	14
2.4.2	国家人工智能社会治理	22.42	14

续表

指标序号	指标名称	得分	排名
3	**人工智能科技研发**	44.71	16
3.1	**人工智能学术论文**	21.74	14
3.1.1	人均人工智能论文产出量	52.21	14
3.1.2	人工智能顶级论文量	3.00	15
3.1.3	人工智能全球 TOP 100 高被引论文占比	10.00	9
3.2	**人工智能专利**	67.68	15
3.2.1	人均人工智能专利申请量	100.00	1
3.2.2	人均人工智能专利授权量	8.28	21
3.2.3	人均 5G 专利申请量	62.44	11
3.2.4	人均 5G 专利授权量	100.00	1
4	**人工智能产业与应用**	10.46	12
4.1	**人工智能产业**	9.49	16
4.1.1	人工智能企业数量	18.50	14
4.1.2	人工智能企业平均融资金额	15.00	22
4.1.3	人工智能上市企业数量	0.00	20
4.1.4	人工智能从业人员人口参与率	4.47	12
4.2	**人工智能应用**	11.42	10
4.2.1	集成电路盈利水平	2.85	37
4.2.2	物联网 TOP 100 企业占比	20.00	7
5	**人工智能国际化**	42.81	10
5.1	**人工智能标准和学术研究国际化**	42.81	10
5.1.1	人工智能国际标准组织参与度	60.00	6
5.1.2	人工智能国际联盟参与度	66.67	4
5.1.3	人工智能全球顶级会议参与度	1.76	12

14. 丹麦各指标详细得分及排名情况

全球人工智能创新指数—第 14 名

指标序号	指标名称	得分	排名
1	**人工智能基础支撑**	**43.34**	**9**
1.1	计算基础	28.98	15
1.1.1	数据中心保有率	6.52	22
1.1.2	全球 TOP 500 超算中心占比	0.00	27
1.1.3	人均发电量	24.99	23
1.1.4	开放数据指数	84.40	4
1.2	网络基础	57.71	2
1.2.1	移动蜂窝电话订阅率	29.93	19
1.2.2	互联网使用率	95.07	4
1.2.3	固定宽带订阅率	89.44	3
1.2.4	5G 建设水平	16.39	6
2	**人工智能创新资源与环境**	**38.13**	**13**
2.1	人工智能人才	26.15	19
2.1.1	人工智能顶级学者人口参与率	7.78	10
2.1.2	人工智能开源代码贡献量	4.00	23
2.1.3	人工智能高收藏量开源代码占比	66.67	13
2.2	人工智能教育	47.31	11
2.2.1	高水平人工智能核心专业开设率	26.92	8
2.2.2	全日制科学和工程博士生占比	83.40	17
2.2.3	PISA 测试成绩	31.60	18
2.3	国家研发投入	59.23	9
2.4	人工智能创新制度	19.83	16
2.4.1	国家人工智能发展政策与规划	18.67	17
2.4.2	国家人工智能社会治理	21.00	16

续表

指标序号	指标名称	得分	排名
3	人工智能科技研发	47.09	15
3.1	人工智能学术论文	19.24	19
3.1.1	人均人工智能论文产出量	56.65	10
3.1.2	人工智能顶级论文量	1.08	21
3.1.3	人工智能全球 TOP 100 高被引论文占比	0.00	17
3.2	人工智能专利	74.95	13
3.2.1	人均人工智能专利申请量	100.00	1
3.2.2	人均人工智能专利授权量	43.33	14
3.2.3	人均 5G 专利申请量	56.46	12
3.2.4	人均 5G 专利授权量	100.00	1
4	人工智能产业与应用	4.83	23
4.1	人工智能产业	8.19	21
4.1.1	人工智能企业数量	7.50	23
4.1.2	人工智能企业平均融资金额	22.17	15
4.1.3	人工智能上市企业数量	0.00	20
4.1.4	人工智能从业人员人口参与率	3.11	15
4.2	人工智能应用	1.47	28
4.2.1	集成电路盈利水平	2.94	20
4.2.2	物联网 TOP 100 企业占比	0.00	16
5	人工智能国际化	39.40	16
5.1	人工智能标准和学术研究国际化	39.40	16
5.1.1	人工智能国际标准组织参与度	51.43	13
5.1.2	人工智能国际联盟参与度	66.67	4
5.1.3	人工智能全球顶级会议参与度	0.12	22

15. 芬兰各指标详细得分及排名情况

全球人工智能创新指数—第 15 名

指标序号	指标名称	得分	排名
1	**人工智能基础支撑**	**44.07**	**7**
1.1	计算基础	38.77	5
1.1.1	数据中心保有率	4.69	29
1.1.2	全球 TOP 500 超算中心占比	2.00	14
1.1.3	人均发电量	63.58	4
1.1.4	开放数据指数	84.80	3
1.2	网络基础	49.36	14
1.2.1	移动蜂窝电话订阅率	31.32	16
1.2.2	互联网使用率	88.81	9
1.2.3	固定宽带订阅率	66.64	22
1.2.4	5G 建设水平	10.69	17
2	**人工智能创新资源与环境**	**38.10**	**14**
2.1	人工智能人才	27.69	15
2.1.1	人工智能顶级学者人口参与率	4.06	19
2.1.2	人工智能开源代码贡献量	4.00	23
2.1.3	人工智能高收藏量开源代码占比	75.00	9
2.2	人工智能教育	45.12	14
2.2.1	高水平人工智能核心专业开设率	14.29	13
2.2.2	全日制科学和工程博士生占比	79.07	26
2.2.3	PISA 测试成绩	42.00	8
2.3	国家研发投入	58.71	10
2.4	人工智能创新制度	20.88	15
2.4.1	国家人工智能发展政策与规划	19.83	15
2.4.2	国家人工智能社会治理	21.92	15

续表

指标序号	指标名称	得分	排名
3	人工智能科技研发	49.16	14
3.1	人工智能学术论文	22.60	13
3.1.1	人均人工智能论文产出量	56.93	9
3.1.2	人工智能顶级论文量	0.88	24
3.1.3	人工智能全球 TOP 100 高被引论文占比	10.00	9
3.2	人工智能专利	75.71	12
3.2.1	人均人工智能专利申请量	100.00	1
3.2.2	人均人工智能专利授权量	2.84	32
3.2.3	人均 5G 专利申请量	100.00	1
3.2.4	人均 5G 专利授权量	100.00	1
4	人工智能产业与应用	5.96	20
4.1	人工智能产业	5.46	27
4.1.1	人工智能企业数量	7.90	22
4.1.2	人工智能企业平均融资金额	9.91	27
4.1.3	人工智能上市企业数量	0.00	20
4.1.4	人工智能从业人员人口参与率	4.04	13
4.2	人工智能应用	6.46	12
4.2.1	集成电路盈利水平	2.93	25
4.2.2	物联网 TOP 100 企业占比	10.00	10
5	人工智能国际化	30.26	25
5.1	人工智能标准和学术研究国际化	30.26	25
5.1.1	人工智能国际标准组织参与度	57.14	11
5.1.2	人工智能国际联盟参与度	33.33	25
5.1.3	人工智能全球顶级会议参与度	0.29	18

16. 比利时各指标详细得分及排名情况

全球人工智能创新指数—第 16 名

指标序号	指标名称	得分	排名
1	人工智能基础支撑	36.43	22
1.1	计算基础	23.43	28
1.1.1	数据中心保有率	8.15	19
1.1.2	全球 TOP 500 超算中心占比	0.00	27
1.1.3	人均发电量	40.08	9
1.1.4	开放数据指数	45.50	45
1.2	网络基础	49.43	13
1.2.1	移动蜂窝电话订阅率	19.66	41
1.2.2	互联网使用率	87.90	12
1.2.3	固定宽带订阅率	81.70	9
1.2.4	5G 建设水平	8.45	23
2	人工智能创新资源与环境	41.97	10
2.1	人工智能人才	27.13	16
2.1.1	人工智能顶级学者人口参与率	5.01	17
2.1.2	人工智能开源代码贡献量	3.67	26
2.1.3	人工智能高收藏量开源代码占比	72.73	11
2.2	人工智能教育	45.31	13
2.2.1	高水平人工智能核心专业开设率	14.29	13
2.2.2	全日制科学和工程博士生占比	82.85	21
2.2.3	PISA 测试成绩	38.80	9
2.3	国家研发投入	69.54	4
2.4	人工智能创新制度	25.88	10
2.4.1	国家人工智能发展政策与规划	24.42	10
2.4.2	国家人工智能社会治理	27.33	9

续表

指标序号	指标名称	得分	排名
3	人工智能科技研发	34.69	19
3.1	人工智能学术论文	15.40	26
3.1.1	人均人工智能论文产出量	44.76	22
3.1.2	人工智能顶级论文量	1.44	16
3.1.3	人工智能全球 TOP 100 高被引论文占比	0.00	17
3.2	人工智能专利	53.97	19
3.2.1	人均人工智能专利申请量	72.98	16
3.2.2	人均人工智能专利授权量	3.45	31
3.2.3	人均 5G 专利申请量	39.46	18
3.2.4	人均 5G 专利授权量	100.00	1
4	人工智能产业与应用	6.63	18
4.1	人工智能产业	11.85	14
4.1.1	人工智能企业数量	7.40	24
4.1.2	人工智能企业平均融资金额	37.47	5
4.1.3	人工智能上市企业数量	0.00	20
4.1.4	人工智能从业人员人口参与率	2.52	19
4.2	人工智能应用	1.42	40
4.2.1	集成电路盈利水平	2.83	38
4.2.2	物联网 TOP 100 企业占比	0.00	16
5	人工智能国际化	42.28	12
5.1	人工智能标准和学术研究国际化	42.28	12
5.1.1	人工智能国际标准组织参与度	60.00	6
5.1.2	人工智能国际联盟参与度	66.67	4
5.1.3	人工智能全球顶级会议参与度	0.16	20

17. 卢森堡各指标详细得分及排名情况

全球人工智能创新指数—第 17 名

指标序号	指标名称	得分	排名
1	**人工智能基础支撑**	**38.29**	**15**
1.1	计算基础	20.83	35
1.1.1	数据中心保有率	3.06	36
1.1.2	全球 TOP 500 超算中心占比	1.20	18
1.1.3	人均发电量	13.95	37
1.1.4	开放数据指数	65.10	27
1.2	网络基础	55.75	4
1.2.1	移动蜂窝电话订阅率	36.51	8
1.2.2	互联网使用率	98.31	1
1.2.3	固定宽带订阅率	75.14	13
1.2.4	5G 建设水平	13.05	11
2	**人工智能创新资源与环境**	**31.39**	**20**
2.1	人工智能人才	0.00	42
2.1.1	人工智能顶级学者人口参与率	0.00	35
2.1.2	人工智能开源代码贡献量	0.00	42
2.1.3	人工智能高收藏量开源代码占比	0.00	42
2.2	人工智能教育	76.27	1
2.2.1	高水平人工智能核心专业开设率	100.00	1
2.2.2	全日制科学和工程博士生占比	100.00	1
2.2.3	PISA 测试成绩	28.80	24
2.3	国家研发投入	22.57	31
2.4	人工智能创新制度	26.71	9
2.4.1	国家人工智能发展政策与规划	25.50	9
2.4.2	国家人工智能社会治理	27.92	8

续表

指标序号	指标名称	得分	排名
3	人工智能科技研发	66.68	4
3.1	人工智能学术论文	33.36	6
3.1.1	人均人工智能论文产出量	100.00	1
3.1.2	人工智能顶级论文量	0.08	36
3.1.3	人工智能全球 TOP 100 高被引论文占比	0.00	17
3.2	人工智能专利	100.00	1
3.2.1	人均人工智能专利申请量	100.00	1
3.2.2	人均人工智能专利授权量	100.00	1
3.2.3	人均 5G 专利申请量	100.00	1
3.2.4	人均 5G 专利授权量	100.00	1
4	人工智能产业与应用	1.94	37
4.1	人工智能产业	2.41	38
4.1.1	人工智能企业数量	1.00	41
4.1.2	人工智能企业平均融资金额	5.08	36
4.1.3	人工智能上市企业数量	1.00	14
4.1.4	人工智能从业人员人口参与率	2.57	18
4.2	人工智能应用	1.47	23
4.2.1	集成电路盈利水平	2.95	15
4.2.2	物联网 TOP 100 企业占比	0.00	16
5	人工智能国际化	23.50	29
5.1	人工智能标准和学术研究国际化	23.50	29
5.1.1	人工智能国际标准组织参与度	37.14	28
5.1.2	人工智能国际联盟参与度	33.33	25
5.1.3	人工智能全球顶级会议参与度	0.01	33

18. 爱尔兰各指标详细得分及排名情况

全球人工智能创新指数—第 18 名

指标序号	指标名称	得分	排名
1	人工智能基础支撑	36.41	23
1.1	计算基础	27.96	19
1.1.1	数据中心保有率	5.50	25
1.1.2	全球 TOP 500 超算中心占比	1.20	18
1.1.3	人均发电量	28.03	20
1.1.4	开放数据指数	77.10	10
1.2	网络基础	44.86	27
1.2.1	移动蜂窝电话订阅率	22.04	39
1.2.2	互联网使用率	88.57	10
1.2.3	固定宽带订阅率	61.42	26
1.2.4	5G 建设水平	7.40	30
2	人工智能创新资源与环境	23.45	28
2.1	人工智能人才	24.54	26
2.1.1	人工智能顶级学者人口参与率	7.74	11
2.1.2	人工智能开源代码贡献量	4.33	21
2.1.3	人工智能高收藏量开源代码占比	61.54	17
2.2	人工智能教育	40.31	21
2.2.1	高水平人工智能核心专业开设率	6.90	20
2.2.2	全日制科学和工程博士生占比	83.23	19
2.2.3	PISA 测试成绩	30.80	21
2.3	国家研发投入	24.65	28
2.4	人工智能创新制度	4.29	37
2.4.1	国家人工智能发展政策与规划	4.33	37
2.4.2	国家人工智能社会治理	4.25	36

续表

指标序号	指标名称	得分	排名
3	人工智能科技研发	51.89	11
3.1	人工智能学术论文	18.16	20
3.1.1	人均人工智能论文产出量	53.93	13
3.1.2	人工智能顶级论文量	0.56	28
3.1.3	人工智能全球 TOP 100 高被引论文占比	0.00	17
3.2	人工智能专利	85.61	10
3.2.1	人均人工智能专利申请量	100.00	1
3.2.2	人均人工智能专利授权量	42.44	15
3.2.3	人均 5G 专利申请量	100.00	1
3.2.4	人均 5G 专利授权量	100.00	1
4	人工智能产业与应用	10.38	13
4.1	人工智能产业	8.54	19
4.1.1	人工智能企业数量	6.10	26
4.1.2	人工智能企业平均融资金额	16.09	20
4.1.3	人工智能上市企业数量	1.00	14
4.1.4	人工智能从业人员人口参与率	10.96	3
4.2	人工智能应用	12.21	7
4.2.1	集成电路盈利水平	4.43	5
4.2.2	物联网 TOP 100 企业占比	20.00	7
5	人工智能国际化	39.46	14
5.1	人工智能标准和学术研究国际化	39.46	14
5.1.1	人工智能国际标准组织参与度	51.43	13
5.1.2	人工智能国际联盟参与度	66.67	4
5.1.3	人工智能全球顶级会议参与度	0.30	17

19. 意大利各指标详细得分及排名情况

全球人工智能创新指数—第 19 名

指标序号	指标名称	得分	排名
1	**人工智能基础支撑**	**32.49**	**33**
1.1	计算基础	26.09	24
1.1.1	数据中心保有率	16.30	10
1.1.2	全球 TOP 500 超算中心占比	2.40	9
1.1.3	人均发电量	19.78	30
1.1.4	开放数据指数	65.90	25
1.2	网络基础	38.89	38
1.2.1	移动蜂窝电话订阅率	31.40	15
1.2.2	互联网使用率	57.83	40
1.2.3	固定宽带订阅率	59.96	29
1.2.4	5G 建设水平	6.37	35
2	**人工智能创新资源与环境**	**30.90**	**21**
2.1	人工智能人才	20.88	32
2.1.1	人工智能顶级学者人口参与率	5.78	13
2.1.2	人工智能开源代码贡献量	14.00	9
2.1.3	人工智能高收藏量开源代码占比	42.86	34
2.2	人工智能教育	54.24	8
2.2.1	高水平人工智能核心专业开设率	46.67	4
2.2.2	全日制科学和工程博士生占比	91.85	10
2.2.3	PISA 测试成绩	24.20	27
2.3	国家研发投入	30.68	23
2.4	人工智能创新制度	17.81	18
2.4.1	国家人工智能发展政策与规划	17.70	18
2.4.2	国家人工智能社会治理	17.92	18

续表

指标序号	指标名称	得分	排名
3	人工智能科技研发	27.33	23
3.1	人工智能学术论文	26.15	11
3.1.1	人均人工智能论文产出量	63.21	6
3.1.2	人工智能顶级论文量	5.24	13
3.1.3	人工智能全球 TOP 100 高被引论文占比	10.00	9
3.2	人工智能专利	28.50	22
3.2.1	人均人工智能专利申请量	27.81	22
3.2.2	人均人工智能专利授权量	45.84	13
3.2.3	人均 5G 专利申请量	11.70	22
3.2.4	人均 5G 专利授权量	28.65	22
4	人工智能产业与应用	3.61	26
4.1	人工智能产业	5.77	25
4.1.1	人工智能企业数量	15.20	17
4.1.2	人工智能企业平均融资金额	5.76	35
4.1.3	人工智能上市企业数量	1.00	14
4.1.4	人工智能从业人员人口参与率	1.13	28
4.2	人工智能应用	1.45	37
4.2.1	集成电路盈利水平	2.91	31
4.2.2	物联网 TOP 100 企业占比	0.00	16
5	人工智能国际化	46.80	6
5.1	人工智能标准和学术研究国际化	46.80	6
5.1.1	人工智能国际标准组织参与度	60.00	6
5.1.2	人工智能国际联盟参与度	66.67	4
5.1.3	人工智能全球顶级会议参与度	13.73	4

20. 奥地利各指标详细得分及排名情况

全球人工智能创新指数—第 20 名

指标序号	指标名称	得分	排名
1	**人工智能基础支撑**	36.03	24
1.1	计算基础	28.07	17
1.1.1	数据中心保有率	5.09	27
1.1.2	全球 TOP 500 超算中心占比	0.80	22
1.1.3	人均发电量	37.70	12
1.1.4	开放数据指数	68.70	20
1.2	网络基础	43.99	30
1.2.1	移动蜂窝电话订阅率	27.42	27
1.2.2	互联网使用率	82.19	23
1.2.3	固定宽带订阅率	57.86	32
1.2.4	5G 建设水平	8.49	22
2	**人工智能创新资源与环境**	34.87	17
2.1	人工智能人才	22.07	31
2.1.1	人工智能顶级学者人口参与率	8.04	9
2.1.2	人工智能开源代码贡献量	4.33	21
2.1.3	人工智能高收藏量开源代码占比	53.85	27
2.2	人工智能教育	41.21	20
2.2.1	高水平人工智能核心专业开设率	10.96	16
2.2.2	全日制科学和工程博士生占比	81.26	24
2.2.3	PISA 测试成绩	31.40	19
2.3	国家研发投入	64.03	7
2.4	人工智能创新制度	12.17	24
2.4.1	国家人工智能发展政策与规划	12.00	25
2.4.2	国家人工智能社会治理	12.33	24

237

续表

指标序号	指标名称	得分	排名
3	人工智能科技研发	27.55	22
3.1	人工智能学术论文	16.94	22
3.1.1	人均人工智能论文产出量	49.69	16
3.1.2	人工智能顶级论文量	1.12	20
3.1.3	人工智能全球 TOP 100 高被引论文占比	0.00	17
3.2	人工智能专利	38.17	21
3.2.1	人均人工智能专利申请量	50.68	21
3.2.2	人均人工智能专利授权量	7.30	23
3.2.3	人均 5G 专利申请量	20.62	21
3.2.4	人均 5G 专利授权量	74.09	19
4	人工智能产业与应用	3.59	27
4.1	人工智能产业	5.72	26
4.1.1	人工智能企业数量	6.10	26
4.1.2	人工智能企业平均融资金额	15.28	21
4.1.3	人工智能上市企业数量	0.00	20
4.1.4	人工智能从业人员人口参与率	1.48	25
4.2	人工智能应用	1.46	35
4.2.1	集成电路盈利水平	2.91	28
4.2.2	物联网 TOP 100 企业占比	0.00	16
5	人工智能国际化	27.36	26
5.1	人工智能标准和学术研究国际化	27.36	26
5.1.1	人工智能国际标准组织参与度	48.57	15
5.1.2	人工智能国际联盟参与度	33.33	25
5.1.3	人工智能全球顶级会议参与度	0.16	19

21. 西班牙各指标详细得分及排名情况

全球人工智能创新指数—第 21 名

指标序号	指标名称	得分	排名
1	**人工智能基础支撑**	**38.10**	**16**
1.1	**计算基础**	27.78	20
1.1.1	数据中心保有率	14.06	12
1.1.2	全球 TOP 500 超算中心占比	0.40	24
1.1.3	人均发电量	25.37	22
1.1.4	开放数据指数	71.30	13
1.2	**网络基础**	48.42	16
1.2.1	移动蜂窝电话订阅率	27.59	26
1.2.2	互联网使用率	90.30	8
1.2.3	固定宽带订阅率	69.24	19
1.2.4	5G 建设水平	6.56	34
2	**人工智能创新资源与环境**	**25.92**	**25**
2.1	**人工智能人才**	22.46	30
2.1.1	人工智能顶级学者人口参与率	1.82	23
2.1.2	人工智能开源代码贡献量	11.00	13
2.1.3	人工智能高收藏量开源代码占比	54.55	25
2.2	**人工智能教育**	42.30	17
2.2.1	高水平人工智能核心专业开设率	24.00	10
2.2.2	全日制科学和工程博士生占比	82.90	20
2.2.3	PISA 测试成绩	20.00	34
2.3	**国家研发投入**	28.11	25
2.4	**人工智能创新制度**	10.83	28
2.4.1	国家人工智能发展政策与规划	10.33	28
2.4.2	国家人工智能社会治理	11.33	27

续表

指标序号	指标名称	得分	排名
3	人工智能科技研发	11.89	26
3.1	人工智能学术论文	15.13	27
3.1.1	人均人工智能论文产出量	41.72	23
3.1.2	人工智能顶级论文量	3.68	14
3.1.3	人工智能全球 TOP 100 高被引论文占比	0.00	17
3.2	人工智能专利	8.66	26
3.2.1	人均人工智能专利申请量	12.31	25
3.2.2	人均人工智能专利授权量	3.86	29
3.2.3	人均 5G 专利申请量	6.44	27
3.2.4	人均 5G 专利授权量	12.01	25
4	人工智能产业与应用	9.80	14
4.1	人工智能产业	8.14	22
4.1.1	人工智能企业数量	23.40	12
4.1.2	人工智能企业平均融资金额	7.36	30
4.1.3	人工智能上市企业数量	0.00	20
4.1.4	人工智能从业人员人口参与率	1.81	23
4.2	人工智能应用	11.46	9
4.2.1	集成电路盈利水平	2.91	30
4.2.2	物联网 TOP 100 企业占比	20.00	7
5	人工智能国际化	36.08	21
5.1	人工智能标准和学术研究国际化	36.08	21
5.1.1	人工智能国际标准组织参与度	40.00	24
5.1.2	人工智能国际联盟参与度	66.67	4
5.1.3	人工智能全球顶级会议参与度	1.58	13

22. 斯洛文尼亚各指标详细得分及排名情况

全球人工智能创新指数—第 22 名

指标序号	指标名称	得分	排名
1	**人工智能基础支撑**	**37.21**	**17**
1.1	计算基础	29.12	14
1.1.1	数据中心保有率	1.63	44
1.1.2	全球 TOP 500 超算中心占比	0.00	27
1.1.3	人均发电量	34.97	16
1.1.4	开放数据指数	79.90	7
1.2	网络基础	45.30	25
1.2.1	移动蜂窝电话订阅率	29.06	21
1.2.2	互联网使用率	80.86	25
1.2.3	固定宽带订阅率	62.68	24
1.2.4	5G 建设水平	8.60	21
2	**人工智能创新资源与环境**	**25.29**	**26**
2.1	人工智能人才	17.77	35
2.1.1	人工智能顶级学者人口参与率	2.63	22
2.1.2	人工智能开源代码贡献量	0.67	37
2.1.3	人工智能高收藏量开源代码占比	50.00	28
2.2	人工智能教育	36.15	29
2.2.1	高水平人工智能核心专业开设率	6.45	21
2.2.2	全日制科学和工程博士生占比	67.39	39
2.2.3	PISA 测试成绩	34.60	14
2.3	国家研发投入	42.95	14
2.4	人工智能创新制度	4.31	36
2.4.1	国家人工智能发展政策与规划	4.58	36
2.4.2	国家人工智能社会治理	4.04	38

续表

指标序号	指标名称	得分	排名
3	人工智能科技研发	27.83	21
3.1	人工智能学术论文	28.25	8
3.1.1	人均人工智能论文产出量	84.48	3
3.1.2	人工智能顶级论文量	0.28	31
3.1.3	人工智能全球 TOP 100 高被引论文占比	0.00	17
3.2	人工智能专利	27.41	23
3.2.1	人均人工智能专利申请量	0.00	37
3.2.2	人均人工智能专利授权量	100.00	1
3.2.3	人均 5G 专利申请量	9.65	23
3.2.4	人均 5G 专利授权量	0.00	36
4	人工智能产业与应用	1.24	44
4.1	人工智能产业	1.00	44
4.1.1	人工智能企业数量	0.60	45
4.1.2	人工智能企业平均融资金额	2.90	41
4.1.3	人工智能上市企业数量	0.00	20
4.1.4	人工智能从业人员人口参与率	0.51	37
4.2	人工智能应用	1.47	32
4.2.1	集成电路盈利水平	2.94	24
4.2.2	物联网 TOP 100 企业占比	0.00	16
5	人工智能国际化	20.64	32
5.1	人工智能标准和学术研究国际化	20.64	32
5.1.1	人工智能国际标准组织参与度	28.57	34
5.1.2	人工智能国际联盟参与度	33.33	25
5.1.3	人工智能全球顶级会议参与度	0.02	32

23. 印度各指标详细得分及排名情况

全球人工智能创新指数—第 23 名

指标序号	指标名称	得分	排名
1	人工智能基础支撑	16.26	46
1.1	计算基础	23.28	29
1.1.1	数据中心保有率	32.61	6
1.1.2	全球 TOP 500 超算中心占比	1.20	18
1.1.3	人均发电量	1.21	45
1.1.4	开放数据指数	58.10	37
1.2	网络基础	9.25	46
1.2.1	移动蜂窝电话订阅率	13.12	46
1.2.2	互联网使用率	18.57	46
1.2.3	固定宽带订阅率	3.32	46
1.2.4	5G 建设水平	1.98	46
2	人工智能创新资源与环境	26.80	24
2.1	人工智能人才	35.30	7
2.1.1	人工智能顶级学者人口参与率	0.33	30
2.1.2	人工智能开源代码贡献量	48.33	3
2.1.3	人工智能高收藏量开源代码占比	57.24	23
2.2	人工智能教育	39.67	23
2.2.1	高水平人工智能核心专业开设率	0.51	34
2.2.2	全日制科学和工程博士生占比	90.89	13
2.2.3	PISA 测试成绩	27.60	25
2.3	国家研发投入	13.11	39
2.4	人工智能创新制度	19.13	17
2.4.1	国家人工智能发展政策与规划	19.00	16
2.4.2	国家人工智能社会治理	19.25	17

续表

指标序号	指标名称	得分	排名
3	人工智能科技研发	7.65	31
3.1	人工智能学术论文	9.19	36
3.1.1	人均人工智能论文产出量	8.02	42
3.1.2	人工智能顶级论文量	9.56	8
3.1.3	人工智能全球TOP 100高被引论文占比	10.00	9
3.2	人工智能专利	6.11	30
3.2.1	人均人工智能专利申请量	11.02	26
3.2.2	人均人工智能专利授权量	8.21	22
3.2.3	人均5G专利申请量	2.31	31
3.2.4	人均5G专利授权量	2.89	30
4	人工智能产业与应用	18.53	6
4.1	人工智能产业	30.80	4
4.1.1	人工智能企业数量	100.00	1
4.1.2	人工智能企业平均融资金额	19.67	16
4.1.3	人工智能上市企业数量	3.00	10
4.1.4	人工智能从业人员人口参与率	0.52	35
4.2	人工智能应用	6.27	15
4.2.1	集成电路盈利水平	2.53	44
4.2.2	物联网TOP 100企业占比	10.00	10
5	人工智能国际化	42.43	11
5.1	人工智能标准和学术研究国际化	42.43	11
5.1.1	人工智能国际标准组织参与度	60.00	6
5.1.2	人工智能国际联盟参与度	66.67	4
5.1.3	人工智能全球顶级会议参与度	0.62	16

24. 葡萄牙各指标详细得分及排名情况

全球人工智能创新指数—第 24 名

指标序号	指标名称	得分	排名
1	**人工智能基础支撑**	**35.59**	**27**
1.1	计算基础	23.27	30
1.1.1	数据中心保有率	6.11	23
1.1.2	全球 TOP 500 超算中心占比	0.00	27
1.1.3	人均发电量	20.46	28
1.1.4	开放数据指数	66.50	23
1.2	网络基础	47.90	19
1.2.1	移动蜂窝电话订阅率	26.63	29
1.2.2	互联网使用率	68.94	36
1.2.3	固定宽带订阅率	81.62	11
1.2.4	5G 建设水平	14.42	10
2	**人工智能创新资源与环境**	**27.48**	**22**
2.1	人工智能人才	16.49	36
2.1.1	人工智能顶级学者人口参与率	3.80	21
2.1.2	人工智能开源代码贡献量	4.00	23
2.1.3	人工智能高收藏量开源代码占比	41.67	37
2.2	人工智能教育	36.58	28
2.2.1	高水平人工智能核心专业开设率	4.35	25
2.2.2	全日制科学和工程博士生占比	74.99	28
2.2.3	PISA 测试成绩	30.40	22
2.3	国家研发投入	32.35	21
2.4	人工智能创新制度	24.50	12
2.4.1	国家人工智能发展政策与规划	23.92	11
2.4.2	国家人工智能社会治理	25.08	12

续表

指标序号	指标名称	得分	排名
3	人工智能科技研发	15.16	24
3.1	人工智能学术论文	23.58	12
3.1.1	人均人工智能论文产出量	70.07	4
3.1.2	人工智能顶级论文量	0.68	26
3.1.3	人工智能全球TOP 100高被引论文占比	0.00	17
3.2	人工智能专利	6.75	29
3.2.1	人均人工智能专利申请量	12.33	24
3.2.2	人均人工智能专利授权量	1.54	35
3.2.3	人均5G专利申请量	5.40	29
3.2.4	人均5G专利授权量	7.71	27
4	人工智能产业与应用	4.69	24
4.1	人工智能产业	7.92	23
4.1.1	人工智能企业数量	4.70	30
4.1.2	人工智能企业平均融资金额	25.74	13
4.1.3	人工智能上市企业数量	0.00	20
4.1.4	人工智能从业人员人口参与率	1.25	26
4.2	人工智能应用	1.46	34
4.2.1	集成电路盈利水平	2.92	27
4.2.2	物联网TOP 100企业占比	0.00	16
5	人工智能国际化	25.43	27
5.1	人工智能标准和学术研究国际化	25.43	27
5.1.1	人工智能国际标准组织参与度	42.86	18
5.1.2	人工智能国际联盟参与度	33.33	25
5.1.3	人工智能全球顶级会议参与度	0.09	24

25. 波兰各指标详细得分及排名情况

全球人工智能创新指数—第 25 名

指标序号	指标名称	得分	排名
1	**人工智能基础支撑**	34.12	31
1.1	**计算基础**	28.81	16
1.1.1	数据中心保有率	8.15	19
1.1.2	全球 TOP 500 超算中心占比	2.00	14
1.1.3	人均发电量	19.80	29
1.1.4	开放数据指数	85.30	2
1.2	**网络基础**	39.44	36
1.2.1	移动蜂窝电话订阅率	32.22	13
1.2.2	互联网使用率	75.97	30
1.2.3	固定宽带订阅率	44.22	38
1.2.4	5G 建设水平	5.33	38
2	**人工智能创新资源与环境**	23.23	29
2.1	**人工智能人才**	18.23	34
2.1.1	人工智能顶级学者人口参与率	1.26	25
2.1.2	人工智能开源代码贡献量	9.00	14
2.1.3	人工智能高收藏量开源代码占比	44.44	32
2.2	**人工智能教育**	39.38	24
2.2.1	高水平人工智能核心专业开设率	3.15	28
2.2.2	全日制科学和工程博士生占比	72.58	32
2.2.3	PISA 测试成绩	42.40	7
2.3	**国家研发投入**	27.84	26
2.4	**人工智能创新制度**	7.46	30
2.4.1	国家人工智能发展政策与规划	7.17	30
2.4.2	国家人工智能社会治理	7.75	30

续表

指标序号	指标名称	得分	排名
3	人工智能科技研发	7.17	32
3.1	人工智能学术论文	10.60	32
3.1.1	人均人工智能论文产出量	31.13	32
3.1.2	人工智能顶级论文量	0.68	26
3.1.3	人工智能全球 TOP 100 高被引论文占比	0.00	17
3.2	人工智能专利	3.74	33
3.2.1	人均人工智能专利申请量	3.07	33
3.2.2	人均人工智能专利授权量	5.15	27
3.2.3	人均 5G 专利申请量	2.08	32
3.2.4	人均 5G 专利授权量	4.66	28
4	人工智能产业与应用	3.91	25
4.1	人工智能产业	6.54	24
4.1.1	人工智能企业数量	13.00	19
4.1.2	人工智能企业平均融资金额	7.67	29
4.1.3	人工智能上市企业数量	3.00	10
4.1.4	人工智能从业人员人口参与率	2.50	20
4.2	人工智能应用	1.28	44
4.2.1	集成电路盈利水平	2.56	42
4.2.2	物联网 TOP 100 企业占比	0.00	16
5	人工智能国际化	37.49	19
5.1	人工智能标准和学术研究国际化	37.49	19
5.1.1	人工智能国际标准组织参与度	45.71	17
5.1.2	人工智能国际联盟参与度	66.67	4
5.1.3	人工智能全球顶级会议参与度	0.08	25

26. 马耳他各指标详细得分及排名情况

全球人工智能创新指数—第 26 名

指标序号	指标名称	得分	排名
1	**人工智能基础支撑**	36.79	18
1.1	**计算基础**	17.77	44
1.1.1	数据中心保有率	1.63	44
1.1.2	全球 TOP 500 超算中心占比	0.00	27
1.1.3	人均发电量	22.25	26
1.1.4	开放数据指数	47.20	43
1.2	**网络基础**	55.81	3
1.2.1	移动蜂窝电话订阅率	37.56	5
1.2.2	互联网使用率	81.23	24
1.2.3	固定宽带订阅率	96.66	1
1.2.4	5G 建设水平	7.81	26
2	**人工智能创新资源与环境**	14.31	42
2.1	**人工智能人才**	0.00	42
2.1.1	人工智能顶级学者人口参与率	0.00	35
2.1.2	人工智能开源代码贡献量	0.00	42
2.1.3	人工智能高收藏量开源代码占比	0.00	42
2.2	**人工智能教育**	31.99	34
2.2.1	高水平人工智能核心专业开设率	0.00	37
2.2.2	全日制科学和工程博士生占比	73.36	31
2.2.3	PISA 测试成绩	22.60	29
2.3	**国家研发投入**	13.60	38
2.4	**人工智能创新制度**	11.67	26
2.4.1	国家人工智能发展政策与规划	10.83	27
2.4.2	国家人工智能社会治理	12.50	23

续表

指标序号	指标名称	得分	排名
3	人工智能科技研发	38.54	18
3.1	人工智能学术论文	16.18	25
3.1.1	人均人工智能论文产出量	48.54	20
3.1.2	人工智能顶级论文量	0.00	40
3.1.3	人工智能全球 TOP 100 高被引论文占比	0.00	17
3.2	人工智能专利	60.90	16
3.2.1	人均人工智能专利申请量	100.00	1
3.2.2	人均人工智能专利授权量	0.00	39
3.2.3	人均 5G 专利申请量	43.59	16
3.2.4	人均 5G 专利授权量	100.00	1
4	人工智能产业与应用	2.08	36
4.1	人工智能产业	2.66	36
4.1.1	人工智能企业数量	1.00	41
4.1.2	人工智能企业平均融资金额	6.42	33
4.1.3	人工智能上市企业数量	0.00	20
4.1.4	人工智能从业人员人口参与率	3.23	14
4.2	人工智能应用	1.50	19
4.2.1	集成电路盈利水平	2.99	10
4.2.2	物联网 TOP 100 企业占比	0.00	16
5	人工智能国际化	7.62	44
5.1	人工智能标准和学术研究国际化	7.62	44
5.1.1	人工智能国际标准组织参与度	22.86	39
5.1.2	人工智能国际联盟参与度	0.00	38
5.1.3	人工智能全球顶级会议参与度	0.00	41

27. 捷克各指标详细得分及排名情况

全球人工智能创新指数—第 27 名

指标序号	指标名称	得分	排名
1	**人工智能基础支撑**	**36.60**	**19**
1.1	计算基础	27.98	18
1.1.1	数据中心保有率	4.89	28
1.1.2	全球 TOP 500 超算中心占比	0.80	22
1.1.3	人均发电量	36.42	15
1.1.4	开放数据指数	69.80	18
1.2	网络基础	45.22	26
1.2.1	移动蜂窝电话订阅率	28.51	23
1.2.2	互联网使用率	73.34	32
1.2.3	固定宽带订阅率	71.82	16
1.2.4	5G 建设水平	7.21	31
2	**人工智能创新资源与环境**	**33.12**	**19**
2.1	人工智能人才	27.75	14
2.1.1	人工智能顶级学者人口参与率	0.00	35
2.1.2	人工智能开源代码贡献量	4.67	19
2.1.3	人工智能高收藏量开源代码占比	78.57	7
2.2	人工智能教育	42.01	18
2.2.1	高水平人工智能核心专业开设率	5.08	24
2.2.2	全日制科学和工程博士生占比	87.75	14
2.2.3	PISA 测试成绩	33.20	16
2.3	国家研发投入	39.82	15
2.4	人工智能创新制度	22.92	13
2.4.1	国家人工智能发展政策与规划	22.00	13
2.4.2	国家人工智能社会治理	23.83	13

续表

指标序号	指标名称	得分	排名
3	人工智能科技研发	12.50	25
3.1	人工智能学术论文	16.30	24
3.1.1	人均人工智能论文产出量	48.91	19
3.1.2	人工智能顶级论文量	0.00	40
3.1.3	人工智能全球 TOP 100 高被引论文占比	0.00	17
3.2	人工智能专利	8.69	25
3.2.1	人均人工智能专利申请量	9.86	28
3.2.2	人均人工智能专利授权量	5.21	25
3.2.3	人均 5G 专利申请量	6.69	26
3.2.4	人均 5G 专利授权量	13.02	24
4	人工智能产业与应用	2.75	30
4.1	人工智能产业	4.20	30
4.1.1	人工智能企业数量	5.00	29
4.1.2	人工智能企业平均融资金额	7.00	32
4.1.3	人工智能上市企业数量	0.00	20
4.1.4	人工智能从业人员人口参与率	4.79	11
4.2	人工智能应用	1.30	43
4.2.1	集成电路盈利水平	2.60	41
4.2.2	物联网 TOP 100 企业占比	0.00	16
5	人工智能国际化	13.97	36
5.1	人工智能标准和学术研究国际化	13.97	36
5.1.1	人工智能国际标准组织参与度	8.57	43
5.1.2	人工智能国际联盟参与度	33.33	25
5.1.3	人工智能全球顶级会议参与度	0.00	41

28. 塞浦路斯各指标详细得分及排名情况

全球人工智能创新指数—第 28 名

指标序号	指标名称	得分	排名
1	人工智能基础支撑	35.31	29
1.1	计算基础	20.57	36
1.1.1	数据中心保有率	3.26	35
1.1.2	全球 TOP 500 超算中心占比	0.00	27
1.1.3	人均发电量	16.74	32
1.1.4	开放数据指数	62.30	30
1.2	网络基础	50.04	12
1.2.1	移动蜂窝电话订阅率	20.65	40
1.2.2	互联网使用率	86.86	15
1.2.3	固定宽带订阅率	74.80	14
1.2.4	5G 建设水平	17.86	4
2	人工智能创新资源与环境	13.49	43
2.1	人工智能人才	0.00	42
2.1.1	人工智能顶级学者人口参与率	0.00	35
2.1.2	人工智能开源代码贡献量	0.00	42
2.1.3	人工智能高收藏量开源代码占比	0.00	42
2.2	人工智能教育	35.68	31
2.2.1	高水平人工智能核心专业开设率	0.00	37
2.2.2	全日制科学和工程博士生占比	95.24	6
2.2.3	PISA 测试成绩	11.80	38
2.3	国家研发投入	16.45	36
2.4	人工智能创新制度	1.83	45
2.4.1	国家人工智能发展政策与规划	1.83	45
2.4.2	国家人工智能社会治理	1.83	45

续表

指标序号	指标名称	得分	排名
3	人工智能科技研发	28.61	20
3.1	人工智能学术论文	16.37	23
3.1.1	人均人工智能论文产出量	48.99	18
3.1.2	人工智能顶级论文量	0.12	35
3.1.3	人工智能全球TOP 100高被引论文占比	0.00	17
3.2	人工智能专利	40.85	20
3.2.1	人均人工智能专利申请量	72.27	17
3.2.2	人均人工智能专利授权量	0.00	39
3.2.3	人均5G专利申请量	28.28	19
3.2.4	人均5G专利授权量	62.85	20
4	人工智能产业与应用	2.27	32
4.1	人工智能产业	3.07	32
4.1.1	人工智能企业数量	1.10	40
4.1.2	人工智能企业平均融资金额	8.35	28
4.1.3	人工智能上市企业数量	0.00	20
4.1.4	人工智能从业人员人口参与率	2.84	17
4.2	人工智能应用	1.47	22
4.2.1	集成电路盈利水平	2.95	14
4.2.2	物联网TOP 100企业占比	0.00	16
5	人工智能国际化	17.78	33
5.1	人工智能标准和学术研究国际化	17.78	33
5.1.1	人工智能国际标准组织参与度	20.00	40
5.1.2	人工智能国际联盟参与度	33.33	25
5.1.3	人工智能全球顶级会议参与度	0.01	35

29. 希腊各指标详细得分及排名情况

全球人工智能创新指数—第 29 名

指标序号	指标名称	得分	排名
1	**人工智能基础支撑**	**34.16**	**30**
1.1	计算基础	21.71	33
1.1.1	数据中心保有率	3.67	33
1.1.2	全球 TOP 500 超算中心占比	0.00	27
1.1.3	人均发电量	23.06	25
1.1.4	开放数据指数	60.10	33
1.2	网络基础	46.61	24
1.2.1	移动蜂窝电话订阅率	24.02	33
1.2.2	互联网使用率	68.74	37
1.2.3	固定宽带订阅率	81.68	10
1.2.4	5G 建设水平	12.01	13
2	**人工智能创新资源与环境**	**20.58**	**31**
2.1	人工智能人才	15.40	39
2.1.1	人工智能顶级学者人口参与率	1.01	28
2.1.2	人工智能开源代码贡献量	2.33	30
2.1.3	人工智能高收藏量开源代码占比	42.86	34
2.2	人工智能教育	29.75	37
2.2.1	高水平人工智能核心专业开设率	9.38	17
2.2.2	全日制科学和工程博士生占比	67.48	38
2.2.3	PISA 测试成绩	12.40	37
2.3	国家研发投入	29.92	24
2.4	人工智能创新制度	7.25	31
2.4.1	国家人工智能发展政策与规划	7.00	31
2.4.2	国家人工智能社会治理	7.50	31

续表

指标序号	指标名称	得分	排名
3	人工智能科技研发	10.82	27
3.1	人工智能学术论文	14.63	28
3.1.1	人均人工智能论文产出量	33.40	30
3.1.2	人工智能顶级论文量	0.48	29
3.1.3	人工智能全球TOP 100高被引论文占比	10.00	9
3.2	人工智能专利	7.02	28
3.2.1	人均人工智能专利申请量	8.15	29
3.2.2	人均人工智能专利授权量	4.72	28
3.2.3	人均5G专利申请量	5.57	28
3.2.4	人均5G专利授权量	9.65	26
4	人工智能产业与应用	5.04	22
4.1	人工智能产业	8.61	18
4.1.1	人工智能企业数量	2.90	34
4.1.2	人工智能企业平均融资金额	30.83	7
4.1.3	人工智能上市企业数量	0.00	20
4.1.4	人工智能从业人员人口参与率	0.69	32
4.2	人工智能应用	1.47	21
4.2.1	集成电路盈利水平	2.95	13
4.2.2	物联网TOP 100企业占比	0.00	16
5	人工智能国际化	21.61	31
5.1	人工智能标准和学术研究国际化	21.61	31
5.1.1	人工智能国际标准组织参与度	31.43	33
5.1.2	人工智能国际联盟参与度	33.33	25
5.1.3	人工智能全球顶级会议参与度	0.07	27

30. 沙特阿拉伯各指标详细得分及排名情况

全球人工智能创新指数—第 30 名

指标序号	指标名称	得分	排名
1	人工智能基础支撑	36.55	20
1.1	计算基础	25.66	25
1.1.1	数据中心保有率	4.48	30
1.1.2	全球 TOP 500 超算中心占比	2.40	9
1.1.3	人均发电量	47.84	7
1.1.4	开放数据指数	47.90	42
1.2	网络基础	47.45	20
1.2.1	移动蜂窝电话订阅率	28.91	22
1.2.2	互联网使用率	96.94	2
1.2.3	固定宽带订阅率	45.32	37
1.2.4	5G 建设水平	18.62	3
2	人工智能创新资源与环境	15.74	41
2.1	人工智能人才	33.44	11
2.1.1	人工智能顶级学者人口参与率	0.00	35
2.1.2	人工智能开源代码贡献量	0.33	40
2.1.3	人工智能高收藏量开源代码占比	100.00	1
2.2	人工智能教育	15.59	46
2.2.1	高水平人工智能核心专业开设率	8.57	18
2.2.2	全日制科学和工程博士生占比	37.59	46
2.2.3	PISA 测试成绩	0.60	46
2.3	国家研发投入	10.45	42
2.4	人工智能创新制度	3.50	39
2.4.1	国家人工智能发展政策与规划	3.00	40
2.4.2	国家人工智能社会治理	4.00	39

续表

指标序号	指标名称	得分	排名
3	人工智能科技研发	9.64	30
3.1	人工智能学术论文	7.57	37
3.1.1	人均人工智能论文产出量	21.32	35
3.1.2	人工智能顶级论文量	1.40	17
3.1.3	人工智能全球 TOP 100 高被引论文占比	0.00	17
3.2	人工智能专利	11.71	24
3.2.1	人均人工智能专利申请量	22.87	23
3.2.2	人均人工智能专利授权量	1.36	37
3.2.3	人均 5G 专利申请量	8.06	24
3.2.4	人均 5G 专利授权量	14.56	23
4	人工智能产业与应用	6.84	17
4.1	人工智能产业	12.21	12
4.1.1	人工智能企业数量	13.50	18
4.1.2	人工智能企业平均融资金额	25.66	14
4.1.3	人工智能上市企业数量	2.00	12
4.1.4	人工智能从业人员人口参与率	7.69	6
4.2	人工智能应用	1.47	31
4.2.1	集成电路盈利水平	2.94	23
4.2.2	物联网 TOP 100 企业占比	0.00	16
5	人工智能国际化	22.58	30
5.1	人工智能标准和学术研究国际化	22.58	30
5.1.1	人工智能国际标准组织参与度	34.29	31
5.1.2	人工智能国际联盟参与度	33.33	25
5.1.3	人工智能全球顶级会议参与度	0.11	23

31. 爱沙尼亚各指标详细得分及排名情况

全球人工智能创新指数—第 31 名

指标序号	指标名称	得分	排名
1	**人工智能基础支撑**	**35.88**	**26**
1.1	计算基础	23.57	27
1.1.1	数据中心保有率	2.45	40
1.1.2	全球 TOP 500 超算中心占比	0.00	27
1.1.3	人均发电量	21.65	27
1.1.4	开放数据指数	70.20	16
1.2	网络基础	48.19	18
1.2.1	移动蜂窝电话订阅率	37.92	4
1.2.2	互联网使用率	84.37	21
1.2.3	固定宽带订阅率	62.66	25
1.2.4	5G 建设水平	7.79	27
2	**人工智能创新资源与环境**	**34.72**	**18**
2.1	人工智能人才	36.49	6
2.1.1	人工智能顶级学者人口参与率	8.79	8
2.1.2	人工智能开源代码贡献量	0.67	37
2.1.3	人工智能高收藏量开源代码占比	100.00	1
2.2	人工智能教育	41.87	19
2.2.1	高水平人工智能核心专业开设率	0.00	37
2.2.2	全日制科学和工程博士生占比	94.22	7
2.2.3	PISA 测试成绩	31.40	19
2.3	国家研发投入	35.85	18
2.4	人工智能创新制度	24.67	11
2.4.1	国家人工智能发展政策与规划	23.83	12
2.4.2	国家人工智能社会治理	25.50	11

续表

指标序号	指标名称	得分	排名
3	人工智能科技研发	10.77	28
3.1	人工智能学术论文	21.55	15
3.1.1	人均人工智能论文产出量	64.64	5
3.1.2	人工智能顶级论文量	0.00	40
3.1.3	人工智能全球 TOP 100 高被引论文占比	0.00	17
3.2	人工智能专利	0.00	42
3.2.1	人均人工智能专利申请量	0.00	37
3.2.2	人均人工智能专利授权量	0.00	39
3.2.3	人均 5G 专利申请量	0.00	38
3.2.4	人均 5G 专利授权量	0.00	36
4	人工智能产业与应用	2.39	31
4.1	人工智能产业	3.32	31
4.1.1	人工智能企业数量	1.70	37
4.1.2	人工智能企业平均融资金额	5.78	34
4.1.3	人工智能上市企业数量	0.00	20
4.1.4	人工智能从业人员人口参与率	5.80	9
4.2	人工智能应用	1.46	33
4.2.1	集成电路盈利水平	2.92	26
4.2.2	物联网 TOP 100 企业占比	0.00	16
5	人工智能国际化	6.67	45
5.1	人工智能标准和学术研究国际化	6.67	45
5.1.1	人工智能国际标准组织参与度	20.00	40
5.1.2	人工智能国际联盟参与度	0.00	38
5.1.3	人工智能全球顶级会议参与度	0.01	33

32. 巴西各指标详细得分及排名情况

全球人工智能创新指数—第 32 名

指标序号	指标名称	得分	排名
1	**人工智能基础支撑**	**27.46**	**39**
1.1	计算基础	22.50	31
1.1.1	数据中心保有率	14.47	11
1.1.2	全球 TOP 500 超算中心占比	2.40	9
1.1.3	人均发电量	10.83	41
1.1.4	开放数据指数	62.30	30
1.2	网络基础	32.41	42
1.2.1	移动蜂窝电话订阅率	18.48	43
1.2.2	互联网使用率	73.34	32
1.2.3	固定宽带订阅率	34.20	42
1.2.4	5G 建设水平	3.62	42
2	**人工智能创新资源与环境**	**20.10**	**34**
2.1	人工智能人才	24.02	27
2.1.1	人工智能顶级学者人口参与率	0.09	33
2.1.2	人工智能开源代码贡献量	13.00	11
2.1.3	人工智能高收藏量开源代码占比	58.97	21
2.2	人工智能教育	28.26	39
2.2.1	高水平人工智能核心专业开设率	6.30	23
2.2.2	全日制科学和工程博士生占比	73.48	30
2.2.3	PISA 测试成绩	5.00	41
2.3	国家研发投入	24.16	29
2.4	人工智能创新制度	3.96	38
2.4.1	国家人工智能发展政策与规划	3.67	38
2.4.2	国家人工智能社会治理	4.25	36

续表

指标序号	指标名称	得分	排名
3	人工智能科技研发	3.57	39
3.1	人工智能学术论文	6.36	38
3.1.1	人均人工智能论文产出量	8.09	41
3.1.2	人工智能顶级论文量	1.00	23
3.1.3	人工智能全球 TOP 100 高被引论文占比	10.00	9
3.2	人工智能专利	0.78	39
3.2.1	人均人工智能专利申请量	0.85	35
3.2.2	人均人工智能专利授权量	1.51	36
3.2.3	人均 5G 专利申请量	0.52	36
3.2.4	人均 5G 专利授权量	0.25	35
4	人工智能产业与应用	5.31	21
4.1	人工智能产业	9.23	17
4.1.1	人工智能企业数量	25.80	11
4.1.2	人工智能企业平均融资金额	9.97	26
4.1.3	人工智能上市企业数量	0.00	20
4.1.4	人工智能从业人员人口参与率	1.17	27
4.2	人工智能应用	1.39	42
4.2.1	集成电路盈利水平	2.78	40
4.2.2	物联网 TOP 100 企业占比	0.00	16
5	人工智能国际化	31.77	24
5.1	人工智能标准和学术研究国际化	31.77	24
5.1.1	人工智能国际标准组织参与度	28.57	34
5.1.2	人工智能国际联盟参与度	66.67	4
5.1.3	人工智能全球顶级会议参与度	0.08	25

33. 匈牙利各指标详细得分及排名情况

全球人工智能创新指数—第 33 名

指标序号	指标名称	得分	排名
1	**人工智能基础支撑**	**32.38**	**34**
1.1	计算基础	20.46	37
1.1.1	数据中心保有率	1.83	43
1.1.2	全球 TOP 500 超算中心占比	0.40	24
1.1.3	人均发电量	14.30	36
1.1.4	开放数据指数	65.30	26
1.2	网络基础	44.29	28
1.2.1	移动蜂窝电话订阅率	22.92	35
1.2.2	互联网使用率	78.24	29
1.2.3	固定宽带订阅率	67.60	20
1.2.4	5G 建设水平	8.41	24
2	**人工智能创新资源与环境**	**26.86**	**23**
2.1	人工智能人才	34.03	9
2.1.1	人工智能顶级学者人口参与率	1.42	24
2.1.2	人工智能开源代码贡献量	0.67	37
2.1.3	人工智能高收藏量开源代码占比	100.00	1
2.2	人工智能教育	31.29	35
2.2.1	高水平人工智能核心专业开设率	2.38	29
2.2.2	全日制科学和工程博士生占比	68.90	35
2.2.3	PISA 测试成绩	22.60	29
2.3	国家研发投入	32.15	22
2.4	人工智能创新制度	9.96	29
2.4.1	国家人工智能发展政策与规划	9.25	29
2.4.2	国家人工智能社会治理	10.67	29

续表

指标序号	指标名称	得分	排名
3	人工智能科技研发	6.25	34
3.1	人工智能学术论文	12.49	30
3.1.1	人均人工智能论文产出量	37.23	25
3.1.2	人工智能顶级论文量	0.24	32
3.1.3	人工智能全球 TOP 100 高被引论文占比	0.00	17
3.2	人工智能专利	0.00	42
3.2.1	人均人工智能专利申请量	0.00	37
3.2.2	人均人工智能专利授权量	0.00	39
3.2.3	人均 5G 专利申请量	0.00	38
3.2.4	人均 5G 专利授权量	0.00	36
4	人工智能产业与应用	3.13	29
4.1	人工智能产业	4.97	29
4.1.1	人工智能企业数量	2.20	36
4.1.2	人工智能企业平均融资金额	17.27	18
4.1.3	人工智能上市企业数量	0.00	20
4.1.4	人工智能从业人员人口参与率	0.43	39
4.2	人工智能应用	1.28	45
4.2.1	集成电路盈利水平	2.55	43
4.2.2	物联网 TOP 100 企业占比	0.00	16
5	人工智能国际化	14.30	35
5.1	人工智能标准和学术研究国际化	14.30	35
5.1.1	人工智能国际标准组织参与度	42.86	18
5.1.2	人工智能国际联盟参与度	0.00	38
5.1.3	人工智能全球顶级会议参与度	0.03	30

34. 罗马尼亚各指标详细得分及排名情况

全球人工智能创新指数—第 34 名

指标序号	指标名称	得分	排名
1	**人工智能基础支撑**	31.18	36
1.1	计算基础	21.71	32
1.1.1	数据中心保有率	9.58	18
1.1.2	全球 TOP 500 超算中心占比	0.00	27
1.1.3	人均发电量	11.05	40
1.1.4	开放数据指数	66.20	24
1.2	网络基础	40.65	35
1.2.1	移动蜂窝电话订阅率	27.24	28
1.2.2	互联网使用率	69.23	34
1.2.3	固定宽带订阅率	59.10	30
1.2.4	5G 建设水平	7.01	32
2	**人工智能创新资源与环境**	16.69	39
2.1	人工智能人才	25.82	20
2.1.1	人工智能顶级学者人口参与率	1.12	27
2.1.2	人工智能开源代码贡献量	1.33	32
2.1.3	人工智能高收藏量开源代码占比	75.00	9
2.2	人工智能教育	25.71	42
2.2.1	高水平人工智能核心专业开设率	1.28	33
2.2.2	全日制科学和工程博士生占比	67.64	37
2.2.3	PISA 测试成绩	8.20	40
2.3	国家研发投入	9.41	43
2.4	人工智能创新制度	5.83	34
2.4.1	国家人工智能发展政策与规划	5.50	34
2.4.2	国家人工智能社会治理	6.17	34

续表

指标序号	指标名称	得分	排名
3	人工智能科技研发	5.63	36
3.1	人工智能学术论文	9.86	34
3.1.1	人均人工智能论文产出量	29.11	33
3.1.2	人工智能顶级论文量	0.48	29
3.1.3	人工智能全球 TOP 100 高被引论文占比	0.00	17
3.2	人工智能专利	1.39	37
3.2.1	人均人工智能专利申请量	3.20	32
3.2.2	人均人工智能专利授权量	2.37	33
3.2.3	人均 5G 专利申请量	0.00	38
3.2.4	人均 5G 专利授权量	0.00	36
4	人工智能产业与应用	1.66	39
4.1	人工智能产业	1.91	40
4.1.1	人工智能企业数量	2.90	34
4.1.2	人工智能企业平均融资金额	4.25	38
4.1.3	人工智能上市企业数量	0.00	20
4.1.4	人工智能从业人员人口参与率	0.48	38
4.2	人工智能应用	1.41	41
4.2.1	集成电路盈利水平	2.83	39
4.2.2	物联网 TOP 100 企业占比	0.00	16
5	人工智能国际化	24.46	28
5.1	人工智能标准和学术研究国际化	24.46	28
5.1.1	人工智能国际标准组织参与度	40.00	24
5.1.2	人工智能国际联盟参与度	33.33	25
5.1.3	人工智能全球顶级会议参与度	0.05	29

35. 南非各指标详细得分及排名情况

全球人工智能创新指数—第 35 名

指标序号	指标名称	得分	排名
1	**人工智能基础支撑**	23.10	44
1.1	计算基础	18.36	42
1.1.1	数据中心保有率	5.30	26
1.1.2	全球 TOP 500 超算中心占比	0.00	27
1.1.3	人均发电量	16.15	33
1.1.4	开放数据指数	52.00	40
1.2	网络基础	27.83	44
1.2.1	移动蜂窝电话订阅率	43.93	2
1.2.2	互联网使用率	57.14	44
1.2.3	固定宽带订阅率	4.40	45
1.2.4	5G 建设水平	5.84	36
2	**人工智能创新资源与环境**	12.39	44
2.1	人工智能人才	0.00	42
2.1.1	人工智能顶级学者人口参与率	0.00	35
2.1.2	人工智能开源代码贡献量	0.00	42
2.1.3	人工智能高收藏量开源代码占比	0.00	42
2.2	人工智能教育	34.82	32
2.2.1	高水平人工智能核心专业开设率	7.69	19
2.2.2	全日制科学和工程博士生占比	73.96	29
2.2.3	PISA 测试成绩	22.80	28
2.3	国家研发投入	12.31	40
2.4	人工智能创新制度	2.42	43
2.4.1	国家人工智能发展政策与规划	2.33	42
2.4.2	国家人工智能社会治理	2.50	43

续表

指标序号	指标名称	得分	排名
3	人工智能科技研发	3.03	41
3.1	人工智能学术论文	3.52	40
3.1.1	人均人工智能论文产出量	10.40	37
3.1.2	人工智能顶级论文量	0.16	33
3.1.3	人工智能全球 TOP 100 高被引论文占比	0.00	17
3.2	人工智能专利	2.55	35
3.2.1	人均人工智能专利申请量	1.99	34
3.2.2	人均人工智能专利授权量	5.21	26
3.2.3	人均 5G 专利申请量	0.79	34
3.2.4	人均 5G 专利授权量	2.21	31
4	人工智能产业与应用	6.38	19
4.1	人工智能产业	11.29	15
4.1.1	人工智能企业数量	16.80	15
4.1.2	人工智能企业平均融资金额	27.06	12
4.1.3	人工智能上市企业数量	1.00	14
4.1.4	人工智能从业人员人口参与率	0.31	42
4.2	人工智能应用	1.47	25
4.2.1	集成电路盈利水平	2.95	17
4.2.2	物联网 TOP 100 企业占比	0.00	16
5	人工智能国际化	34.60	23
5.1	人工智能标准和学术研究国际化	34.60	23
5.1.1	人工智能国际标准组织参与度	37.14	28
5.1.2	人工智能国际联盟参与度	66.67	4
5.1.3	人工智能全球顶级会议参与度	0.00	41

36. 斯洛伐克各指标详细得分及排名情况

全球人工智能创新指数—第 36 名

指标序号	指标名称	得分	排名
1	人工智能基础支撑	36.48	21
1.1	计算基础	26.10	23
1.1.1	数据中心保有率	2.85	38
1.1.2	全球 TOP 500 超算中心占比	0.00	27
1.1.3	人均发电量	23.37	24
1.1.4	开放数据指数	78.20	8
1.2	网络基础	46.86	23
1.2.1	移动蜂窝电话订阅率	33.40	12
1.2.2	互联网使用率	85.60	18
1.2.3	固定宽带订阅率	62.74	23
1.2.4	5G 建设水平	5.71	37
2	人工智能创新资源与环境	15.85	40
2.1	人工智能人才	11.44	40
2.1.1	人工智能顶级学者人口参与率	0.00	35
2.1.2	人工智能开源代码贡献量	1.00	34
2.1.3	人工智能高收藏量开源代码占比	33.33	39
2.2	人工智能教育	30.98	36
2.2.1	高水平人工智能核心专业开设率	0.00	37
2.2.2	全日制科学和工程博士生占比	67.34	40
2.2.3	PISA 测试成绩	25.60	26
2.3	国家研发投入	18.22	34
2.4	人工智能创新制度	2.75	41
2.4.1	国家人工智能发展政策与规划	2.50	41
2.4.2	国家人工智能社会治理	3.00	41

续表

指标序号	指标名称	得分	排名
3	人工智能科技研发	10.08	29
3.1	人工智能学术论文	12.86	29
3.1.1	人均人工智能论文产出量	38.49	24
3.1.2	人工智能顶级论文量	0.08	36
3.1.3	人工智能全球 TOP 100 高被引论文占比	0.00	17
3.2	人工智能专利	7.29	27
3.2.1	人均人工智能专利申请量	10.45	27
3.2.2	人均人工智能专利授权量	18.73	17
3.2.3	人均 5G 专利申请量	0.00	38
3.2.4	人均 5G 专利授权量	0.00	36
4	人工智能产业与应用	1.43	41
4.1	人工智能产业	1.40	42
4.1.1	人工智能企业数量	1.50	39
4.1.2	人工智能企业平均融资金额	3.61	39
4.1.3	人工智能上市企业数量	0.00	20
4.1.4	人工智能从业人员人口参与率	0.51	36
4.2	人工智能应用	1.45	38
4.2.1	集成电路盈利水平	2.91	32
4.2.2	物联网 TOP 100 企业占比	0.00	16
5	人工智能国际化	12.38	38
5.1	人工智能标准和学术研究国际化	12.38	38
5.1.1	人工智能国际标准组织参与度	37.14	28
5.1.2	人工智能国际联盟参与度	0.00	38
5.1.3	人工智能全球顶级会议参与度	0.00	37

37. 墨西哥各指标详细得分及排名情况

全球人工智能创新指数—第 37 名

指标序号	指标名称	得分	排名
1	**人工智能基础支撑**	**24.49**	**42**
1.1	计算基础	20.07	39
1.1.1	数据中心保有率	2.65	39
1.1.2	全球 TOP 500 超算中心占比	0.00	27
1.1.3	人均发电量	8.31	42
1.1.4	开放数据指数	69.30	19
1.2	网络基础	28.91	43
1.2.1	移动蜂窝电话订阅率	17.74	44
1.2.2	互联网使用率	59.96	39
1.2.3	固定宽带订阅率	34.02	43
1.2.4	5G 建设水平	3.93	41
2	**人工智能创新资源与环境**	**10.06**	**46**
2.1	人工智能人才	8.79	41
2.1.1	人工智能顶级学者人口参与率	0.04	34
2.1.2	人工智能开源代码贡献量	1.33	32
2.1.3	人工智能高收藏量开源代码占比	25.00	41
2.2	人工智能教育	18.92	44
2.2.1	高水平人工智能核心专业开设率	0.00	37
2.2.2	全日制科学和工程博士生占比	54.56	44
2.2.3	PISA 测试成绩	2.20	43
2.3	国家研发投入	6.02	44
2.4	人工智能创新制度	6.50	33
2.4.1	国家人工智能发展政策与规划	6.58	33
2.4.2	国家人工智能社会治理	6.42	33

续表

指标序号	指标名称	得分	排名
3	人工智能科技研发	1.36	44
3.1	人工智能学术论文	1.92	44
3.1.1	人均人工智能论文产出量	5.60	44
3.1.2	人工智能顶级论文量	0.16	33
3.1.3	人工智能全球 TOP 100 高被引论文占比	0.00	17
3.2	人工智能专利	0.81	38
3.2.1	人均人工智能专利申请量	0.00	37
3.2.2	人均人工智能专利授权量	2.27	34
3.2.3	人均 5G 专利申请量	0.35	37
3.2.4	人均 5G 专利授权量	0.61	34
4	人工智能产业与应用	1.33	43
4.1	人工智能产业	2.65	37
4.1.1	人工智能企业数量	5.90	28
4.1.2	人工智能企业平均融资金额	4.48	37
4.1.3	人工智能上市企业数量	0.00	20
4.1.4	人工智能从业人员人口参与率	0.23	44
4.2	人工智能应用	0.00	46
4.2.1	集成电路盈利水平	0.00	46
4.2.2	物联网 TOP 100 企业占比	0.00	16
5	人工智能国际化	36.51	20
5.1	人工智能标准和学术研究国际化	36.51	20
5.1.1	人工智能国际标准组织参与度	42.86	18
5.1.2	人工智能国际联盟参与度	66.67	4
5.1.3	人工智能全球顶级会议参与度	0.01	35

38. 印度尼西亚各指标详细得分及排名情况

全球人工智能创新指数—第 38 名

指标序号	指标名称	得分	排名
1	**人工智能基础支撑**	**19.44**	**45**
1.1	计算基础	19.81	41
1.1.1	数据中心保有率	10.80	17
1.1.2	全球 TOP 500 超算中心占比	0.00	27
1.1.3	人均发电量	0.63	46
1.1.4	开放数据指数	67.80	22
1.2	网络基础	19.08	45
1.2.1	移动蜂窝电话订阅率	31.47	14
1.2.2	互联网使用率	33.90	45
1.2.3	固定宽带订阅率	8.58	44
1.2.4	5G 建设水平	2.38	45
2	**人工智能创新资源与环境**	**10.18**	**45**
2.1	人工智能人才	15.81	38
2.1.1	人工智能顶级学者人口参与率	0.00	35
2.1.2	人工智能开源代码贡献量	3.00	28
2.1.3	人工智能高收藏量开源代码占比	44.44	32
2.2	人工智能教育	16.64	45
2.2.1	高水平人工智能核心专业开设率	0.00	37
2.2.2	全日制科学和工程博士生占比	48.72	45
2.2.3	PISA 测试成绩	1.20	44
2.3	国家研发投入	5.62	45
2.4	人工智能创新制度	2.67	42
2.4.1	国家人工智能发展政策与规划	2.33	42
2.4.2	国家人工智能社会治理	3.00	41

续表

指标序号	指标名称	得分	排名
3	人工智能科技研发	0.36	46
3.1	人工智能学术论文	0.72	45
3.1.1	人均人工智能论文产出量	2.15	45
3.1.2	人工智能顶级论文量	0.00	40
3.1.3	人工智能全球 TOP 100 高被引论文占比	0.00	17
3.2	人工智能专利	0.00	42
3.2.1	人均人工智能专利申请量	0.00	37
3.2.2	人均人工智能专利授权量	0.00	39
3.2.3	人均 5G 专利申请量	0.00	38
3.2.4	人均 5G 专利授权量	0.00	36
4	人工智能产业与应用	2.12	35
4.1	人工智能产业	2.77	35
4.1.1	人工智能企业数量	4.00	31
4.1.2	人工智能企业平均融资金额	7.04	31
4.1.3	人工智能上市企业数量	0.00	20
4.1.4	人工智能从业人员人口参与率	0.03	46
4.2	人工智能应用	1.48	20
4.2.1	集成电路盈利水平	2.96	11
4.2.2	物联网 TOP 100 企业占比	0.00	16
5	人工智能国际化	38.41	18
5.1	人工智能标准和学术研究国际化	38.41	18
5.1.1	人工智能国际标准组织参与度	48.57	15
5.1.2	人工智能国际联盟参与度	66.67	4
5.1.3	人工智能全球顶级会议参与度	0.00	37

39. 土耳其各指标详细得分及排名情况

全球人工智能创新指数—第 39 名

指标序号	指标名称	得分	排名
1	**人工智能基础支撑**	26.97	40
1.1	**计算基础**	21.10	34
1.1.1	数据中心保有率	13.65	13
1.1.2	全球 TOP 500 超算中心占比	0.00	27
1.1.3	人均发电量	15.36	34
1.1.4	开放数据指数	55.40	39
1.2	**网络基础**	32.84	41
1.2.1	移动蜂窝电话订阅率	18.63	42
1.2.2	互联网使用率	68.10	38
1.2.3	固定宽带订阅率	39.68	40
1.2.4	5G 建设水平	4.93	39
2	**人工智能创新资源与环境**	19.51	35
2.1	**人工智能人才**	15.88	37
2.1.1	人工智能顶级学者人口参与率	0.10	31
2.1.2	人工智能开源代码贡献量	4.67	19
2.1.3	人工智能高收藏量开源代码占比	42.86	34
2.2	**人工智能教育**	27.39	41
2.2.1	高水平人工智能核心专业开设率	0.50	35
2.2.2	全日制科学和工程博士生占比	68.48	36
2.2.3	PISA 测试成绩	13.20	36
2.3	**国家研发投入**	21.78	33
2.4	**人工智能创新制度**	13.00	21
2.4.1	国家人工智能发展政策与规划	13.83	19
2.4.2	国家人工智能社会治理	12.17	25

续表

指标序号	指标名称	得分	排名
3	人工智能科技研发	6.88	33
3.1	人工智能学术论文	10.00	33
3.1.1	人均人工智能论文产出量	8.76	39
3.1.2	人工智能顶级论文量	1.24	19
3.1.3	人工智能全球 TOP 100 高被引论文占比	20.00	5
3.2	人工智能专利	3.77	32
3.2.1	人均人工智能专利申请量	5.61	30
3.2.2	人均人工智能专利授权量	3.56	30
3.2.3	人均 5G 专利申请量	2.70	30
3.2.4	人均 5G 专利授权量	3.22	29
4	人工智能产业与应用	1.86	38
4.1	人工智能产业	2.27	39
4.1.1	人工智能企业数量	6.80	25
4.1.2	人工智能企业平均融资金额	1.90	43
4.1.3	人工智能上市企业数量	0.00	20
4.1.4	人工智能从业人员人口参与率	0.37	40
4.2	人工智能应用	1.46	36
4.2.1	集成电路盈利水平	2.91	29
4.2.2	物联网 TOP 100 企业占比	0.00	16
5	人工智能国际化	13.04	37
5.1	人工智能标准和学术研究国际化	13.04	37
5.1.1	人工智能国际标准组织参与度	5.71	45
5.1.2	人工智能国际联盟参与度	33.33	25
5.1.3	人工智能全球顶级会议参与度	0.07	28

40. 立陶宛各指标详细得分及排名情况

全球人工智能创新指数—第 40 名

指标序号	指标名称	得分	排名
1	**人工智能基础支撑**	**32.18**	**35**
1.1	计算基础	20.09	38
1.1.1	数据中心保有率	2.45	40
1.1.2	全球 TOP 500 超算中心占比	0.00	27
1.1.3	人均发电量	4.13	44
1.1.4	开放数据指数	73.80	12
1.2	网络基础	44.26	29
1.2.1	移动蜂窝电话订阅率	34.60	11
1.2.2	互联网使用率	75.80	31
1.2.3	固定宽带订阅率	58.54	31
1.2.4	5G 建设水平	8.10	25
2	**人工智能创新资源与环境**	**18.51**	**37**
2.1	人工智能人才	0.00	42
2.1.1	人工智能顶级学者人口参与率	0.00	35
2.1.2	人工智能开源代码贡献量	0.00	42
2.1.3	人工智能高收藏量开源代码占比	0.00	42
2.2	人工智能教育	37.73	27
2.2.1	高水平人工智能核心专业开设率	0.00	37
2.2.2	全日制科学和工程博士生占比	90.99	12
2.2.3	PISA 测试成绩	22.20	32
2.3	国家研发投入	23.11	30
2.4	人工智能创新制度	13.21	20
2.4.1	国家人工智能发展政策与规划	13.08	20
2.4.2	国家人工智能社会治理	13.33	20

续表

指标序号	指标名称	得分	排名
3	人工智能科技研发	6.19	35
3.1	人工智能学术论文	9.30	35
3.1.1	人均人工智能论文产出量	27.91	34
3.1.2	人工智能顶级论文量	0.00	40
3.1.3	人工智能全球TOP 100高被引论文占比	0.00	17
3.2	人工智能专利	3.07	34
3.2.1	人均人工智能专利申请量	0.00	37
3.2.2	人均人工智能专利授权量	5.46	24
3.2.3	人均5G专利申请量	6.82	25
3.2.4	人均5G专利授权量	0.00	36
4	人工智能产业与应用	1.38	42
4.1	人工智能产业	1.29	43
4.1.1	人工智能企业数量	1.70	37
4.1.2	人工智能企业平均融资金额	1.64	45
4.1.3	人工智能上市企业数量	0.00	20
4.1.4	人工智能从业人员人口参与率	1.83	22
4.2	人工智能应用	1.47	29
4.2.1	集成电路盈利水平	2.94	21
4.2.2	物联网TOP 100企业占比	0.00	16
5	人工智能国际化	9.52	41
5.1	人工智能标准和学术研究国际化	9.52	41
5.1.1	人工智能国际标准组织参与度	28.57	34
5.1.2	人工智能国际联盟参与度	0.00	38
5.1.3	人工智能全球顶级会议参与度	0.00	41

41. 越南各指标详细得分及排名情况

全球人工智能创新指数—第 41 名

指标序号	指标名称	得分	排名
1	**人工智能基础支撑**	24.29	43
1.1	**计算基础**	15.23	46
1.1.1	数据中心保有率	3.87	32
1.1.2	全球 TOP 500 超算中心占比	0.00	27
1.1.3	人均发电量	7.86	43
1.1.4	开放数据指数	49.20	41
1.2	**网络基础**	33.35	40
1.2.1	移动蜂窝电话订阅率	36.61	7
1.2.2	互联网使用率	57.57	42
1.2.3	固定宽带订阅率	34.32	41
1.2.4	5G 建设水平	4.89	40
2	**人工智能创新资源与环境**	20.23	32
2.1	**人工智能人才**	28.53	13
2.1.1	人工智能顶级学者人口参与率	0.10	32
2.1.2	人工智能开源代码贡献量	3.67	26
2.1.3	人工智能高收藏量开源代码占比	81.82	6
2.2	**人工智能教育**	27.66	40
2.2.1	高水平人工智能核心专业开设率	0.24	36
2.2.2	全日制科学和工程博士生占比	81.74	23
2.2.3	PISA 测试成绩	1.00	45
2.3	**国家研发投入**	10.63	41
2.4	**人工智能创新制度**	14.08	19
2.4.1	国家人工智能发展政策与规划	12.33	22
2.4.2	国家人工智能社会治理	15.83	19

续表

指标序号	指标名称	得分	排名
3	人工智能科技研发	1.94	42
3.1	人工智能学术论文	3.22	41
3.1.1	人均人工智能论文产出量	8.95	38
3.1.2	人工智能顶级论文量	0.72	25
3.1.3	人工智能全球 TOP 100 高被引论文占比	0.00	17
3.2	人工智能专利	0.66	40
3.2.1	人均人工智能专利申请量	0.80	36
3.2.2	人均人工智能专利授权量	1.10	38
3.2.3	人均 5G 专利申请量	0.75	35
3.2.4	人均 5G 专利授权量	0.00	36
4	人工智能产业与应用	3.26	28
4.1	人工智能产业	4.98	28
4.1.1	人工智能企业数量	3.60	32
4.1.2	人工智能企业平均融资金额	16.10	19
4.1.3	人工智能上市企业数量	0.00	20
4.1.4	人工智能从业人员人口参与率	0.22	45
4.2	人工智能应用	1.54	18
4.2.1	集成电路盈利水平	3.08	9
4.2.2	物联网 TOP 100 企业占比	0.00	16
5	人工智能国际化	17.78	34
5.1	人工智能标准和学术研究国际化	17.78	34
5.1.1	人工智能国际标准组织参与度	20.00	40
5.1.2	人工智能国际联盟参与度	33.33	25
5.1.3	人工智能全球顶级会议参与度	0.00	37

42. 拉脱维亚各指标详细得分及排名情况

全球人工智能创新指数—第 42 名

指标序号	指标名称	得分	排名
1	人工智能基础支撑	30.07	37
1.1	计算基础	18.23	43
1.1.1	数据中心保有率	3.67	33
1.1.2	全球 TOP 500 超算中心占比	0.00	27
1.1.3	人均发电量	11.06	39
1.1.4	开放数据指数	58.20	35
1.2	网络基础	41.90	33
1.2.1	移动蜂窝电话订阅率	23.88	34
1.2.2	互联网使用率	84.14	22
1.2.3	固定宽带订阅率	52.02	33
1.2.4	5G 建设水平	7.58	28
2	人工智能创新资源与环境	23.64	27
2.1	人工智能人才	33.67	10
2.1.1	人工智能顶级学者人口参与率	0.00	35
2.1.2	人工智能开源代码贡献量	1.00	34
2.1.3	人工智能高收藏量开源代码占比	100.00	1
2.2	人工智能教育	39.87	22
2.2.1	高水平人工智能核心专业开设率	0.00	37
2.2.2	全日制科学和工程博士生占比	97.01	5
2.2.3	PISA 测试成绩	22.60	29
2.3	国家研发投入	14.11	37
2.4	人工智能创新制度	6.92	32
2.4.1	国家人工智能发展政策与规划	7.00	31
2.4.2	国家人工智能社会治理	6.83	32

续表

指标序号	指标名称	得分	排名
3	人工智能科技研发	1.46	43
3.1	人工智能学术论文	2.92	42
3.1.1	人均人工智能论文产出量	8.71	40
3.1.2	人工智能顶级论文量	0.04	39
3.1.3	人工智能全球TOP 100高被引论文占比	0.00	17
3.2	人工智能专利	0.00	42
3.2.1	人均人工智能专利申请量	0.00	37
3.2.2	人均人工智能专利授权量	0.00	39
3.2.3	人均5G专利申请量	0.00	38
3.2.4	人均5G专利授权量	0.00	36
4	人工智能产业与应用	1.19	45
4.1	人工智能产业	0.91	45
4.1.1	人工智能企业数量	0.80	44
4.1.2	人工智能企业平均融资金额	1.82	44
4.1.3	人工智能上市企业数量	0.00	20
4.1.4	人工智能从业人员人口参与率	1.01	29
4.2	人工智能应用	1.47	30
4.2.1	集成电路盈利水平	2.94	22
4.2.2	物联网TOP 100企业占比	0.00	16
5	人工智能国际化	11.11	40
5.1	人工智能标准和学术研究国际化	11.11	40
5.1.1	人工智能国际标准组织参与度	0.00	46
5.1.2	人工智能国际联盟参与度	33.33	25
5.1.3	人工智能全球顶级会议参与度	0.00	41

43. 保加利亚各指标详细得分及排名情况

全球人工智能创新指数—第 43 名

指标序号	指标名称	得分	排名
1	人工智能基础支撑	34.02	32
1.1	计算基础	26.83	22
1.1.1	数据中心保有率	5.91	24
1.1.2	全球 TOP 500 超算中心占比	0.40	24
1.1.3	人均发电量	31.12	19
1.1.4	开放数据指数	69.90	17
1.2	网络基础	41.21	34
1.2.1	移动蜂窝电话订阅率	26.06	31
1.2.2	互联网使用率	57.37	43
1.2.3	固定宽带订阅率	60.88	27
1.2.4	5G 建设水平	20.53	2
2	人工智能创新资源与环境	17.21	38
2.1	人工智能人才	22.56	29
2.1.1	人工智能顶级学者人口参与率	0.00	35
2.1.2	人工智能开源代码贡献量	1.00	34
2.1.3	人工智能高收藏量开源代码占比	66.67	13
2.2	人工智能教育	24.29	43
2.2.1	高水平人工智能核心专业开设率	0.00	37
2.2.2	全日制科学和工程博士生占比	61.87	42
2.2.3	PISA 测试成绩	11.00	39
2.3	国家研发投入	17.07	35
2.4	人工智能创新制度	4.92	35
2.4.1	国家人工智能发展政策与规划	4.83	35
2.4.2	国家人工智能社会治理	5.00	35

续表

指标序号	指标名称	得分	排名
3	人工智能科技研发	3.39	40
3.1	人工智能学术论文	4.65	39
3.1.1	人均人工智能论文产出量	13.95	36
3.1.2	人工智能顶级论文量	0.00	40
3.1.3	人工智能全球TOP 100高被引论文占比	0.00	17
3.2	人工智能专利	2.14	36
3.2.1	人均人工智能专利申请量	0.00	37
3.2.2	人均人工智能专利授权量	8.55	20
3.2.3	人均5G专利申请量	0.00	38
3.2.4	人均5G专利授权量	0.00	36
4	人工智能产业与应用	1.12	46
4.1	人工智能产业	0.76	46
4.1.1	人工智能企业数量	0.90	43
4.1.2	人工智能企业平均融资金额	1.40	46
4.1.3	人工智能上市企业数量	0.00	20
4.1.4	人工智能从业人员人口参与率	0.75	31
4.2	人工智能应用	1.47	26
4.2.1	集成电路盈利水平	2.95	18
4.2.2	物联网TOP 100企业占比	0.00	16
5	人工智能国际化	11.43	39
5.1	人工智能标准和学术研究国际化	11.43	39
5.1.1	人工智能国际标准组织参与度	34.29	31
5.1.2	人工智能国际联盟参与度	0.00	38
5.1.3	人工智能全球顶级会议参与度	0.00	37

44. 俄罗斯各指标详细得分及排名情况

全球人工智能创新指数—第 44 名

指标序号	指标名称	得分	排名
1	**人工智能基础支撑**	35.51	28
1.1	**计算基础**	27.57	21
1.1.1	数据中心保有率	12.02	14
1.1.2	全球 TOP 500 超算中心占比	2.80	8
1.1.3	人均发电量	36.47	14
1.1.4	开放数据指数	59.00	34
1.2	**网络基础**	43.44	31
1.2.1	移动蜂窝电话订阅率	45.45	1
1.2.2	互联网使用率	78.56	27
1.2.3	固定宽带订阅率	46.46	36
1.2.4	5G 建设水平	3.29	43
2	**人工智能创新资源与环境**	22.72	30
2.1	**人工智能人才**	18.61	33
2.1.1	人工智能顶级学者人口参与率	0.35	29
2.1.2	人工智能开源代码贡献量	7.67	15
2.1.3	人工智能高收藏量开源代码占比	47.83	30
2.2	**人工智能教育**	38.28	26
2.2.1	高水平人工智能核心专业开设率	1.62	32
2.2.2	全日制科学和工程博士生占比	91.62	11
2.2.3	PISA 测试成绩	21.60	33
2.3	**国家研发投入**	21.96	32
2.4	**人工智能创新制度**	12.04	25
2.4.1	国家人工智能发展政策与规划	12.13	24
2.4.2	国家人工智能社会治理	11.96	26

续表

指标序号	指标名称	得分	排名
3	**人工智能科技研发**	**3.65**	**38**
3.1	**人工智能学术论文**	2.50	43
3.1.1	人均人工智能论文产出量	6.42	43
3.1.2	人工智能顶级论文量	1.08	21
3.1.3	人工智能全球TOP 100高被引论文占比	0.00	17
3.2	**人工智能专利**	4.79	31
3.2.1	人均人工智能专利申请量	4.77	31
3.2.2	人均人工智能专利授权量	12.12	18
3.2.3	人均5G专利申请量	0.89	33
3.2.4	人均5G专利授权量	1.39	32
4	**人工智能产业与应用**	**2.23**	**33**
4.1	**人工智能产业**	3.01	33
4.1.1	人工智能企业数量	8.70	21
4.1.2	人工智能企业平均融资金额	2.96	40
4.1.3	人工智能上市企业数量	0.00	20
4.1.4	人工智能从业人员人口参与率	0.37	41
4.2	**人工智能应用**	1.44	39
4.2.1	集成电路盈利水平	2.89	34
4.2.2	物联网TOP 100企业占比	0.00	16
5	**人工智能国际化**	**2.90**	**46**
5.1	**人工智能标准和学术研究国际化**	2.90	46
5.1.1	人工智能国际标准组织参与度	8.57	43
5.1.2	人工智能国际联盟参与度	0.00	38
5.1.3	人工智能全球顶级会议参与度	0.14	21

45. 克罗地亚各指标详细得分及排名情况

全球人工智能创新指数—第 45 名

指标序号	指标名称	得分	排名
1	人工智能基础支撑	29.57	38
1.1	计算基础	19.94	40
1.1.1	数据中心保有率	1.63	44
1.1.2	全球 TOP 500 超算中心占比	0.00	27
1.1.3	人均发电量	14.34	35
1.1.4	开放数据指数	63.80	28
1.2	网络基础	39.19	37
1.2.1	移动蜂窝电话订阅率	22.90	36
1.2.2	互联网使用率	69.03	35
1.2.3	固定宽带订阅率	50.22	35
1.2.4	5G 建设水平	14.61	8
2	人工智能创新资源与环境	20.12	33
2.1	人工智能人才	24.99	25
2.1.1	人工智能顶级学者人口参与率	1.22	26
2.1.2	人工智能开源代码贡献量	2.33	30
2.1.3	人工智能高收藏量开源代码占比	71.43	12
2.2	人工智能教育	28.70	38
2.2.1	高水平人工智能核心专业开设率	2.33	30
2.2.2	全日制科学和工程博士生占比	66.78	41
2.2.3	PISA 测试成绩	17.00	35
2.3	国家研发投入	24.97	27
2.4	人工智能创新制度	1.83	45
2.4.1	国家人工智能发展政策与规划	1.83	45
2.4.2	国家人工智能社会治理	1.83	45

续表

指标序号	指标名称	得分	排名
3	人工智能科技研发	5.53	37
3.1	人工智能学术论文	11.07	31
3.1.1	人均人工智能论文产出量	33.20	31
3.1.2	人工智能顶级论文量	0.00	40
3.1.3	人工智能全球TOP 100高被引论文占比	0.00	17
3.2	人工智能专利	0.00	42
3.2.1	人均人工智能专利申请量	0.00	37
3.2.2	人均人工智能专利授权量	0.00	39
3.2.3	人均5G专利申请量	0.00	38
3.2.4	人均5G专利授权量	0.00	36
4	人工智能产业与应用	2.17	34
4.1	人工智能产业	2.87	34
4.1.1	人工智能企业数量	0.50	46
4.1.2	人工智能企业平均融资金额	10.38	25
4.1.3	人工智能上市企业数量	0.00	20
4.1.4	人工智能从业人员人口参与率	0.61	34
4.2	人工智能应用	1.47	27
4.2.1	集成电路盈利水平	2.95	19
4.2.2	物联网TOP 100企业占比	0.00	16
5	人工智能国际化	8.58	42
5.1	人工智能标准和学术研究国际化	8.58	42
5.1.1	人工智能国际标准组织参与度	25.71	37
5.1.2	人工智能国际联盟参与度	0.00	38
5.1.3	人工智能全球顶级会议参与度	0.02	31

46. 阿根廷各指标详细得分及排名情况

全球人工智能创新指数—第 46 名

指标序号	指标名称	得分	排名
1	**人工智能基础支撑**	26.85	41
1.1	**计算基础**	15.55	45
1.1.1	数据中心保有率	3.06	36
1.1.2	全球 TOP 500 超算中心占比	0.00	27
1.1.3	人均发电量	12.33	38
1.1.4	开放数据指数	46.80	44
1.2	**网络基础**	38.15	39
1.2.1	移动蜂窝电话订阅率	28.03	24
1.2.2	互联网使用率	79.29	26
1.2.3	固定宽带订阅率	42.36	39
1.2.4	5G 建设水平	2.92	44
2	**人工智能创新资源与环境**	18.74	36
2.1	**人工智能人才**	33.44	11
2.1.1	人工智能顶级学者人口参与率	0.00	35
2.1.2	人工智能开源代码贡献量	0.33	40
2.1.3	人工智能高收藏量开源代码占比	100.00	1
2.2	**人工智能教育**	34.13	33
2.2.1	高水平人工智能核心专业开设率	0.00	37
2.2.2	全日制科学和工程博士生占比	100.00	1
2.2.3	PISA 测试成绩	2.40	42
2.3	**国家研发投入**	4.18	46
2.4	**人工智能创新制度**	3.21	40
2.4.1	国家人工智能发展政策与规划	3.08	39
2.4.2	国家人工智能社会治理	3.33	40

续表

指标序号	指标名称	得分	排名
3	人工智能科技研发	0.47	45
3.1	人工智能学术论文	0.64	46
3.1.1	人均人工智能论文产出量	1.85	46
3.1.2	人工智能顶级论文量	0.08	36
3.1.3	人工智能全球 TOP 100 高被引论文占比	0.00	17
3.2	人工智能专利	0.30	41
3.2.1	人均人工智能专利申请量	0.00	37
3.2.2	人均人工智能专利授权量	0.00	39
3.2.3	人均 5G 专利申请量	0.00	38
3.2.4	人均 5G 专利授权量	1.19	33
4	人工智能产业与应用	1.44	40
4.1	人工智能产业	1.41	41
4.1.1	人工智能企业数量	3.40	33
4.1.2	人工智能企业平均融资金额	2.01	42
4.1.3	人工智能上市企业数量	0.00	20
4.1.4	人工智能从业人员人口参与率	0.25	43
4.2	人工智能应用	1.47	24
4.2.1	集成电路盈利水平	2.95	16
4.2.2	物联网 TOP 100 企业占比	0.00	16
5	人工智能国际化	8.57	43
5.1	人工智能标准和学术研究国际化	8.57	43
5.1.1	人工智能国际标准组织参与度	25.71	37
5.1.2	人工智能国际联盟参与度	0.00	38
5.1.3	人工智能全球顶级会议参与度	0.00	41